Dublin, mit London, Paris und Rom das beliebteste städtische Reiseziel Europas, ist zugleich auch das literarischste. Spätestens seit James Joyces *Ulysses* (1924) findet sich die irische Hauptstadt als unverwechselbare Lokalität auf der literarischen Weltkarte eingezeichnet.

»Dublin ist weniger eine Anhäufung von Bauwerken als eine Ansammlung von Persönlichkeiten«, befand der irische Schriftsteller James Stephens.

Auf acht Spaziergängen führt Hans-Christian Oeser zu den literarisch bedeutsamen Stätten der irischen Hauptstadt. Geburts-, Wohn- und Sterbehäuser, Grab- und Denkmäler, Pubs und Theater sowie einige wenige Museen – sie alle eröffnen Zugang zu den Persönlichkeiten der irischen Literatur: den Autoren und ihren Figuren. Ein Serviceteil mit den wichtigsten Adressen und Telefonnummern ergänzt den Band.

insel taschenbuch 3114
Dublin

Die Liffey: Dubliner Stadtpanorama mit Flußlandschaft

Dublin

Ein Reisebegleiter

Von Hans-Christian Oeser
Mit farbigen Fotografien

Insel Verlag

insel taschenbuch 3114
Originalausgabe
Erste Auflage 2005

Vertrieb durch den Suhrkamp Taschenbuch Verlag
Umschlag: Elke Dörr
Satz: Hümmer GmbH Waldbüttelbrunn
Druck: Memminger MedienCentrum AG
Printed in Germany
ISBN 3-458-34814-X

1 2 3 4 5 6 – 10 09 08 07 06 05

Inhalt

Vorwort 9

Erster Spaziergang: Südöstlich von Dublin 17
Zweiter Spaziergang: Die südliche Innenstadt 55
Dritter Spaziergang: Eine literarische Zechtour 93
Vierter Spaziergang: Die westliche Innenstadt 117
Fünfter Spaziergang: Auf den Spuren von Leopold Bloom. Von Jürgen Schneider 137
Sechster Spaziergang: Der Friedhof von Glasnevin .. 161
Siebenter Spaziergang: Die nördliche Innenstadt 189
Achter Spaziergang: Nordöstlich von Dublin 207

Kulturadressen 233
Literaturverzeichnis 243
Abbildungsnachweis 252

Vorwort

Dublin, eines der beliebtesten städtischen Reiseziele Europas, ist dank seiner ›Schriftstellerdichte‹ und seiner vielfältigen Verortung im Medium der Dichtkunst zugleich auch das literarischste. Spätestens seit James Joyces Meisterwerk *Ulysses* (1924) findet sich die irische Hauptstadt als unverwechselbare Lokalität auf der literarischen Weltkarte eingezeichnet.

In einem Gespräch mit Arthur Power bekannte Joyce: »Als ich am *Ulysses* schrieb, versuchte ich, Farbe und Ton von Dublin mit meinen Wörtern wiederzugeben. Die eintönige, dennoch glitzernde Atmosphäre Dublins, seine halluzinatorischen Dünste, sein zerfetztes Durcheinander, die Welt seiner Bars, seine gesellschaftliche Unbeweglichkeit – sie konnten nur durch die Beschaffenheit meiner Wörter vermittelt werden.«

Und in seinem Nachruf auf Joyce, veröffentlicht am 14. Januar 1941 in der *Irish Times*, erzählt C. P. Curran: »Einmal fragte ich Joyce, wann er nach Dublin zurückkommen werde. ›Wieso sollte ich?‹ fragte er. ›Habe ich es je verlassen?‹ Und natürlich, eigentlich hatte er das nie. Er trug Dublin in sich. Seine Kenntnis der Stadt kraft Vererbung, kraft Beobachtung, kraft Gedächtnis war erstaunlich, und er bemühte sich, sein Bild von ihr auf den neuesten Stand zu bringen. Als er mich herausforderte, irgendein neues Merkmal Dublins zu nennen, das seine Rückkehr rechtfertige, konnte ich lediglich den neuen Benzingeruch anführen. Würde Dublin zerstört, so könnten seine Worte die Häuser wiedererbauen; würde Dublins Bevölkerung ausgelöscht, könnten seine Bücher es neu bevölkern. Joyce war vieles, aber er war ganz sicher eines: die

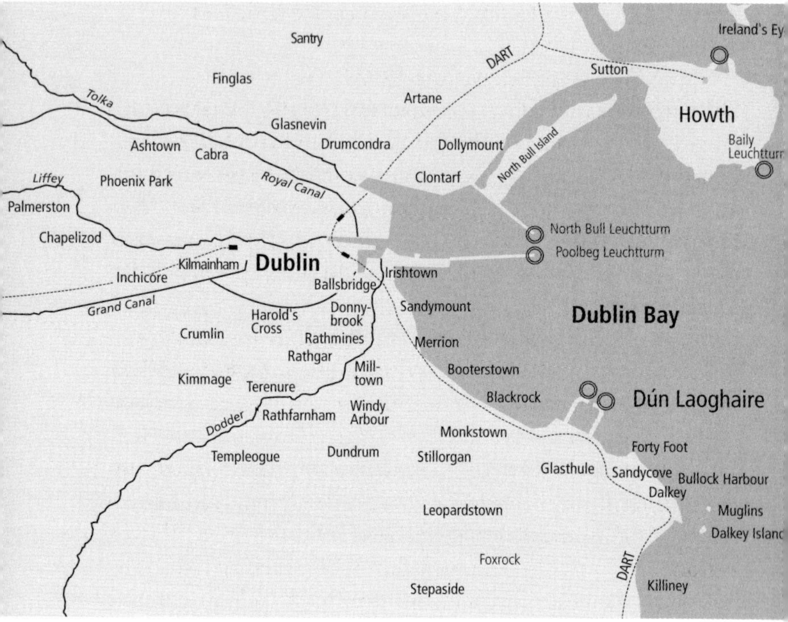
Santry
Ireland's Ey
DART
Sutton
Finglas
Tolka
Artane
Howth
Glasnevin
Ashtown
Cabra
Drumcondra
Dollymount
North Bull Island
Baily
Leuchtturm
Liffey
Phoenix Park
Royal Canal
Clontarf
Palmerston
Chapelizod
North Bull Leuchtturm
Poolbeg Leuchtturm
Kilmainham
Dublin
Irishtown
Inchicore
Ballsbridge
Grand Canal
Donny-
brook
Sandymount
Dublin Bay
Harold's
Cross
Crumlin
Rathmines
Merrion
Rathgar
Mill-
town
Booterstown
Kimmage
Terenure
Blackrock
Dún Laoghaire
Windy
Arbour
Rathfarnham
Dodder
Monkstown
Forty Foot
Templeogue
Dundrum
Stillorgan
Glasthule
Sandycove
Bullock Harbour
Dalkey
Leopardstown
Muglins
Dalkey Islanc
Foxrock
DART
Killiney
Stepaside

letzten vierzig Bände von *Thom's Directory*, die laut zu denken begonnen hatten.«

Ein solcher ›Wiederaufbau‹ entschwundener Realität mit Hilfe topographisch genau registrierender Fiktion täte auch not: Gab die irische Kapitale mit ihren verfallenen Häusern und brachliegenden Grundstücken noch in den achtziger Jahren des 20. Jahrhunderts eine vielbegehrte Kulisse für Kriegsfilme ab, so ist spätestens von 1994 an ein tiefgreifender ökonomischer Umschwung eingetreten, der kaum einen Stein auf dem anderen beläßt. Die im Zuge des irischen Wirtschaftswunders (›Keltischer Tiger‹) entfesselte Bauwut steht den gezielten Baumaßnahmen der Wide Street Commissioners, von der das georgianische Straßenbild mit seinen eleganten Häuserfassaden seit Ende des 18. Jahrhunderts geprägt war, in nichts nach. Jenes goldene Zeitalter der Stadt, als Irland, wiewohl eine Eroberung der britischen Krone, etwa zwanzig Jahre lang relative Autonomie genoß, bevor sich das Königreich die kleinere Insel mit dem Act of Union (1800) auch politisch-administrativ einverleibte, findet seine Entsprechung in dem einschneidenden architektonischen Wandel, der heute statthat: anstelle neoklassizistischer Bürgerhäuser in einheitlicher Traufhöhe die mächtigen Glas- und Stahlstrukturen postmoderner Wohnblöcke, Finanzzentren, Bank- und Verwaltungsgebäude.

Angesichts einer umfassenden Bautätigkeit, die das Antlitz der Stadt von Grund auf verändert hat, hält der Schriftsteller James Stephens (1880-1950) Trost für uns bereit: »Dublin ist weniger eine Anhäufung von Bauwerken als eine Ansammlung von Persönlichkeiten.« Und in der Tat: Wer heute, und sei es auf literarischer Spurensuche, durch Dublins Straßen flaniert, wird immer wieder auf lebensfrohe Persönlichkeiten treffen, wie nur Dublin sie hervorzubringen scheint. Unlängst fragte der Kulturkritiker George Steiner in einem Interview: »Unsere Kultur ist traurig. Wo bleibt die Freude? Es gibt in Europa nur zwei Länder, in denen die Jungen noch wirklich und viel lachen: In Irland, dessen Theater und Literatur geradezu explodieren, und in Spanien, das sich noch immer von Franco erholt. Aber sonst?«

Witz und Humor, von beißendem Spott bis zu schwarzem und Galgenhumor, ist eine irische und mehr noch eine Dubliner Spezialität, im Leben wie in der Literatur. Und die literarische Explosion der neunziger Jahre, von der Steiner zu Recht spricht, hat längst auch das Ausland eingeholt: kaum ein zeitgenössischer irischer Romancier (darunter immer mehr Frauen), der nicht in fremde Sprachen übersetzt würde.

Aus dem Gesagten geht hervor, daß es in diesem Band weniger auf die Begegnung mit sehenswerten Bauwerken, etwa in Romanschilderungen, ankommen wird als vielmehr darauf, die literarisch bedeutsamen Stätten der irischen Hauptstadt mitsamt den Persönlichkeiten, die in ihnen gewirkt haben oder in sie hineingedichtet wurden, kennenzulernen.

Zwar kann es nicht ausbleiben, daß Joyce in diesem Reisebegleiter der meistzitierte Autor sein wird; er ist es, der jeden Winkel Dublins ausgeleuchtet hat – nicht erst in seinem Roman *Ulysses*, sondern bereits in seinem die einzelnen Lebensalter abschreitenden Erzählzyklus *Dubliner* (1914), mit dem er seiner Geburtsstadt, damals noch »das Zentrum der Paralyse«, einen »blankgeputzten Spiegel« vorhielt. Doch Dublin, »Fort of the Dane, / Garrison of the Saxon, / Augustan capital / Of a Gaelic nation, / Appropriating all / The alien brought« (Louis MacNeice), figuriert in so vielen literarischen Werken der Vergangenheit und Gegenwart, wurde so oft beschrieben, besungen, beklagt und beschimpft, daß man allein mit Textauszügen gut und gerne vier solcher Reisebegleiter füllen könnte. Wer sich lediglich auf Leopold Bloom kapriziert, übersieht zum Beispiel, daß auch Samuel Beckett seiner Vaterstadt ein literarisches Denkmal gesetzt hat. Wie Leopold Bloom, so durchwandert Becketts Alter ego Belacqua in *Mehr Prügel als Flügel* (1934) oder in *Traum von mehr bis minder schönen Frauen* (postum 1992) die Straßen- und Platzanlagen der ›hibernischen Metropole‹. Mit seinem historischen Doppelroman *Dublin: Foundation* (2004) und *Dublin: Ascendancy* (2005) widmet Edward Rutherfurd der Stadt gar ein Werk, das, anders als *Ulysses*, nicht nur einen Tag in ihrer tausendjährigen Entwicklung festhält, sondern gleich die gesamte Stadtgeschichte abarbeitet, von der Gründung durch die Wikinger (›Dyfflin‹) bis zum heutigen Tage.

Angesichts der erwähnten ›Schriftstellerdichte‹ – Brendan Behan mokiert sich: »Die sind alle nach ihrer Vorstellung Dichter und Schriftsteller – zuerst kommen die Schriftsteller aus Kerry – die Romanschreiber vorneweg –, dann die Dramatiker aus Kerry, die Essayisten aus Kerry, und wenn man dann alle Grafschaften durch hat, ist eine ganze Menge zusammengekommen« – kann es kein Zufall sein, daß eine mittelgroße Hauptstadt wie Dublin gleich vier Nobelpreisträger hervorgebracht hat. Zwei Dramatiker, George Bernard Shaw (1925) und Samuel Beckett (1969), sowie zwei Lyriker, William Butler Yeats (1923) und Seamus Heaney (1995), der aus Mossbawn in der nordirischen Grafschaft Derry stammende Wahl-Dubliner, sind auf diese Weise geehrt worden. James Joyce freilich, der radikale Sprengmeister der Romanform, wurde übergangen.

Dublin ist kein einheitliches Gebilde, sondern »siebzehn

Vororte auf der Suche nach einer Stadt«, ein Konglomerat verschiedenster allmählich zusammengewachsener Vororte, die sich bis weit in das im Norden und Westen ebene, im Süden gebirgige Hinterland erstrecken. Insofern schließen die hier vorgeschlagenen literarischen Spaziergänge auch zwei außerhalb des eigentlichen Stadtgebiets gelegene Routen ein.

Dublin ist zwar eine Stadt der Statuen und Gedenktafeln, aber keine der Literaturmuseen und Gedenkstätten. Die Geburts-, Wohn- oder Sterbehäuser der Schriftsteller und Schriftstellerinnen sind nur in den allerseltensten Fällen zu besichtigen. Erst in den neunziger Jahren wurden drei Häuser, die mit den Namen Shaw, Joyce und Wilde verbunden sind, fürs Publikum geöffnet. Das 1991 gegründete Dublin Writers Museum dagegen ist der Gesamtheit der Dubliner Literaten geweiht. Eine um so wichtigere Rolle spielen die Pubs, denen ein eigenes Kapitel gewidmet ist.

Der Besucher kann jedoch fast sicher sein, daß er, ihrer »schäbigen Eleganz« zum Trotz, Freundschaft schließen wird mit dieser vielseitigen, lebendigen Literaturstadt, so wie es der Belfaster Lyriker Louis MacNeice (1907-1963) tat:

Grey brick upon brick,
Declamatory bronze
On sombre pedestals –
O'Connell, Grattan, Moore –
And the brewerey tugs and the swans
On the balustrated stream
And the bare bones of the fanlight
Over a hungry door
And the air soft on the cheek
And porter running from the taps

With a head of yellow cream
And Nelson on his pillar
Watching his world collapse.

This was never my town,
I was not born nor bred
Nor schooled here and she will not
Have me alive or dead
Buy yet she holds my mind
With her seedy elegance,
With her gentle veils of rain
And all her ghosts that walk
And all that hide behind
Her Georgian façades –
The catcalls and the pain,
The glamour of her squalor,
The bravado of her walk.

Der Dank des Verfassers gilt Barbara Freitag, Mark Hutcheson, Sandra Pingel, Ronan Sheehan, Fionn Sotscheck, Ralf Sotscheck, Éabha Rosenstock und Gabriel Rosenstock, die wertvolle Hinweise gaben und Bücher zur Verfügung stellten. Ein besonderes Dankeschön an Jürgen Schneider, der nicht nur mit zahlreichen Zitaten weiterhalf, sondern auch das Kapitel zu James Joyces *Ulysses* beisteuerte.

James Joyce Tower, rechts im Hintergrund
die Badestelle Forty Foot

Erster Spaziergang
Südöstlich von Dublin

Den schönsten Eindruck vom Dubliner Gesamtensemble erhält, wer sich der ›hibernischen Metropole‹ nicht mit dem Flugzeug oder – von Westen, Norden oder Süden kommend – mit dem Auto nähert, sondern der Insellage Irlands gemäß mit der Fähre. Obwohl man auch in Dublin selbst anlanden kann, verbindet doch die traditionelle Schiffsroute zwischen Großbritannien und Irland das walisische Holyhead mit dem Dubliner Vorort Dún Laoghaire, benannt nach einer Seefestung des irischen Stammesfürsten Laoghaire. Dieser, Sohn Nialls von den neun Geiseln, wurde zumindest dem Namen nach im Jahre 429 Hochkönig von ganz Irland und soll drei Jahre später dem auf die Insel verschleppten, nach Gallien entflohenen und wieder zurückgekehrten Römersohn Patricius (dem irischen Nationalheiligen St. Patrick) in Tara die Genehmigung erteilt haben, den Iren das Christentum zu predigen, sofern er sämtliche Schlangen von der Insel vertreibe (bis auf den Dubliner Zoo ist Irland frei von Schlangengezücht jeglicher Art!). Zu Patricks ersten Konvertiten zählten Laoghaires Töchter Eithne und Fidelma. Bis 1920 hieß ›Learys Fort‹, von dem sich letzte Spuren noch bis ins frühe 19. Jahrhundert erhalten hatten, in Erinnerung an einen Besuch des britischen Monarchen Georg IV. im Jahre 1821 ganz königstreu Kingstown.

Nur sieben Jahre nach Georgs Ankunft, am 11. August 1828, notierte der ebenfalls von England anreisende Hermann von Pückler-Muskau (1785-1871), der sich, obschon bereits verheiratet, auf Brautschau begeben hatte, um seiner finanziellen Misere abzuhelfen, in seinem Tagebuch:

»Eine widerwärtigere Seefahrt kann man nicht bestehen! Zehn Stunden ward ich, zum Sterben krank, umhergeworfen. Die Hitze, der ekelhafte Geruch des Dampfkessels, die Krankheit aller übrigen, es war eine affröse Nacht, ein wahres Carl von Carlsbergsches Bild menschlichen Elends. [...] Gottlob, es ist vorüber, und ich fühle wieder festen Boden unter mir, obgleich es mir noch manchmal scheint, als schwanke Irland ein wenig.« Heute nimmt der Reisende nicht mehr das Paketboot, das kleine dampfgetriebene Postschiff, mit dem der liberaldemokratisch gesinnte Fürst, passionierte Landschaftsgärtner und hochverschuldete Casanova übergesetzt war, sondern wird von einem modernen Katamaran befördert, der die Wellenstöße besser abfedert. Ja, wir wissen nicht einmal, ob Pückler tatsächlich schon in Kingstown an Land gegangen ist oder nicht doch eher in Howth.

Die Überfahrt des Iren George Moore (1852-1933) im Jahre 1901 verlief zwar ruhiger als die des deutschen Adeligen, doch näherte sich der Schriftsteller – nach anfänglichen Versuchen als Pariser Kunstmaler hatte er in London seine Fortune mit naturalistischen Romanen im Stile Émile Zolas gemacht – der irischen Heimat mit Bangen, war doch nicht abzusehen, auf welches kulturelle Abenteuer er sich da einließ. Sein Freund Edward Martyn hatte ihm ein Telegramm mit den hochtrabenden Worten »Das Szepter der Intelligenz ist von London nach Dublin weitergereicht worden« zukommen lassen und den weltmännischen Romancier aufgefordert, sich in den Dienst der ›keltischen‹ Erneuerung der irischen Literatur zu stellen. Als erster irischer Prosaschriftsteller beabsichtigte Moore, sich der Literarischen Renaissance um die Protestanten William Butler Yeats, Lady Gregory und Douglas Hyde anzuschließen; doch wie würde das früher als unerträglich empfundene Irland, die Schweineinsel (*muc inis*, von Beckett nur noch als *muck*, als das »Allerheiligste, sozusagen, des Drecks, das Loch der Löcher«, bezeichnet), den Rückkehrer empfangen – als Freund oder als Feind?

»[...] mir schien«, so Moore in seinen Erinnerungen *Hail and Farewell* (1911-1914), »als sollte der heimkehrende Eingeborene Irland aus dem Meer aufsteigen sehen, und als ich mir vorstellte, wie schön sich die Bergkämme gegen den Sonnenuntergang abzeichnen würden, besann ich mich auf eine Legende, der zufolge die ältesten Bewohner Irlands die Macht besaßen, die Insel ihren Feinden schmal wie einen Schweinerücken erscheinen zu lassen und ihren Freunden als ein Land unendlichen Entzückens. [...] ich entsinne mich, wie ich von Deck aus die Hügel betrachtete, die sich jetzt über dem Horizont erhoben, und mich erneut fragte, ob Irland mir schmal wie ein Schweinerücken oder als ein Land außerordentlicher Bezauberung erscheinen würde. Es waren die Hügel selbst, die mich an die Legende erinnerten – zur Linken rauh und unschön wie eine Herde Schweine, die eine Gasse hinunterfegen; ein hoher Hügel ganz wie der Bauer, den ich immer in meiner Kindheit sah, ein alter Mann, der einen hohen Hut, Kniebundhosen, Kammgarnstrümpfe und derbe Schuhe trug. Wie ein Schweinerücken ist Irland mir erschienen, sagte ich; doch bald darauf kam rechterseits ein lieblicher Hügel in Sicht, geformt wie eine Skulptur, und ich sagte: Vielleicht werde ich Irland ja doch noch als verzauberte Insel erleben.«

Man merkt, dem Sohn eines anglo-irischen Großgrundbesitzers, der der Insel schon mit neun Jahren den Rükken gekehrt hatte, fiel es schwer, sich zwischen England und Irland, urbaner Kultiviertheit und bäurischen Sitten zu entscheiden. Doch zumindest vorübergehend überwand

Moore seine Zweifel am Projekt eines kulturellen Nationalismus und wurde mit seinem Erzählband *The Untilled Field* (1903) noch vor James Joyce zum eigentlichen Begründer der modernen irischen Kurzgeschichte.

Brendan Behan (1923-1964), der weder der einen noch der anderen Schicht angehörte, sondern der Arbeiterklasse Nord-Dublins entstammte, schildert gleichfalls eine Heimkehr zu Schiff. Mit jungen Jahren war er in die IRA eingetreten und wollte sich, mitten im Zweiten Weltkrieg, an der Bombenkampagne der IRA in England beteiligen. Allerdings hatte man ihn gleich nach seiner Ankunft in Liverpool aufgegriffen und wegen Sprengstoffbesitzes zu mehreren Jahren Haft verurteilt, die er zum größeren Teil in der Jugendverwahranstalt (›Borstal‹) Hollesley Bay bei Ipswich verbüßte. Aufgrund seines erwachenden literarischen Interesses und dank dem Umgang mit den englischen Mithäftlingen hatte sich seine politische Perspektive, wie sein Erfolgsstück *Die Geisel* (1959) bezeugt, beträchtlich verschoben.

Am Ende des autobiographischen Romans *Borstal Boy* (1958) beschreibt Behan den Anblick der sublimen Landschaft um Dublin: »Am nächsten Morgen stand ich auf Deck, als das Schiff Dun Laghaire ansteuerte, und sah, wie die Sonne sich über dem Hügel durch die Wolken kämpfte, sah die Stadt, die sich um die Bucht schmiegte.

… Und wenn bewahrt mir bleiben Leib und Leben,
Will ich mich auf die Reise froh begeben,
Zurück ins väterliche Heimatland,

Zurück an seinen hellen, herben Strand,
Um Reich und Reichtum Englands zu vertauschen
Mit Irlands Hügeln, wo die Winde rauschen …

Da waren sie, als hätte ich sie nie verlassen, wie immer rund um die Bucht – Bray Head, der Zuckerhut, der Zwei-Felsen, der Drei-Felsen, Kippure, der König aller, dessen Haupt bedrohlich hinter und über ihren Schultern emporragte, bis sie zur Stadt hin abfielen. Ich zählte die Kirchtürme, von Rathmines großer Kuppel auf der einen Seite bis zur Sankt-Georgs-Kirche im Norden, und dazwischen die Erlöserkirche. Unter den kleineren im Umkreis der Hafenanlagen konnte ich selbst im Morgendunst die Gotteshäuser ausmachen, die ich am besten kannte, so Sankt Lorenz O'Toole und Sankt Barnabas. Sie waren mir alle namentlich gegenwärtig, dann erspähte ich die Schornsteine von Pigeon House, dem Gaswerk, die die Bucht rahmende Rundstraße, Dun Laghaire, Blackrock, Sandymount-Turm, Ringsend und die Innenstadt, schließlich den anderen Halbkreis, Fairview, Marino, Clontarf, Raheny, Kilbarrack, Baldoyle bis zur Anhöhe von Howth Head.

Kilbarrack oder Baldoyle konnte ich allerdings nicht richtig sehen, ich wußte nur, daß sie dort liegen mußten. Viele meiner Angehörigen lagen auf dem Kilbarrack-Friedhof begraben, dem gesündesten Friedhof Irlands, so hieß es, weil er so nahe am Meer lag. Ich dachte, ich könne auch die Trikolore über Dan Heads Grab wehen sehen, was aus einer Entfernung von fünfzehn Kilometern natürlich unmöglich war. Ich konnte aber Baldoyle erkennen, weil es der Rennplatz war.«

Auch Heinrich Böll (1917-1985), mit seinem millionenfach verkauften *Irischen Tagebuch* (1957) sicherlich der einflußreichste aller deutschen Reiseschriftsteller, konnte sich nicht enthalten, mit Worten, die bereits die programmatische Idealisierung eines katholisch-exzentrischen Irlands ahnen lassen, seine Ankunft in Dún Laoghaire zu beschreiben: »Eine Tasse Tee, so bei Sonnenaufgang, wenn

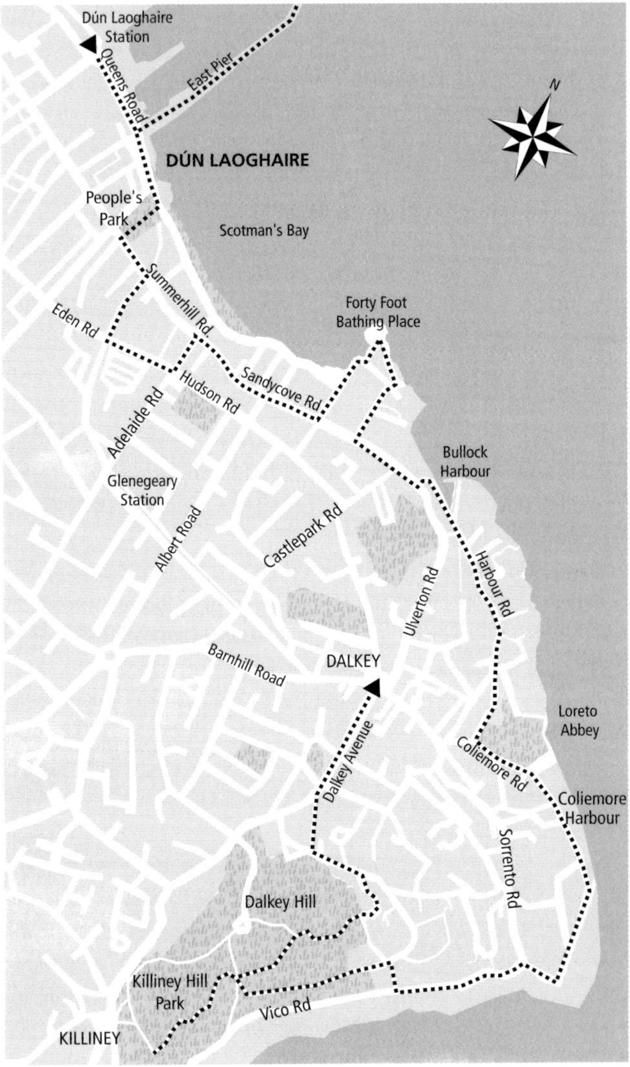

Dún Laoghaire Station
Queens Road
East Pier
N
DÚN LAOGHAIRE
People's Park
Scotman's Bay
Summerhill Rd
Eden Rd
Forty Foot Bathing Place
Hudson Rd
Sandycove Rd
Adelaide Rd
Glenegeary Station
Bullock Harbour
Albert Road
Castlepark Rd
Ulverton Rd
Harbour Rd
Barnhill Road
DALKEY
Loreto Abbey
Dalkey Avenue
Coliemore Rd
Coliemore Harbour
Sorrento Rd
Dalkey Hill
Killiney Hill Park
Vico Rd
KILLINEY

man fröstelnd im Westwind steht, während die Insel der Heiligen sich noch im Morgendunst vor der Sonne verbarg; auf dieser Insel also wohnt das einzige Volk Europas, das nie Eroberungszüge unternahm, wohl selbst einige Male erobert wurde, von Dänen, Normannen, Engländern – nur Priester schickte es, Mönche, Missionare, die – auf dem seltsamen Umweg über Irland – den Geist thebaischer Askese nach Europa brachten; vor mehr als tausend Jahren lag hier, so weit außerhalb der Mitte, als ein Exzentrikum, tief in den Atlantik hineingerutscht, Europas glühendes Herz ...

[...] Langsam stach die Morgensonne weiße Häuser aus dem Dunst heraus, ein Leuchtfeuer bellte rot-weiß dem Schiff entgegen, langsam schnaufte der Dampfer in den Hafen von Dun Laoghaire. Möwen begrüßten ihn, die graue Silhouette von Dublin wurde sichtbar, verschwand wieder: Kirchen, Denkmäler, Docks, ein Gasometer: zögernde Rauchfahnen aus einigen Kaminen: Frühstückszeit, für wenige nur: noch schlief Irland, Gepräckträger rieben sich unten am Quay den Schlaf aus den Augen, Taxichauffeure fröstelten im Morgenwind. Irische Tränen begrüßten die Heimat und die Heimkehrenden. Namen flogen wie Bälle hin und her.«

So wollen wir denn unseren ersten Stadtrundgang in Dún Laoghaire beginnen – eine ausgedehnte, vielleicht eher in Etappen zu bewältigende Vorstadtwanderung, zu der man zwar Ausdauer, gutes Schuhwerk und mildes Wetter benötigt, die einem den Aufwand dafür aber um so reichlicher mit Naturschönheiten verlohnt. Wer diesen Spaziergang vom Dubliner Stadtzentrum aus unternehmen möchte, fährt mit der elektrischen Stadtbahn DART (›Pfeil‹ = Akronym für Dublin Area Rapid Transport) den sanft gebogenen Küstensaum entlang in Richtung Bray nach Süden, steigt an der Station Dún Laoghaire aus und bewegt sich auf den Hafen zu. Früher verkehrte zwischen Dublin und der Anlegestelle in Dún Laoghaire eine der ersten öffentlichen Personen-Dampfeisenbahnen der Welt (1834).

Am Royal St. George Yacht Club und National Yacht Club vorbei geht es zum Ostpier. In *The Red and the Green* (1965), einem am Vorabend des Osteraufstands 1916 spielenden Roman, taucht die in Dublin geborene Schriftstellerin und Philosophin Iris Murdoch (1919-1999) die Hafenszenerie in ausgesprochen unchristliches Licht: »Der Pier selbst, auf den er jetzt den Fuß setzte, hatte Barney stets wie ein altehrwürdiges, numinoses Objekt angemutet, wie ein alter stufenförmiger Zikkurat, zusammengesetzt aus ungeheuren gelben Granitblöcken und schwerlich von Menschenhand erbaut: etwas ›von Riesen aufgehäuft für die göttergleichen Könige von ehedem‹. Seine beiden mächtigen, in Leuchtturmfestungen endenden Arme umfaßten eine ungeheure Masse sanft schwappenden indigoblauen Wassers und eine Ansammlung von Booten, die vor Anker liegend auf und nieder wippten. Die Innenseite des Piers war terrassiert und in Abständen mit sonderbaren steinernen Bauten, Windtürmen, Obelisken und großen Würfeln mit Türen verziert, die ihn nur um so mehr wie ein religiöses heidnisches Monument erscheinen ließen. Dahinter lagen die Wasser der Dubliner Bucht, inzwischen ein harsches, gestreiftes Blau, das Weichbild Dublins zur Linken, im Zwielicht eine ins Purpurne spielende Masse, die dunkle, niedrige Linie von Clontarf und der aufragende Höcker von Howth.«

Die von dem schottischen Ingenieur John Rennie entworfene und 1859 nach zweiundvierzigjähriger Bautätigkeit in Betrieb genommene hufeisenförmige Hafenanlage besteht in der Tat aus zwei gewaltigen Molen, die, in Nachahmung der Vorgebirge Howth Hill und Killiney Hill, einen bzw. eineinhalb Kilometer weit ins Meer hinausgreifen. Am 1. September 1828 beschrieb Pückler-Muskau die Bauarbeiten: »Kingstown ist ein größtenteils aus Landhäusern der Reichen bestehendes Städtchen, wo auch der Lord-Lieutenant zuweilen residiert. Seit der König Irland besuchte, ist ein Hafen hier errichtet, an dem fortwährend gebaut wird. Wegen der Seichtigkeit der Dubliner Bay ist er von bedeutendem Nutzen, dient aber jetzt hauptsächlich als ein Mittel, den armen Klassen Arbeit zu verschaffen. Die vielen ingeniösen Erfindungen, die man hier angewendet sieht, die vierfach nebeneinander hinlaufenden Eisenbahnen, wo *ein* Pferd die größten Lasten zieht, die Kettenwinden, womit die ungeheuern Blöcke wie kleine Quader gehandhabt und in die Dämme eingemauert werden, und anderes der Art mehr – sind ungemein lehrreich und interessant. Es lagen bereits verschiedene große Schiffe in dem noch unvollendeten Hafen, wo sie doch schon hinlängliche Tiefe und Schutz finden.« Wie vierzehn Jahre später dem englischen Romancier William Makepeace Thackeray (1811-1863) fiel ihm ein »ganz schwarzes, abgetakeltes auf, das wie ein Gespenst einsam dastand. Ganz geheuer war es auch nicht darauf – denn es enthielt, wie man mir berichtete, die nach Botany Bay bestimmten Gefangenen; das Transportschiff, welches sie von hier abführen sollte, war auch bereits angekommen.«

Heute zieht kein »segelfertig daliegendes Sträflingsschiff mit einer schwarzen Masse armer Teufel an Deck, die zu vergnügungssüchtig waren« (Thackeray), unsere Aufmerksamkeit auf sich. An Sonn- und Sonnentagen füllt sich der Ostpier mit Spaziergängern, die den steinernen Krakenarm entlangpromenieren, den Blick übers türkisfarbene Meer auf die Halbinsel Howth und die früher bemannten, heute automatisierten Leuchttürme Baily und Kish schweifen lassen oder, auf dem Rückweg, die turmgezackte Silhouette der Hafenstadt vor dem Hintergrund der Berge von Dublin und Wicklow bewundern. Die eleganten Fassaden viktorianischer Reihenhäuser runden das Bild ab.

Ein ebensolcher Spaziergänger war der in Foxrock, Co. Dublin, geborene Samuel Beckett (1906-1989), Abkömmling französischer Hugenotten, der sich anders als George Moore und die Mehrzahl der irischen Schriftsteller nicht nach England absetzte, sondern, der Flucht der gälischen Grafen 1607 und der jakobitischen ›Wildgänse‹ (also der politischen Emigranten Irlands) 1691 folgend, nach Frankreich auswanderte. Hier, auf dem Ostpier, von Joyce als »eine sitzengebliebene Brücke« nach England bezeichnet, widerfuhr Samuel Beckett 1946 eine Katharsis. In seinem Theaterstück *Das letzte Band* (1958) hält er das Schlüsselerlebnis fest: »Spirituell ein Jahr tiefer Schwermut und Not bis zu jener denkwürdigen Nacht im März, am Ende der Mole, im heulenden Wind, ich werde es nie vergessen, als mir plötzlich alles klar wurde. Die Erleuchtung, endlich. Das meine ich heute abend vor allem feststellen zu müssen, im Hinblick auf den Tag, an dem mein Werk vollbracht und in meinem Gedächtnis vielleicht überhaupt kein Platz mehr für das Wunder ist, das ... *er zögert* ... für das Feuer ist, das es entzündete. Ich sah damals plötzlich ein, daß der Glaube, der mich mein ganzes Leben geleitet hatte, nämlich – *Krapp schaltet ungeduldig ab, wickelt das Band weiter and schaltet wieder an* – gewaltige Granitfelsen und der Gischt, der im Licht des Leuchtturms emporspritzte, und der Windmesser, der wie ein Propeller surrte, mir endlich klar, daß das Dunkel, mit dem ich immer gekämpft hatte, um es zu bezwingen, in Wirklichkeit mein bestes – *Krapp flucht, schaltet ab, wickelt das Band weiter und schaltet wieder an* – bis zu meinem letzten Atemzug unzerstörbare Verbindung, von Sturm und Nacht mit dem Licht der Erkenntnis und dem Feuer – *Krapp flucht lauter, schaltet ab, wickelt das Band weiter und schaltet wieder an* –«

Beckett wäre nicht Beckett, würde er den Zuschauern anvertrauen, worin denn nun seine Erleuchtung bestand. Das Geheimnis eines Lebens läßt sich nicht aussprechen, und so unterbricht Krapp an den entscheidenden Stellen den Lauf seines Magnettonbands. Doch wir können extrapolieren: Unter dem seit 1852 betriebenen und zur Jahrtausendwende restaurierten Anemometer, inzwischen durch eine Tafel mit einem Zitat aus dem obigen Text markiert, wurde der Romancier zum Dramatiker, der frankophile zum frankophonen Autor, der Artist überbordender Sprachfülle zu einem souveränen Meister des Minimalismus, der sich zu autobiographischem, selbstreflexivem und monologischem Schreiben bekannte.

In seinem Roman *Mercier und Camier* (1970) schildert Beckett den Ausblick von den Dubliner Bergen auf den Hafen: »Das Meer ist nicht weit, durch die ostwärts hinabführenden Täler kann man es sehen, es hat kaum mehr Farbe als der Himmel, der kaum welche hat, es ist wie eine Borke. [...] Man erkennt sogar, bei sehr klarem Wetter, die Molen des Hafens, der beiden Häfen, sie strecken ihre winzigen Arme in das glasige Meer, man weiß, daß sie flach daliegen, aber sie sehen wie hochgehoben aus. Man sieht die Inseln und die Vorgebirge, man braucht sich nur an der richtigen Stelle umzuschauen, und nachts freilich die Leuchttürme mit festen und kreisenden Feuern.« Auch in Romanen wie *Watt* (1944), *Molloy* (1951) und *Malone stirbt* (1951), in Prosatexten, Gedichten und Theaterstükken finden sich immer wieder Passagen, die die Topographie des Küstenstrichs von Dublin bis Bray und deren biographische Bedeutung festhalten.

Obwohl der großzügig angelegte, eine Wasserfläche von 1 015 000 Quadratmetern umfassende Fährhafen lange Zeit als Hauptzugangstor nach Irland diente und heute jährlich mehr als eine Million Reisende an Land entläßt, muß man um die Zukunft des symmetrischen Areals fürchten. Das klare Gesicht des Hafens ist bereits durch den Ausbau des Yachthafens im Jahre 2001 entstellt, und es bestehen Pläne, die alte Anlegestelle mit einer mehrgeschössigen Luxussiedlung zu bebauen.

Nach dem erfrischenden Molenspaziergang zu Windmesser und Leuchtturm lohnt ein Besuch des in der Mariners' Church, Haigh Terrace, untergebrachten National Maritime Museum of Ireland, das mit interessanten Ausstellungsgegenstanden der Seeschiffahrt bestückt ist, darunter einem der französischen Langboote, die Ende 1796 zur Unterstützung Wolfe Tones und des ersten Aufstandsversuchs der United Irishmen in die Bantry Bay entsandt worden waren. Wir jedoch laufen die Seepromenade entlang in südlicher Richtung, durchqueren das Blumenmeer des People's Park (sonntags kleiner Delikatessenmarkt) und folgen dem schmalen, The Metals genannten Pfad, der zwischen Rossmeen Park (Nr. 17 war die letzte Wohnstatt des Erzählers Sean O'Faolain) und der Bahnstrecke verläuft. Sobald wir diese überquert haben, stoßen wir linker Hand auf das weißgetünchte Railway Cottage, in dem, wie eine der zahlreichen von Fáilte Ireland angebrachten pastellblauen ovalen Gedenktafeln ausweist, Padraic Colum (1881-1972), der letzte Überlebende des Celtic Revival, seine Jugendjahre verbrachte.

War ihm das winzig hingeduckte Bahnwärterhäuschen in der Lower Eden Road angemessen? Colum war nicht nur von gnomenhaftem Wuchs, sondern beschäftigte sich unter anderem auch mit dem durchtriebenen Völkchen der Elfen und Kobolde. Klein von Gestalt, aber groß im Geiste, wirkte Colum als einer der herausragenden Akteure und Aktivisten jener allumfassenden kulturellen Bewegung, die der irischen Literatur eine ungeahnte Blütezeit bescherte – um so mehr, als er sich mit einundsechzig Büchern auf allen literarischen Gebieten betätigte: Lyrik, Drama, Roman, Erzählung, Kinderbuch, Essay, Kritik, Biographie, Reisebuch, Nacherzählungen irischer Mythen und Legenden. Colum war eine literarische Vaterfigur, deren Lebensspanne die gesamte Entwicklung der irischen Dichtkunst von den ersten Regungen der gälischen Selbstbesinnung über die Klassiker der Moderne bis zu den Vertretern der Gegenwartsliteratur umfaßte. Geboren wurde er als ältestes von acht Kindern im Armenhaus zu Longford, das sein Vater leitete. Nach der Schule (der nahen Glasthule National School) erkundete Colum die Umgebung und stellte in der Nachbarschaft die mit der Bahn beförderten Pakete zu. Mit siebzehn trat er in die Fußstapfen seines Vaters und arbeitete sechs Jahre lang als Büroangestellter in der Verrechnungsstelle der irischen Eisenbahn in der Dubliner Kildare Street.

Als Schauspieler und Bühnenautor schloß sich Colum der 1903 gegründeten Irish National Theatre Society an, besser bekannt unter dem späteren Namen Abbey Theatre. Er war einer der ersten, die für das Abbey schrieben, und zwar, anders als Yeats und Lady Gregory, realistische Stücke über das bäuerliche Leben auf dem Lande. Mit Gedichten, die der Journalist Arthur Griffith, 1905 Gründer der politischen Partei Sinn Féin, in seinem Organ *The United Irishman* veröffentlichte, machte sich Colum frühzeitig einen Namen: einen gälischen Namen. Er gehört zu denen, die sich aus Begeisterung für die keltische Sache umbenannten; so entstand aus dem englischen Taufnamen Patrick die irischsprachige Version Padraic. Namen, die uns unsere unverbrüchliche Identität als Subjekt zu gewähren und zu gewährleisten scheinen – in der zweisprachigen, keltisch zwielichtigen Kultur der Insel dienten sie dem Vexierspiel. Der Bilingualismus eröffnete den Iren, zumal den Schriftstellern, die Möglichkeit einer rätselhaften Doppelexistenz: Ein Douglas Hyde konnte zu Dubhghlas de hÍde mutieren, und hinter ›Seamais Seoighe‹, wie der Autor in der irischen Übersetzung seines Hauptwerkes heißt, verbirgt sich niemand anders als James Joyce.

Wir biegen nach links in die Adelaide Road. Die Nr. 7, ein beige gestrichenes georgianisches Cottage mit roter Eingangstür, ist das Sterbehaus des Kriegsberichterstatters Denis Johnston (1901-1984), Autor expressionistisch beeinflußter Theaterstücke wie *The Old Lady Says ›No!‹* (1929; der ursprüngliche Titel des beim Abbey Theatre eingereichten und von der betagten Lady Gregory abgelehnten Werkes lautete *Rhapsody in Green*), *The Moon in the Yellow River* (1931) und *A Bride for the Unicorn* (1933). Sein Drama *The Scythe and the Sunset* (1958), Gegen-Stück zu Sean O'Caseys *Der Pflug und die Sterne* (1926), hat ebenso wie der folgende Roman von Jamie O'Neill *Im Meer, zwei Jungen* (2001), den gescheiterten, aber außerordentlich folgenreichen Osteraufstand 1916 zum Gegenstand.

»An der Ecke der Adelaide Road, wo das Straßenpflaster in der Morgensonne funkelte, wartete Mr. Mack am Zeitungsstand. Es war ein herrlicher Tag, selten schön. Gebauschte Wölkchen segelten durch einen Himmel aus Blau. [. . .] Glasthule, beschauliche alte Gemeinde, am Saume der Bucht von Dublin. Man konnte die Bucht sehen, ein Stück von ihr, zwischen den Mauern einer Gasse, und dahinter lag Howth. Die Bucht war blau wie der Himmel, nur einen Stich dunkler, und sah, wenn man sie genau von vorn betrachtete, seltsam gewölbt aus. Als senkte sich das Meer zum Land herab.« Wir halten jedoch nicht aufs Meer zu, sondern wenden uns mit Mr. Mack, Viktualienhändler »im Aufwind« und Reinkarnation Leopold Blooms in O'Neills Geschichte einer Knabenliebe vor der historischen Folie der Insurrektion von 1916, nach rechts in die Glasthule Road: »Das Paket sicher unter den Arm geklemmt, machte sich Mr. Mack auf den Weg die Ladenzeile entlang. [...] Die Ladenzeile endete, und Glasthule Road nahm ein würdigeres Aussehen an. Mit jedem Schritt spürte er die Einheitswerte in die Höhe klettern, sie nahmen proportional zum Steigungswinkel der Straße nach Ballygihen zu. Gepflegte Gärten und an jeder Gasse eine mildere Brise vom Meer herüber.«

Nach mehreren hundert Schritten zweigt links die Nebenstraße Ballygihen Avenue ab, in der der 3. Baron Glenavy wohnte, in Irland besser bekannt unter dem Namen Patrick Campbell (1913-1980), stotternder Fernsehmoderator, Zeitungskolumnist und Verfasser von sechzehn Bänden humoristischer Prosa. Zur Rechten passieren wir ›Tara Hall‹ (24 Sandycove Road), eines jener typisch irischen Bed & Breakfasts, die ihren Gästen zum Frühstück ein kalorienreiches Pfannengericht vorsetzen. Hier hielt Monk Gibbon (1896-1987), der indes kein Mönch war, sondern das Mönchische nur im Namen trug, von 1948 bis 1985 seine berühmten alkoholfreien Teegesellschaften mit Gedichtvorträgen ab, bei denen er Kontakt mit literarischen Zeitgenossen wie Patrick Campbell, Padraic Colum, Austin Clarke und Ulick O'Connor pflegte. Der mit Yeats bekannte, aber nicht befreundete Homme de lettres schrieb – und zwar stets nur im Bett! – mehrere Lyrikbände, eine sechsteilige Autobiographie sowie Reisebücher über Deutschland, Österreich und die Schlösser und Villen Europas. Die Nachbarn dürften sich verwundert haben, wenn er im Schlafanzug ans Meer schlurfte, um Treibholz zu sammeln, oder noch als Endachtziger nach Dún Laoghaire radelte.

Wie eine Gedenktafel vermerkt, wurde vier Häuser weiter, in 29 Sandycove Road, Sir Roger Casement (Ruairí Mac Easmainn, 1864-1916) geboren, britischer Kolonialbeamter und irischer Revolutionär. Nachdem er sich bereits im Kongo und in Südamerika durch kritische Berichte und eine humanitäre Haltung und Gesinnung hervorgetan hatte, wandte er sich nach dem Ritterschlag 1911 mehr und mehr der Sache der irischen Freiheit zu und beteiligte sich an den militärischen Vorbereitungen zum Osteraufstand 1916. Als seine Bemühungen scheiterten, in Deutschland irische Kriegsgefangene zu rekrutieren und das Oberste Heereskommando zu einer Invasion der Insel zu überreden, tauchte er – und zwar wortwörtlich: in einem deutschen U-Boot – vor der Küste von Kerry auf, um seine Mitverschwörer zu warnen. Vergebens: die nach Cobh geschmuggelten kaiserlich-deutschen Waffen wurden konfisziert, er selbst gleich nach der Landung verhaftet, und der Aufstand, auf Dublin beschränkt, brach ohne ihn los. Seinen Einsatz für eine unabhängige irische Republik büßte er wie die anderen Osterrebellen mit dem Leben. Während die Briten in ihm vor allem den Hochverräter sahen, den treulosen Diplomaten Seiner Majestät, war er den katholisch-puritanischen Iren ungeachtet seines Heldentums wegen seiner Homosexualität suspekt. Die *Black Diaries*, in denen Casement seine intimeren Erlebnisse aufzeichnete, wurden von aufrechten irischen Nationalisten jahrzehntelang als Fälschung des perfiden Albion zurückgewiesen, bis im Jahre 1994 ihre Echtheit nachgewiesen werden konnte.

In dem kleinen Eckpark Sandycove Avenue West / Otranto Place, kurz vor dem stillgelegten Damenbad, finden wir den ersten Hinweis auf James Joyce, einen aus Anlaß seines hundertsten Geburtstages errichteten Gedenkstein mit einem Zitat aus dem ersten Kapitel des *Ulysses*, das in deutscher Übersetzung lautet: »[...] er blickte nach Süd über die Bucht, die leer lag bis auf die Rauchfahne des Postboots, des am hellen Horizont verschwimmenden, und einen Segler, der bei den Muglins lavierte.« Die bei Kindern beliebte sommerliche Badestelle Sandycove, die ihren Namen der schmalen, seichten Sandbucht verdankt, wurde als Hafen zum Verladen der Steinquader genutzt, die für den Bau der größeren Schwesteranlage in Dún Laoghaire bestimmt waren. Gleich dahinter liegt die ehemals der Männerwelt vorbehaltene Nacktbadestelle Forty Foot (nach einem nahebei stationierten Infanterieregiment), von der der Romancier Mervyn Wall (1908-1997), Autor der pikarischen Romane *Der unheilige Fursey* und *Furseys Rückkehr*, in seinem Büchlein *Forty Foot Gentlemen Only* (1962) zu Recht bemerkt: »Fast jedermann von Bedeutung in Dublin, der überhaupt schwimmt, hat mindestens einmal im Leben am Forty Foot gebadet.« Zu jeder Jahreszeit hechten namentlich ältere Herren, nur durch ihre dünne Haut geschützt, von den zerklüfteten Felsen ins eiskalte Naß. Am Weihnachts- und Neujahrstag versammeln sich Hunderte von Menschen, um einem nahezu rituellen, der körperlichen Wiedergeburt dienenden Kaltwasserschwimmen beider Geschlechter beizuwohnen. Hier ging Iris Murdochs Vater der »heimlichen Familienreligion«, dem Baden, nach; hier bekam Samuel Beckett, wie er sich in *Company* (1980) erinnert, von seinem Vater William das Schwimmen beigebracht. Und in Jamie O'Neills *Im Meer, zwei Jungen* bringt hier der Proletariersohn Doyler Doyle dem Kleinbürgersohn Jim Mack die ersten Bruststöße bei, auf daß sie Ostern 1916 die kilometerweite Strecke zu der Felseninsel The Muglins wagen können, wo 1766 die Leichen zweier hingerichteter Piraten festgekettet worden waren: »Jim war immer als erster am Forty Foot und wartete draußen vor dem Eingang, während die Stammgäste an ihm vorübergingen. Die Stammgäste, das waren Protestanten und Katholiken, Büroangestellte und Geistliche, die unterschiedlichsten Akzente waren zu hören. [...] Und so gingen sie die Stufen hinab zur Badestelle für Herren, immer noch naßkalt, mit langen Schatten. Die Sachen abgestreift und sich ins Wasser gestürzt. Der Moment kurz vor dem Sprung, wenn er nicht recht glaubte, daß er es wagen würde. Das Wasser stieg ihm in die Nase, beinahe ein Gefühl der Übelkeit, und die Brandung tobte um ihn her, bis er mit seinen Luftbläschen an die Oberfläche gelangte. Der wie verrückt schwankende Horizont, die taumelnden Felsen. Die marmorne Taubheit in den Beinen und die Art, wie sein Ding ungehindert, fast wie ein Lebewesen, im Wasser trieb. Nackt zu schwimmen war etwas Besonderes. Wie die Natur es vorsieht, behauptete Doyler. Am Forty Foot kehrte sich niemand daran, obgleich man tagsüber eine Badehose tragen mußte.«

Nahebei steht der James Joyce Tower, ein massives Bauwerk aus grauem Granit, das seit der Einweihung als Museum durch Sylvia Beach, die Verlegerin des *Ulysses*, zahlreiche Memorabilien des erst postum geachteten und geehrten Stadt-Schreibers beherbergt. Der Turm ist einer von vierzehn Martello Towers an der Bucht von Dublin, die 1804 gegen eine drohende Invasion durch napoleonische Truppen angelegt wurden und nach ihrem architektonischen Vorbild, einem myrtenbewachsenen Turm am Kap Mortella auf Korsika, benannt sein sollen. Man sollte sich jedoch nicht mit den hinter Glas gestellten Exponaten – Krawatte, Gehstock, Gitarre, Zigarrenschachtel, Postkarten, Briefe, Werkausgaben und eine Kopie der Totenmaske – begnügen, sondern wie Joyces plumper Buck Mulligan das Geschützlager besteigen, von dem aus man, zumal nach den beengten Stufen der Wendeltreppe, einen befreienden Rundblick über Bai und Berge Dublins genießt: »›Mein Gott‹, sagte er still. ›Ist die See nicht genau was Algy sie nennt: eine graue liebe Mutter? Die rotzgrüne See. Die skrotumzusammenziehende See. *Epi oinopa ponton.* Ah, Dedalus, die Griechen! Ich muß dir Unterricht geben. Du mußt sie im Original lesen. *Thalatta! Thalatta!* Sie ist unsere große liebe Mutter. Komm her und sieh.‹«

Ein Tagebucheintrag bei Joyce lautet: »Heute der 16. Juni 1924, zwanzig Jahre danach. Wird sich irgend jemand an dieses Datum erinnern?« Wer war es, der ›Bloomsday‹, jenen legendären 16. Juni 1904, an dem – zum Gedächtnis an die erste Verabredung des Autors mit seiner Geliebten und späteren Frau Nora Barnacle – Joyces *Ulysses* spielt, zum Fest- und Gedenktag erhob? Wer war es, der den von Oliver St. John Gogarty angemieteten Turm als erster zum Ausgangspunkt einer Reise in ein imaginäres, fiktives ›Joyce Country‹ kürte? »Eine weitere unserer Unternehmungen war die Organisation des ersten ›Bloomsday‹«, schreibt John Ryan in *Remembering How We Stood* (1975). »Am 16. Juni 1954, dem fünfzigsten Jahrestag [...], beschlossen wir [Brian O'Nolan alias Myles na gCopaleen und John Ryan], den Tag damit zu begehen, daß wir soviel wie möglich von der Originalstrecke zurücklegten, die das Buch verzeichnet hatte. [...] Wir einigten uns darauf, daß die Gesellschaft aus uns selbst bestehen sollte, A. J. (Con) Levanthal, Anthony Cronin, Patrick Kavanagh und Tom Joyce. Con Levanthal, selber Jude, sollte Bloom verkörpern; Cronin, der junge Dichter, seinen Leihsohn Stephen; Myles spielte Simon Dedalus und Martin Cunningham; ich war Myles Crawford (hatte ich doch als Redakteur gearbeitet); Kavanagh gab die Muse und Tom Joyce die Familie; denn er war ein Cousin von James – ein Zahnarzt, der *Ulysses* tatsächlich nie gelesen hatte!« Und so fuhr die erlauchte Gesellschaft in zwei Pferdekutschen die Stationen dieser modernen Odyssee ab, bis man nach mehreren Kneipenbesuchen endgültig in einem Pub in der Duke Street versumpfte – eine ›Pilgrimasse‹ auf den Spuren von ›Useless‹. Eine Tradition war gestiftet, die bis heute unvermindert anhält, ja Ausmaße angenommen hat, die befürchten lassen, daß die literarische Dimension des Romans hinter derlei karnevalesken Eskapaden ebenso verschwindet wie das Kunstwerk selbst unter dem akademischen Zugriff einer immens fleißigen Joyce-Industrie. Andererseits bezeugen die alljährlichen Festivitäten am ›Bloomsday‹, der fast zum zweiten irischen Nationalfeiertag nach dem St. Patrick's Day avanciert ist, die Wirkungsmächtigkeit der literarischen Imagination.

Der Dichter und Dandy Gogarty, Modell für den jovialen Buck Mulligan, hatte die Turmzimmer im September 1904 knapp eine Woche lang mit Joyce und dem Engländer Samuel Chenevix Trench geteilt, genau einen Monat, bevor Joyce seinem Heimatland für immer den Rücken wandte. In seinen Memoiren erinnert er sich: »Eines Morgens damals in Sandycove rasierte ich mich gerade auf dem Dach des Turmes, weil dort das Licht besser war – es ist eine gute Idee, sich zu rasieren, bevor man in Salzwasser badet –, als Joyce nach oben kam.

Die Badebucht von Sandycove

›Schöner Morgen, Dante. Ist dir heute morgen transzendental zumute?‹ fragte ich.

›Wärst du so fröhlich und aufgeweckt, wenn du um diese Stunde hinausgehen müßtest, um eine Bande dürrhalsiger Bälger zu unterrichten?‹

[...] Er plant eine Art Roman, der uns alle bloßstellen wird und das Land ebenfalls: Alle werden töricht sein außer James Joyce.«

Man lese den Beginn des Ulysses (»Stattlich und feist erschien Buck Mulligan am Treppenaustritt, ein Seifenbekken in den Händen, auf dem gekreuzt ein Spiegel und ein Rasiermesser lagen«) und stelle die Parallelen zwischen Gogarty und Mulligan, Joyce und Dedalus, Trench und Haines fest.

Weiter südlich von Sandycove – aus der Sandycove Avenue East kommend, spazieren wir die Brefni Road, dann links die Harbour Road entlang – liegt Dalkey (altnordisch für ›Dorneninsel‹), ein charmantes Küstenstädtchen mit kontinentalem Flair, dessen verwinkelte Straßen und gut erhaltene Bausubstanz den Ehrentitel ›Heritage Town‹ verdienen. Wie einige Überbleibsel aus dem 4. Jahrtausend v. Chr. belegen, handelt es sich um eine der ältesten menschlichen Siedlungen Irlands. Die normannischen Eroberer bauten die Ortschaft zum bedeutendsten irischen Hafen des Mittelalters aus. Während ihre Handelsschiffe in der windgeschützten und leicht zu verteidigenden Meeresstraße vor Anker gingen, wurden die mitgeführten Waren von leichteren Booten in Bullock Harbour oder in Coliemore Harbour angelandet. Bei Bullock Harbour, heute noch Fischereihafen, erbauten Zisterziensermönche der Abtei St. Mary Mitte des 12. Jahrhunderts eine gotische Burg: Bullock Castle. Zusätzlich zu einer jährlichen Abgabe von 600 Heringen pro Boot war ihnen jedes einlaufende Fahrzeug einen anderen Fisch schuldig. Als 1610 mit dem Bau der Uferstraßen an der Liffey begonnen wurde, verlor Dalkey allmählich an wirtschaftlicher Bedeutung. Von den sieben burgartigen Lagerhäusern, die zusammen mit einer Stadtmauer die Befestigungen des wohlhabenden Handelsemporiums ausmachten, sind nur noch zwei erhalten: Archbold's Castle aus dem 15. und Goat Castle aus dem 16. Jahrhundert zu beiden Seiten der Hauptstraße. Goat Castle beherbergt heute das Dalkey Castle & Heritage Centre, in dem auch in Dalkey ansässige Literaten gewürdigt werden. Zwischen Dalkey und der Nelsonsäule in Dublins O'Connell Street verkehrte von 1901 bis 1949 die Trambahnlinie Nr. 8. Sollte sich Hunger oder Durst einstellen: Dalkey bietet eine Vielzahl ausgezeichneter Restaurants und Pubs, darunter Finnegan's Sorrento Pub, neben dem Maeve Binchy (geb. 1940), die mit Abstand erfolgreichste irische Autorin populärer Romane, mit ihrem Mann, dem Kinderbuchautor Gordon Snell, wohnt.

Zum Coliemore Harbour gelangt man über die Coliemore Road. Hier, an der Ecke zur Meany Avenue, suchte Carlo Gébler (geb. 1954), Enkel des nach Irland emigrierten sächsischen Klarinettisten Adolf Gebler und Sohn der Romanschriftsteller Ernest Gébler und Edna O'Brien, 1977 nach langen Jahren der Trennung seinen mit einer anderen Frau zusammenlebenden eigenbrötlerischen Vater auf: »Wir liefen am Tor der Klosterschule [Loreto College] vorbei und die Coliemore Road entlang. Die Straße war grabesstill. Es gab große Häuser, kleine Häuser, Gärten mit Sträuchern. In der Ferne rauschte leise das Meer. [...]

Wir gelangten zu einem Tor, das schräg zum Gehsteig stand. Die steinernen Pfeiler trugen die Inschrift Cnoc Aluin. Ich spähte die kurze, jähe Einfahrt hinauf und erblickte ein Gebäude mit einer Treppe und einer weißen Haustür, darüber eine georgianische Lünette.

Wir gingen die steile Auffahrt hinauf, stiegen die Treppe zur Haustür empor und klopften an. Hinter uns lag der Sund von Dalkey; Dalkey Island, langgestreckt, geduckt und abgerundet wie ein Unterseeboot, vertäut in der Mitte; dahinter die Dubliner Bucht mit ihren zinnfarbenen Gewässern.«

In der ersten Juliwoche eines jeden Jahres wird in Dalkey »Seine drollige Majestät, der König von Dalkey, Kaiser der Muglins, Fürst des heiligen Eilands Magee und Kurfürst von Lambay und Ireland's Eye, Verteidiger seines eigenen Bekenntnisses und Achter aller anderen sowie Souverän des Allererlauchtesten Ordens vom Hummer und vom Meerschneck« gekrönt – ein festlicher Brauch, der auf die Gründung einer satirischen Gesellschaft bürgerlicher Liberaler zur Zeit der Französischen Revolution zurückgeht. Einmal im Jahr traf man sich auf Dalkey Island, um aus den eigenen Reihen einen Monarchen zu küren. 1797, nur ein Jahr vor der gescheiterten Erhebung der United Irishmen, versammelten sich an die 20 000 Menschen, um der aufrührerischen Rede des damaligen Königs Stephen I. zu lauschen: »Keinem Herrscher sei gestattet, euer Vertrauen länger als ein Jahr in Anspruch zu nehmen, ohne von euch wiedergewählt zu werden. Ich bin kein Anhänger königlicher Vorrechte vor den Rechten des Geschlechts Adams [...], weiß von keinen Rechten der Königswürde, die mehr Geltung hätten als die Macht, die sie geschaffen hat – die Macht des Volkes.«

In Becketts *Malone stirbt* (1951) setzt auf Einladung der Philanthropin Madame Pédale eine Gruppe von Insassen der Heilanstalt St. John of God auf die Insel über – eine Exkursion mit tödlichem Ausgang: »Die Schaluppe.

Viel Platz, wie in dem Break, für doppelt soviel Leute, dreimal, viermal soviel, wenn man eng zusammenrückte. Ein Land entfernte sich, ein anderes näherte sich, große und kleine Inseln. Nur das Geräusch der Ruder, der Dollen, der blauen See am Kiel. Madame Pédale saß am Heck, vom Trübsinn überwältigt. Wie schön das alles ist, murmelte sie. Allein, unverstanden, gut, zu gut. [...] Lemuel sieht zu, wie die Berge sich hinter den spitzen Türmen des Hafens erheben.

Es sind eigentlich Hügel. Sie erheben sich sacht, bläulich, aus der verworrenen Ebene. [...]

Die Insel. Noch eine Anstrengung. Sie ist klein, die Seeseite ist von Buchten angefressen. Man könnte dort leben, es wäre vielleicht gut, dort zu leben, wenn das Leben möglich wäre, aber niemand lebt dort. Die tiefe See dringt bis in ihre geheimsten Winkel, zwischen hohen Felsenwänden. Eines Tages wird es nur noch zwei Inseln geben, getrennt durch einen zunächst schmalen Abgrund, der dann in dem Maße breiter wird, wie die Jahrhunderte aufeinander folgen, zwei Inseln, zwei Felsen, zwei Klippen. Es ist schwer, unter diesen Umständen von Menschen zu sprechen.«

Dann tötet Lemuel die beiden Seeleute unvermutet mit einem »Handbeilchen« und rudert die ihm anvertrauten Irren aufs offene Meer hinaus. »Sie sind weit draußen in der Bucht, Lemuel rudert nicht mehr, die Ruder hängen im Wasser. Die Nacht ist besät mit absurden

absurden Lichtern, Sternen, Leuchtfeuern, Bojen, Lichtern der Erde, und mit den schwachen Feuern brennenden Ginsters im Gebirge.«

Heute ist Dalkey Island Ziel harmloserer Sonntagsausflügler. In schwankenden Fischerbooten gelangt man von Coliemore Harbour, gewiß dem kleinsten Hafen der Welt, über den 100 Meter breiten und 55 Meter tiefen Sund auf die Insel, die nach dem Abzug einer Garnison Mitte des 19. Jahrhunderts nur noch von wilden Ziegen, Kaninchen und Meeresvögeln bewohnt ist.

»Dalkey ist eine kleine Stadt, vielleicht zwölf Meilen südlich von Dublin, an der Küste. Es ist eine unglaubliche Stadt, still, Schlaf vortäuschend. Seine Straßen sind eng, geben sich nicht ohne weiteres als Straßen zu erkennen, und wo sie sich kreuzen, scheint dies aus Zufall zu geschehen. Kleine Läden sehen geschlossen aus, sind aber geöffnet.« So beginnt Brian O'Nolans alias Flann O'Briens Roman *Aus Dalkeys Archiven* (1964) über den verrückten Wissenschaftler de Selby, dem es gelungen ist, die Herrschaft der Zeit aufzuheben. Kein Wunder, daß James Joyce und der heilige Augustinus in diesem Blendwerk der Fabulierkunst höchstpersönlich auftreten.

Flann O'Brien hatte zu Lebzeiten ein gebrochenes Verhältnis zu seinem Vor- und Gegenbild Joyce. Kein Wunder also, daß er in seinem Roman fiktionale Rache nimmt, indem er den Schriftsteller James Joyce zum Kneipenwirt degradiert, der religiöse Pamphlete verfaßt und die Autorschaft an seinen beiden Hauptwerken vehement bestreitet.

Vorerst aber gibt der Roman eine ebenso poetische wie naturgetreue Schilderung der Schönheiten des Dubliner Vororts, bis Wort-Klauberei, ein notwendiges Ingredienz der absurden Imagination O'Briens, die Oberhand gewinnt: »Die Straße selbst windet sich gefällig bergzu, und hinter einer niedrigen Mauer zur Linken liegen jenseits des Fußpfads zaubrische Entzückungen ausgebreitet: felsiges Grasland fällt schnell ab, um weit unten eine wie Spielzeug erscheinende Eisenbahn zu erreichen, mit dem unermeßlichen Meer dahinter, das man nur ahnen kann, das sich still und langsam in der ungeheuren Weite der

Bucht von Killiney wiegt. Hoch oben am Himmel, der sich mit ihm zu einer alles andere als deutlichen Naht verbindet, schleppt sich eine Karawane leichter Wolken lautlos nach Osten.

Und zur Rechten? Monströse Arroganz: ein mächtiges Schulterblatt aus Granit, weit ausschreitend, sein Überrock aus Stechginster und Farnkraut in ernste Reihen von Kiefern, Rottannen, Föhren und Roßkastanien gebettet, daran anschließend feine Büschel vom schlanken, säuberlichen Eukalyptus – das Ganze ein Trugbild aus sanft bewegten Blättern, ein Gemisch aus Licht, Farbe, Dunst und sehr viel Luft, ein Wunder, reich an Versionen, Verdüren, Vertikalen, Vertizillaten, Vertiginosa, im Schatten der Äste sogar vespertin. Himmel, sollte dem Lexikon von Sergeant Fottrell etwas entgangen sein?«

Während O'Briens erste Romane und seine im Abbey Theatre uraufgeführten Bühnenstücke *Thirst* (1943), *Faustus Kelly* (1943) und *The Insect Play* (1943, nach *Der Krieg der Molche* von Karel Čapek) in dem heute mit einer Gedenktafel versehenen Haus 4 Avoca Terrace, Blackrock, entstanden, in das die Familie bereits 1927 eingezogen war, schrieb er *Das harte Leben* (1961), *Aus Dalkeys Archiven* und seinen unvollendeten Roman *Slattery's Sago Saga* in 10 Belmont Avenue, Donnybrook. Sein Grab (Nummer 20 A im Westteil) ist auf dem Friedhof Deans Grange zu besichtigen, wo auch Frank O'Connor, der große irische Tenor John McCormack und die irischen Premiers Seán Lemass und John A. Costello bestattet sind.

Eine berückende Aussicht gewährt der anmutige kleine Felsengarten Sorrento Park, den die vormalige Besitzerin Lady Mac Donnell 1894 auf tausend Jahre der Öffentlichkeit zur Verfügung stellte. Die Romanschriftstellerin Annie M.P. Smithson (1873-1948) notierte: »Wenn es einen besseren Ort für einen hübschen Flirt gibt als auf den Felsen des Sorrento Park, so wüßte ich gerne, wo.« An einer Felswand rechts hinter dem Eingang ist ein buntes Steinmosaik zu Ehren des Lyrikers, Liederkomponisten und Lautenvirtuosen John Dowland angebracht. Eingeweiht wurde die intime, fast versteckte Gedenkstätte 1937 von dem Dramatiker Lennox Robinson (1886-1956), dem langjährigen Leiter des Abbey Theatre, der 1925 das in der Vico Road gelegene Sorrento Cottage erwarb, in dessen terrassiertem Garten er griechische Tragödien inszenierte. Obwohl die genaue Herkunft des elisabethanischen Tonkünstlers im Dunkeln liegt (eines seiner schlaf- und todestrunkenen Lieder heißt »In darkness let me dwell«), war Dowland mit hoher Wahrscheinlichkeit Ire (worauf auch die Aussprache seines Namens ›Doo-lin‹ hindeutet) und aus Dalkey gebürtig. Sein Geburtsdatum (Dezember 1562 oder Januar 1563) ist umstritten, wie überhaupt Dowlands spätere Lebensstationen als Lautenist an den herzöglichen, landgräflichen und königlichen Höfen zu Wolfenbüttel, Kassel, Kopenhagen und schließlich London besser belegt sind als seine Kindheit und Jugend in einer möglicherweise um 1500 aus England eingewanderten Handwerkerfamilie. Seine wegen ihres Wohlklangs und ihrer Satztechnik weithin bekannten und geschätzten Melodien ließ er in Paris, Antwerpen, Köln, Hamburg, Leipzig und Amsterdam drucken. Inspiriert von einer »klagenden Muse«, hat Dowland der Schwermut des elisabethanischen Zeitalters, wie sie der Geistliche Richard Burton (1577-1640) so eindringlich in seiner *Anatomie der Melancholie* (1621) beschwor, mit seinen Gesängen und Instrumentalstücken Ausdruck verliehen.

Im Jahre 1580 war Dowland in Paris, wo er im Dienste der englischen Gesandtschaft stand, zum Katholizismus übergetreten – nach eigenem Bekunden eine Entscheidung, die ihn die Anstellung am Hofe der Protestantin Elisabeth I. kostete. Er starb verbittert und in ärmlichen Umständen am 21. Januar 1626 in London; seitdem galt er, zumindest aus irischer Sicht, als Prototyp des irischen Katholiken, der von den Briten mit Herablassung behandelt wird.

Auch James Joyce, der eine schöne Singstimme besaß, bei einem Gesangswettbewerb dem ›irischen Caruso‹ John McCormack um ein Haar den Rang streitig gemacht hätte und eine Englandtournee mit elisabethanischen Gesängen plante, sah in Dowland vor allem den Künstler als Märtyrer. Wie sein Protagonist in *Stephen der Held* (1914) gab er im privaten Kreis mit Vorliebe Lieder von John Dowland zum besten, darunter das seelenvolle »Weep you no more, sad fountains«. An einer syntaktisch verwirrenden Stelle in *Ulysses* ergeht sich Stephen Dedalus in Lobeshymnen »über Shakespeares Lieder, zumindest die von aus jener beziehungsweise um jene Zeit, von dem Lautenspieler Dowland, der in der Fetter Lane wohnte, unweit des Botanikers Gerard, der *anno ludendo hausi, Doulandus,* ein Instrument, welches er von Mr. Arnold Dolmetsch zu kaufen erwog«.

Dowland war mit Shakespeare befreundet und soll ihn mit seiner Beschreibung des felsigen Küstenstrichs von Dalkey zu der Szenerie von Elsinore (Helsingør) in *Hamlet* angeregt haben. Kurioserweise finden sich im Dubliner Telefonbuch für Dalkey gleich mehrere Shakespeare verzeichnet, und nach Elsinore ist eine Villa in der Coliemore Road benannt.

Angelangt auf dem ginsterbewachsenen Gipfel, blickt man auf die acht Häuser der 1845 erbauten Sorrento Terrace. Auf einem Grundstück, wo vorher bis zu tausend Tagelöhner in schäbigen Hütten gehaust hatten, residieren hier heute sieben Millionäre. In der Nr. 8 wohnte der bereits erwähnte Denis Johnston mit seiner Tochter, der Romanschriftstellerin Jennifer Johnston (geb. 1930). Den Ausblick von der Seitenterrasse des Hauses schildert der Romancier L. A. G. Strong (1896-1958) mit den Worten: »Errichtet am südlichsten Punkt oberhalb des Sunds von Dalkey, blickt es über die Bucht von Killiney nach Bray und zu den Bergen von Wicklow hin. Die Gipfel um Gipfel ansteigende Silhouette ist von erstaunlicher Schönheit, im Vordergrund finden sich wunderbar proportionierte Hügel und Vorhügel, eine flache bewaldete Ebene und der lange, gebogene Arm des Strands von Killiney; die Hänge von Vico, übersät mit Häusern, die in lebhaften, sauberen Farben angestrichen sind, welche dem steilen Berghang und der kleinen abgebröckelten Klippe ein mediterranes Aussehen verleihen.« In den Nachbarhäusern Nr. 6 und 7 hat sich Neil Jordan (geb. 1951), Romancier und Filmregisseur (*Mona Lisa*, *The Crying Game*, *Der Schlächterbursche*, *Das Ende der Affäre*), niedergelassen. Hinter unserem Rücken erhebt sich Monte Alverno, vormals das grandiose Domizil des Anglo-Iren Edward Carson (1854-1935). Der eloquente Kronanwalt, Gegenspieler seines ehemaligen Kommilitonen Oscar Wilde in dessen berüchtigtem Verleumdungsprozeß gegen den Marquess of Queensberry, stieg zum Generalstaatsanwalt auf, wurde Parlamentsabgeordneter in Westminster und Führer der Irish Unionist Parliamentary Party und dient den nordirischen Unionisten aufgrund seiner illegalen Bewaffnung der loyalistischen Ulster Volunteer Force im Jahre 1911 bis heute als verehrte Leitfigur.

Der winzige, nicht länger überdachte viktorianische Musikpavillon am anderen Ende des Parks spielt eine wichtige Rolle in den Theaterstücken *Da* (1973) und *A Life* (1979) von Hugh Leonard (geb. 1926). Irlands erfolgreichster zeitgenössischer Bühnen- und Drehbuchautor (*Der Mann für alles*, 1968, und *Hotel ›Zum guten Ton‹*, 1971) ist in der nahegelegenen Coliemore Road zu Hause. Die mit mehr als hundertsechzig Buchtiteln ungeheuer produktive Lyrikerin und Romanschriftstellerin Katherine Tynan (1861-1931) lebte erst in dem Haus »Cymric« in der Vico Road, später in »Kenah Hill« am Ende der St. George's Avenue, einem viktorianischen Herrenhaus von so gigantischen Ausmaßen (929 Quadratmeter Wohnfläche!), daß der Konzertflügel in ihrem weiträumigen Salon so klein wie eine Briefmarke wirkte.

Nicht zuletzt die vielen italienischen Straßen- und Häusernamen der Gegend – Vico, Sorrento, Nerano; Monte Alverno, San Elmo, Capri – legen einen Vergleich mit dem Golf von Neapel nahe. Schon Flann O'Brien drängte sich die ironische Frage auf: »Und ist dies der Bucht von Neapel vergleichbar? Daran ist gar nicht zu denken, denn in Neapel müssen Hitze und Ungemach auf ausgedörrten Italienern lasten – und keine sanften irischen Himmel, keine kleinen Brisen, die sich beinahe farbig anfühlen.« (*Aus Dalkeys Archiven*) Die Küstenstraße Vico Road erlaubt selbst dem fußfaulen Autofahrer eine weite Aussicht auf die wunderbar geschwungene Bucht und den drei Kilometer langen, durch glaziale Ablagerungen geformten Sandstrand von Killiney, das geduckte Vorgebirge von Bray Head und die beiden irischen Zuckerhüte – Quarzfelsen alle drei.

Gegenüber Strawberry Hill, einer Villa im italienischen Stil, führt die Steiltreppe Cat's Ladder von der Vico Road zur Torca Road hinauf. Dort, im weißgetünchten Torca Cottage, verlebte Irlands erster Nobelpreisträger für Literatur, der Dramatiker George Bernard Shaw (1856-1950), die Sommertage seiner Kindheit und Jugend (1866-1874). Sein Vater George Carr, seine musikbesessene Mutter Bessie und deren Gesangslehrer und Geliebter George John Vandeleur Lee hatten sich zu einer *ménage à trois* zusammengefunden. Den mütterlichen Entschluß zum Einzug unter »ein Himmelszelt, wie ich es nirgendwo sonst in der Welt erblickt habe«, bezeichnete noch der Fünfundsiebzigjährige als den glücklichsten Augenblick seines Lebens; hier sei er, »ein halbwüchsiger Niemand«, zu einem »Prinzen in der Welt meiner eigenen Imagination« geworden. Seine dichterische Einbildungskraft verdanke sich den Gemälden der Nationalgalerie, bedeutenden Büchern, majestätischer Musik und der Tatsache, daß er »im Alter von zehn Jahren aus der Straße, in der ich geboren wurde, [...] auf die Höhen des Dalkey Hill« verpflanzt wurde. Und am 5. Mai 1948 versicherte der Zweiundneunzigjährige: »Die Torca-Gedenktafel hat mir die größte Genugtuung bereitet.« Auch Shaw verwunderte sich darüber, daß Shakespeare seinen Hamlet sagen lassen konnte: »[...] seht ihr, dieser herrliche Baldachin, die Luft, dies wackre umwölbende Firmament, dies majestätische Dach mit goldnem Feuer ausgelegt«, ohne je auf Killiney Hill geweilt zu haben.

Wir schlendern am Haus vorüber und nehmen den Pfad, der geradeaus führt, bis zur Hügelspitze. Über den herrlichen Rundblick von Killiney Hill schrieb Shaw: »Irlands Menschen sind sterblich und vergänglich, doch seine Hügel dauern ewig.« In der Tat haben die Wicklow Mountains trotz ständig wechselnder Lichtverhältnisse etwas Ehernes, und wer sich auf dem 146 Meter hohen Gipfel langsam um die eigene Achse dreht, um das beeindruckend abwechslungsreiche Panorama von Bergen und Tal, Stadt und Land, Meer und Inseln, auf sich einwirken zu lassen, dem mag andächtig zumute werden. Bei klarem Wetter sind nicht nur die Mourne Mountains im Norden Irlands, sondern sogar die 75 Kilometer entfernte walisische Küste zu erkennen.

Auf dem Gipfel steht ein Obelisk, der 1742 im Zuge von Arbeitsbeschaffungsmaßnahmen für hungerleidende Tagelöhner errichtet wurde – ein ästhetisch nicht sonderlich ansprechender weißer Zuckerhut *en miniature*. Wer den hundertzehn Jahre später aus unerfindlichen Gründen erbauten Wishing Stone entgegen dem Uhrzeigersinn besteigt, hat einen Wunsch frei, der freilich nur bei äußerster Verschwiegenheit in Erfüllung gehen soll. Den teilweise bewaldeten, an Flora (Cineraria) und Fauna (Füchse, Dachse) reichen Killiney Hill Park hatte der Schloßherr von Killiney Castle (heute Fitzpatrick's Killiney Castle Hotel) 1887 zu Ehren Königin Victorias der Öffentlichkeit übergeben. Er schließt auch den zwei Meter niedrigeren Dalkey Hill mit seinem ›Telegraphenturm‹ (Semaphore Castle), früher auch mit Funkantenne, ein und besteht in der Hauptsache aus zwei Rundgängen in Form einer Acht. Kinder können sich im Unterholz vergnügen, einen Naturlehrpfad begehen, Drachenfliegern beim Start zuschauen oder selber Drachen steigen lassen.

Brendan Behan beurteilte den Park respektloser: »Auf dem Hügel, in einem Park, der vom Steuerzahler unterhalten wird, findet sich ein seltsam aussehendes Relikt aus der Zeit, als ein exzentrischer und mildtätiger Grundbesitzer seinen dumpfen Grillen kostengünstig freien Lauf lassen konnte, indem er die Menschen dazu brachte, sinnlose Prachtbauten und wundersame Klötze zu errichten, und sich zugleich einen guten Ruf als Philanthrop erwarb.

Dieses Bauwerk hat eine Marmorinschrift, die besagt:

›Da die ARMEN im vergangenen Jahr ein schweres Los hatten, ließ Herr JOHN MAPAS im Juni 1842 die MAUER um diese Hügel und das ETC. errichten.‹

JOHN MAPAS und sein ETC. sind schlimm genug, könnten aber als Kuriosität und um die Bevölkerung daran zu erinnern, was unseren Vorfahren zugemutet wurde, dort belassen werden; eine andere Inschrift dagegen ist ein bleibendes Zeugnis für die Impertinenz des ehemaligen Herrenvolks. Sie lautet:

Victoria Hill
Erworben von der Queen's Jubilee Memorials
Association Dublin, am 21. Juni 1887, dem von seiner
Königlichen Hoheit Prinz Albert Victor von Wales
für die Feier des 50. Jahres der Regierungszeit
Ihrer Majestät Queen Victorias festgesetzten Tag.
Als öffentlicher Park eingeweiht am 30. Juni 1887.

Wir mögen JOHN MAPAS' Gefallen an ETC.s bedauern, doch dürfte deren Errichtung wenigstens ein armes Geschöpf vor der Hungersnot bewahrt haben. Queen Victorias gute Tat für den Tag während ihrer berüchtigtsten Hungersnot wenige Jahre später war die feierliche Überreichung von fünf Pfund an den Hilfsfonds. Es heißt, daß sie, um Neidgefühlen vorzubeugen, noch am selben Tag dem Hundeasyl in Battersea weitere fünf Pfund zukommen ließ.«

Flann O'Brien haut in dieselbe Kerbe: »In weiter Ferne und erhöht könnte man schwach einen kleinen Obelisken erkennen, der einige Stufen überragt, auf denen man sitzen kann, um diese ganze Szenerie zu betrachten: das Meer, die Halbinsel Howth am anderen Ende der Bucht und weit entfernt zur Rechten den verschwommenen Umriß der Berge von Wicklow, grau oder blau. Wurde das Denkmal errichtet, um den Schöpfer all dieser Herrlichkeit zu ehren? Nein. Vielleicht zur Erinnerung an einen edlen irischen Menschen, den Er einst schuf – Johannes Scotus Erigena vielleicht oder möglicherweise Parnell? Entschieden nein: Königin Victoria.«

Unterhalb von Dalkey Hill liegt ein von leuchtendem Stechginster und dichten Brombeerbüschen überwucherter Steinbruch, an dessen glatten Felswänden Bergsteiger sich auf alpine Kletterpartien vorbereiten. Hier wurden die für den Bau des Hafens von Dún Laoghaire benötigten tonnenschweren Steinquader herausgebrochen und in schwerkraftbetriebenen Loren auf einer 4,5 Kilometer langen Bahnstrecke (The Flags oder Metals) zu ihrem Bestimmungsort geschafft. Wir steigen die steile Treppe hinab und laufen durch das Sträuchergewirr bis zur Ardbrough Road. Dort biegen wir links ein und stoßen nach hundert Metern rechts auf den mit Steinplatten belegten ehemaligen Schienenstrang.

In seinen Erinnerungen *Home before Night* (1979) schreibt Hugh Leonard über den Steinbruch: »Heute ist das Städtchen elegant. Es gibt Boutiquen und schmucke Pubs. Als ich gestern abend zum Dalkey Hill hinaufblickte, sah ich die gelben Verandalichter Dutzender alleinstehender Bungalows, während es in der Vergangenheit pechfinster gewesen war. Früher hieß es, auf dem Hügel wohnten Leute, die ihre Jungen verspeisten: wilde Kesselflickerfamilien in verfallenen Cottages am Fuße des Steinbruchs. Ein Drittel des Hügels war ausgehöhlt und mit der atmosphärischen Eisenbahn davongeschafft worden, um die kilometerlangen Granitpiere von Dún Laoghaire zu errichten. Zurück blieben ein Amphitheater aus steilen Granitwänden, auf ihrem äußersten Vorprung die Ruinen einer Burg. Damals sah man von der Burg aus bis auf halbem Wege zur Stadt abfallende Wiesen, dort erst begannen die Villen.« In Wahrheit war die ›atmosphärische‹ oder pneumatische Eisenbahn die erste für Passagiere bestimmte kommerzielle Luftdruckbahn der Welt. Von Isambard Kingdom Brunel erfunden, verkehrte sie von 1844 bis 1854 zwischen Dalkey und Dún Laoghaire. Sie benötigte keine Lokomotive, sondern wurde über ein Röhrensystem von einer stationären Dampfmaschine angetrieben.

Eine der erwähnten Villen ist Summerfield an der Ecke von Dalkey Avenue und Old Quarry, Standort der Clifton School, an der James Joyce im Mai und Juni 1904, kurz bevor er die achtzehnjährige Bäckerstochter und Hotelangestellte Nora Barnacle kennenlernte, einige Tage als Hilfslehrer unterrichtete und in der auch ein Teil der »Nestor«-Episode seines *Ulysses* spielt. Im Arbeitszimmer der Schule widerlegt Stephen Dedalus die antisemitischen Ausfälle Mr. Deasys (»Sie haben gesündigt wider das Licht [...]. Noch in ihren Augen kann man die Finsternis sehen. Und das ist der Grund, daß sie Wanderer sind auf Erden bis auf den heutigen Tag.«) mit der schlichten Gegenfrage: »Wer wäre das nicht?« In demselben Haus wohnte lange Jahre der Dichter und Calderón-Übersetzer Denis Florence MacCarthy (1817-1882), der Theologie und Jura studiert hatte, dann jedoch Professor für englische Literatur an Kardinal Newmans katholischer Universität war. Er zeugte neun Kinder, so daß das Haus ständig erweitert werden mußte. MacCarthys »A New Year's Song« war eines der Gedichte, von denen sich Oscar Wilde zu seiner *Ballade vom Zuchthaus zu Reading* (1898) anregen ließ. In seinem Gedicht »The Bay of Dublin« besingt MacCarthy in mehreren Strophen die Schönheiten der Bucht:

I can look proudly in thy face,
Fair daughter of a hardier race,
And feel thy winning, well-known grace,
  Without my old misgiving;

And as I kneel upon thy strand,
And kiss thy once unvalued hand,
Proclaim earth holds no lovelier land,
  Where life is worth the living.

Mit diesen lokalpatriotischen Versen beenden wir unseren ersten literarischen Entdeckungsgang und fahren mit der Buslinie 59 vom Ende der Dalkey Avenue wieder zurück nach Dún Laoghaire beziehungsweise von dort aus in die Stadt.

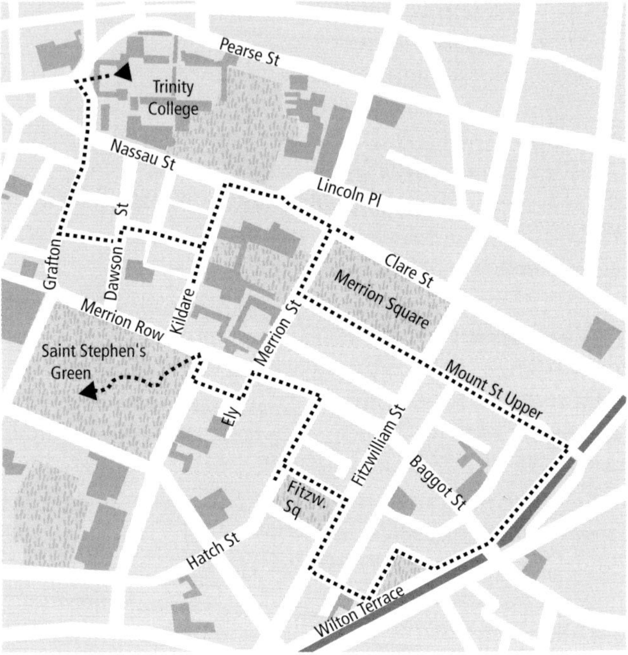
Pearse St
Trinity
College
Nassau St
Lincoln Pl
Clare St
Merrion Square
Grafton
Dawson
St
Kildare
Merrion St
Merrion Row
Saint Stephen's
Green
Mount St Upper
Ely
Fitzwilliam St
Baggot St
Fitzw.
Sq
Hatch St
Wilton Terrace

Zweiter Spaziergang
Die südliche Innenstadt

Flankiert von den Standbildern Oliver Goldsmiths und Edmund Burkes von John Henry Foley, stehen wir vor dem Haupteingang des Trinity College Dublin, Ausgangspunkt des heutigen Rundwegs. Wer sich für frühmittelalterliche Buchmalerei interessiert, dürfte bereits das *Book of Kells* besichtigt haben, das noch jedem Betrachter höchste Bewunderung abgenötigt hat. Zu sehen ist das illuminierte Manuskript, eine Abschrift der vier Evangelien des Neuen Testaments in der lateinischen Übersetzung des heiligen Hieronymus (*Vulgata*), im ersten Geschoß der Old Library des Trinity College Dublin, jener protestantischen Universität, die die britische Monarchin Elisabeth I. im Jahre 1592 eigens stiftete, um ihren neuen Untertanen die Segnungen der Zivilisation zu bescheren. Zu diesem Zeitpunkt war das beredte Zeugnis einer früheren Zivilisationsstufe gut und gerne achthundert Jahre alt. Von den 339 Kalbspergamentblättern (33 × 24 cm) des Buches sind jeweils zwei aufgeschlagen, die täglich umgeblättert werden. Wer das Buch in seiner Gänze bestaunen möchte, müßte seinen Besuch demnach ein halbes Jahr lang jeden Tag wiederholen.

Das *Book of Kells* wird oft angeführt, um die Eigentümlichkeiten des ›Celtic mind‹, der keltischen Denkweise, zu illustrieren: Geringschätzung der Linearität, verschwimmende Konturen, Verwandlung einer Form in die andere. James Joyce nennt das Buch das »Irischste, was wir besitzen«. Richtig daran ist, daß sich einige der verwendeten geometrischen Motive im kelto-sächsischen Insularstil, insbesondere das labyrinthische Gitterwerk, der keltischen

Trinity College Dublin (hier das Graduate Memorial Building)
mit »Sitzbild« seines Rektors, des Mathematikers und Theologen
George Salmon (1819-1904)

Goldschmiedekunst mit ihren Halsringen und Broschen verdanken. Andere Motive lieferten die Steinmetzarbeiten der präkeltischen Megalithkultur, so etwa die auf einen Sonnenkult hindeutenden Spiralen, wie sie vornehmlich im Ganggrab von Newgrange, Co. Meath, zu finden ist. Bekanntermaßen sind die gleichen Spiralen auch auf keltischen Hochkreuzen eingemeißelt. Auch der Ring, der die beiden Kreuzbalken miteinander verbindet, verweist auf die Sonnenscheibe.

Die drei namenlosen Schreiber, die als Urheber dieses herausragenden Kunst-Buchs angenommen werden, verwendeten zur Herstellung der vorherrschenden Farbtöne Blau, Braun, Gelb, Grün, Mauve, Rot nicht nur einheimische pflanzliche Farbstoffe, sondern auch mineralische wie Blei und Kupfer, die teilweise nach Irland eingeführt werden mußten, Lapislazuli etwa aus Afghanistan. Jedoch machten sie sich fremde Einflüsse nicht nur in technischer Hinsicht zu eigen, sondern bedienten sich auch in Gehalt und Gestaltung sämtlicher ihnen zur Verfügung stehender Stilrichtungen.

Die ineinander verschlungenen Tierleiber entstammen dem germanischem Kulturkreis, die geflochtenen Bänder aus den Ländern des Mittelmeers und dem Nahen Osten – ein sicherer Beweis dafür, daß die Mönche nicht isoliert lebten, sondern sich auf der Höhe der Zeit und ausgedehnten Handels befanden. Hochburgen frühchristlicher Gelehrsamkeit waren die Klosterstätten irischer Mönche also gerade nicht wegen ihrer weltfernen Abgeschiedenheit, sondern aufgrund des regen Austausches mit europäischen und zum Teil außereuropäischen Bezugsquellen. Anders als ihre kirchengeschichtlichen Vorgänger, die entlegenen Einsiedeleien irischer Anachoreten wie etwa auf der Felseninsel Michael Skellig vor der Küste von Kerry, war die

Klosterkultur des Mittelalters auf einem Entwicklungsstadium angelangt, in der Wissensdurst, Drang nach Bildung und ein Sinn für Ästhetik dem Prinzip der Askese längst den Rang abgelaufen hatten.

Vermutlich ist das *Book of Kells* entweder auf der Hebrideninsel Iona, dem eigentlichen Zentrum der weitverzweigten columbanischen Klostergemeinschaften, entstanden und vor den ersten Wikingerüberfällen nach Irland in Sicherheit gebracht worden oder aber erst im Scriptorium des Klosters Kells verfertigt worden. Datiert wird die Entstehung des Schreib- und Malkunstwerks jedenfalls auf die Zeit um 800. 1621 gelangte es in den Besitz des bibliophilen Theologen und Kirchenhistorikers James Ussher, Vizekanzler von Trinity College, Bischof von Meath und später Erzbischof von Armagh, bekannt für seine exakte Berechnung des Weltschöpfungsdatums am 23. Oktober 4004 v. Chr. Sein Nachfolger Henry Jones vermachte es 1661 der Universität selbst, wo der Originalband 1953, nahezu dreihundert Jahre später, sorgfältig restauriert und zu vier verschiedenen Folianten gebunden wurde.

Wenngleich der fortlaufende lateinische Text, in den ebenmäßigen Lettern der sogenannten Insular-Majuskeln verfaßt, stellenweise farbig ausgemalt und mit Katzen, Pfauen, Fischen und anderen Tieren geschmückt ist, so sind es doch vor allem die wuchernden Details der Initialen, die beeindrucken: ein reichverziertes Flechtwerk aus Leibern und Lettern, die aufs natürlichste, d. h. über Köpfe, Beine und Schwänze, ineinander übergehen. Der Ehrenplatz indes gebührt den ganzseitigen Illustrationen, seien es die sogenannten »Teppichseiten«, Schmuckblätter von erstaunlicher Symmetrie, die abstrakte geometrische Muster, insbesondere ineinander verschlungene Bänder in rechteckigen Randleisten, mit stilisierten figurativen Darstellungen von Menschen, Tieren und Engeln paaren, oder die farbenfrohen Porträts und Bildszenen, Tafeln von der Gefangennahme Jesu, den Evangelisten usw. Die meisten Figuren scheinen zu schweben, da ohne realistisch gestalteten Hintergrund gemalt.

Zu den Gemälden zählt auch die Madonna mit Kind, eine Neuerung in der religiösen Ikonographie der abendländischen Kunst. Der »heraldischen« Darstellungsweise ist es zu verdanken, daß das Jesuskind nicht als Kind porträtiert wird, sondern, wie im Mittelalter üblich, Gesicht und Körper eines erwachsenen Mannes aufweist; unüblich hingegen ist, daß die Muttergottes zwei rechte Füße hat und ihr Sohn zwei linke.

Als prächtigste und aufwendigste Einzelseite gilt die sogenannte »Monogrammseite« (Folio 34R), auf der unter Verwendung sämtlicher keltischer Designs in einem überschwenglichen Ineinander von Kunst und Kalligraphie die Anfangsworte von Matth. 1,18 »Christi autem generatio« (»Die Geburt Jesu Christi geschah aber also«) gestaltet werden. In ein phantastisches Gewirr von Rauten, Wirbeln, Kleeblättern und Bändern in fließender Bewegung sind Menschen, Engel, Falter, Ratten und Katzen eingearbeitet.

Daß sich Menschen über Jahre und Jahrzehnte hinweg in geduldigster und mühsamster Filigranarbeit mit mikroskopisch winzigen Einzelheiten befaßten, ohne den Gesamteindruck einer jeden Seite, die Proportion der Zierleisten oder das üppige Blattwerk aus Ranken und Girlanden, aus dem Blick zu verlieren, ist wahrhaft erstaunlich. Die minuziöse Tätigkeit der Mönche, die sich so gewissenhaft in jedes Detail versenkten, ist selbst unter modernen Gegebenheiten kaum vorstellbar; vieles davon wird erst unter dem Vergrößerungsglas sichtbar.

Eine Seite aus dem »Book of Kells«, einem um 800 entstandenen illuminierten Evangeliar

Dabei ist nicht zu verkennen, daß hier der christliche Glaube, allein aufgrund der künstlerischen Gestaltung seiner heiligsten Schrift, eine ganz eigene Ausprägung erfuhr. In der Tat ist es die Schrift selbst, die sich gegenüber dem Wort, und sei es auch das Wort Gottes, verselbständigt. Formvollendete Ausstattung und Ausführung drängt das derart Ausgeschmückte gewissermaßen an den Rand; die Ornamentik scheint wichtiger als die Frohe Botschaft. Dieser Zug der Verweltlichung wird vor allem an dem zuweilen bizarren Bestiarium kenntlich. Zwar haben die Tiere meist auch symbolische und emblematische Bedeutung (so wird dem heiligen Johannes der Adler, dem heiligen Lukas der Ochse und dem heilige Markus der Löwe zugeordnet), doch eine geradezu verspielte Freude an der Natur stellt die religiöse Funktion beinahe in den Schatten.

Das *Book of Kells*, ein unübertroffenes Meisterwerk der Buchillustration, ist der größte Schatz frühmittelalterlicher Kunst in Irland, ein Wunderwerk der Kalligraphie und Ornamentik. Für die stattliche Summe von 18 000 Dollar ist vielleicht noch eines der 1480 Exemplare einer originalgetreuen Nachbildung zu erstehen, die 1990 vom Faksimile-Verlag Luzern herausgebracht wurde.

Nun müssen wir aber mit unserem Rundgang beginnen, der uns durch das georgianische Dublin der Südseite mit seinen prächtigen Platzanlagen Merrion Square, Fitzwilliam Square und St. Stephen's Green führen wird. Vom College Green wenden wir uns nach links in Richtung Grafton Street. Bevor wir diese wichtigste Einkaufsmeile Dublins betreten, kommen wir an einem Standbild von Jeanne Rynhart vorbei. Vor uns steht, mit halb entblößten Brüsten, die Fischhändlerin Molly Malone, die wohl jedermann aus dem vielgesungenen Volkslied geläufig sein dürfte:

In Dublin's fair city,
Where the girls are so pretty,
I first set my eyes on sweet Molly Malone,
As she wheeled her wheel barrow,
Through streets broad and narrow,
Crying cockles and mussels a-live a-live Oh.

Wie alle anderen neueren Monumente der Stadt hat auch sie einen schnoddrigen Spitznamen wegbekommen, ›The Tart with the Cart‹. Das ist ja das Schöne an Dublin, einer von Statuen geradezu starrenden Stadt, daß nicht nur Berühmtheiten aus Politik und Literatur mit Denkmälern geehrt werden, sondern auch einfache Gestalten aus dem Volk, so etwa, im Meeting Place am nördlichen Ende der Halfpenny Bridge, zwei ganz gewöhnliche Hausfrauen, die sich auf einer Bank von ihrem Einkaufsbummel erholen. Ihr Uzname lautet, wie könnte es anders sein, ›The Hags with the Bags‹. Grafton Street selbst ist eine belebte Fußgängerzone, die nicht nur von den Kunden der Geschäfte und Warenhäuser, sondern auch von einer Vielzahl Straßenkünstler und –musiker aller Art bevölkert wird: Jongleure, Feuerschlucker, Tangotänzer, Gitarristen, Bands, singende Rotzbengel, Streichquartette, ganze Chöre und, ja, auch Dichter, die ihre lyrische Hausapotheke verhökern. Eine stadtbekannte Erscheinung war Pat Tierney (1957-1996), der, hinter einem pappenen ›Bildschirm‹ mit Geldeinwurf, gegen einen geringen Obolus Verse aus einem Repertoire von mehr als hundert Gedichten aufzusagen wußte, bevor er sich, unheilbar an AIDS erkrankt, das Leben nahm. Seine Leidensgeschichte zeichnete er in *The Moon on My Back* (1993) auf. Sein Gedicht »Irland« beginnt so:

»A land of Saints and Scholars«
I heard a liar say,
»A land as full of harmony«
As darkness is with clay,
A land was made of Bardic Muse
To ward off evil spells,
A little bit of heaven
As pure as the ›Book of Kells‹.

»Wie sonderbar, daß im Laufe der letzten drei Jahrhunderte von Swift und Sheridan bis zu Shaw und Joyce – diesem Sammelsurium deplazierter Personen – die Siebente Stadt der Christenheit, erbaut von hellhaarigen Fremden in einem der Hinterhöfe Europas, den Engländern durchweg beigebracht hat, wie man in ihrer Sprache schreibt.« So brüstete sich der Dramatiker Denis Johnston (1901-1984). Was er zu erwähnen vergaß, war die Kehrseite der Medaille: daß die sprachlichen, oft satirischen Impulse, die irische Autoren dem englischen Literaturbetrieb immer wieder gaben, mit einem spürbaren Aderlaß erkauft waren – mit dem Export der betreffenden Impulsgeber, die nur in der Literaturmetropole London ein Fortkommen fanden oder zu finden hofften und bestenfalls von ihrem Exil aus auf Irland zurückwirkten.

So sind denn in Dublin selbst von Richard Brinsley Sheridan (1751-1816), dem von Johnston erwähnten anglo-irischen Lustspielautor und Politiker, fast keinerlei Spuren mehr erhalten. Sein Geburtshaus 12 Upper Dorset Street ist (worüber auch das Sheridan Inn und die Arbeitersiedlung Sheridan Court nicht hinwegtrösten) längst verfallen und ein Satz wie der von Sean O'Faolain nicht mehr denkbar: »Man kann nämlich mit einem einzigen Blick auf das Haus des Dramatikers Sheridan in der Dorset Street ein ganzes Jahrhundert heraufbeschwören.« Lediglich in der Grafton Street erinnert eine Gedenktafel an den bedeutenden Dramatiker und Erneuerer des englischen Theaters. Wo man sich bis vor kurzem zum Stelldichein bei Kaffee und Kuchen unter den Jugendstil-Buntglasfenstern von Harry Clarke (1889-1931) verabredete, in Bewley's stets überfülltem, duftgeschwängertem Oriental Café (Nr. 78/79), stand von 1758 bis 1824 Samuel Whyte's Academy. Hier ging nicht nur der junge Sheridan zur Schule, hier erfuhren auch Thomas Moore, sein Freund Robert Emmet, Arthur Wellesley (der spätere Duke of Wellington) und George Petrie von der »Liebe zur Wahrheit und der Schimpflichkeit von Ausflüchten« (George Stokes).

Sheridan war das jüngste von fünf Kindern des Schauspielers, Lexikographen und Sprecherziehers Thomas Sheridan d. J. (1719-1788) und der Schauspielerin, Bühnen- und Romanschriftstellerin Frances Sheridan geb. Chamberlaine (1724-1766), aus deren Feder die *Geschichte der Miss Sidney Bidulph aus ihrem eignen Tagebuch gezogen* (1761) stammt. Wenn man die eingeheirateten Familienmitglieder mitrechnet, begründeten die Eltern Sheridan eine regelrechte Künstlerdynastie. Diese reicht bis zu Joseph Sheridan Le Fanu, den wir später näher kennenlernen werden, und der Komponistin Nicola Frances Le Fanu (geb. 1947).

Die South Anne Street entlang geht es zu dem anglikanischen Kirchlein St. Ann's in der Dawson Street, in der ein Buntglasfenster an die englischen und schottischen Autoren Percy Bysshe Shelley, William Wordsworth und Walter Scott erinnert. In der Gruft der Kirche liegt die Dichterin Felicia Dorothea Hemans (1793-1835) begraben, deren Gedichtband *Das Waldheiligthum* (1825) im Jahre 1871 von Ferdinand Freiligrath ins Deutsche übertragen wurde. Eine weitere Schriftstellerin, die in St. Ann's bestattet wurde, auf eigenen Wunsch nicht neben ihrem geschiedenen, von ihr betrogenen Gatten, sondern neben ihrem Vater John Van Lewen, ist die von zahlreichen Männern ihrer Zeit umworbene Laetitia Pilkington (1712-1750). Befreundet mit Jonathan Swift, Samuel Richardson und Colley Cibber, erlangte sie Berühmtheit mit ihren 1748 veröffentlichten *Memoirs*, in denen sie eigene, bereits veröffentlichte Gedichte aus dem Gedächtnis wiedergab und, ohne ein Blatt vor den Mund zu nehmen, »die geringfügigsten Begebenheiten aus dem Leben der Großen« erzählte – eine wahre Fundgrube für Anekdotenjäger. Die Gedenktafel, um die sie auf ihrem Sterbebett bat und auf der sie sich jenen Frieden erhofft, »den eine grausame und mitleidlose Welt ihr niemals vergönnte«, wurde erst vor wenigen Jahren an der Wand neben dem Eingang angebracht.

1878 heiratete der Gerichtsinspektor und Theaterkritiker Bram Stoker (1847-1912), später Verfasser des Vampirromans *Dracula* (1897), in St. Ann's Oscar Wildes erste große Liebe: Florence Lemon Balcombe, eine hochgewachsene Dubliner Schönheit, in deren Haus, 1 Marino Crescent, Wilde verkehrt hatte. Wilde jubelte über das »*auserlesen hübsche Mädchen* [...] *mit dem makellos schönsten Gesicht, das ich je sah, und ohne ein Sixpence an Geld*«. Doch nach »zwei süßen Jahren – den süßesten all der Jahre meiner Jugend« verschmähte Florence, dritte Tochter eines pensionierten englischen Oberstleutnants, den verhältnismäßig mittellosen Studenten am Magdalen College, Oxford und erhörte die Werbung seines Rivalen, der nur wenige Häuser von ihr entfernt in 15 Marino Crescent gewohnt hatte. In *Das Bild des Dorian Gray* findet sich ein Porträt Florence Balcombes in Gestalt der Schauspielerin

Sibyl Vane: »Harry, stellen Sie sich ein Mädchen vor, noch nicht ganz siebzehn, mit einem kleinen, blumengleichen Gesicht, einem schmalen griechischen Kopf und dunkelbraunen, geflochtenen Locken; ihre Augen waren veilchenblaue Brunnen der Leidenschaft, ihre Lippen waren wie die Blütenblätter einer Rose. Sie war das lieblichste Wesen, das ich je in meinem Leben gesehen habe.«

Aus der Kirche tretend, biegen wir rechts um die Ecke und schlendern die Molesworth Street entlang (in Nr. 15 arbeitete George Bernard Shaw von Oktober 1871 an als Kassierer eines Grundstückmaklerbüros), bis wir das von dem Kasseler Hugenottensproß Richard Cassels oder Castle (1695-1751) entworfene Leinster House erreichen, den Sitz des irischen Parlaments: »Leinster House, die Stadtresidenz Seiner Hoheit, des Herzogs von Leinster, ist das stattlichste Privatgebäude der Stadt. Angenehm am äußersten Südostrand der Stadt gelegen, gewährt es eine Aussicht wie nur wenige Orte und bietet dank seiner weitläufigen Anlagen vorne und hinten Vorzüge wie nur wenige städtische Bauten [...], so daß es, mitten im Tumult einer lärmenden Metropole, die Abgeschiedenheit eines Landsitzes genießt.« (James Malton gegen Ende des 18. Jahrhunderts) Daniel O'Connells Traum, die irischen Gesetzgeber in dem fensterlosen alten Parlamentsgebäude am College Green, der heutigen Bank of Ireland, unterzubringen, sollte sich nicht erfüllen; wie H. Morton beschreibt, zog der Irische Freistaat 1924 aus Sicherheitsgründen Leinster House vor: »Am folgenden Tag kam der Poet und sagte, er wolle mir die interessanteste Sehenswürdigkeit in Dublin zeigen.

›Wir werden‹, erklärte er, ›Dáil Éireann besichtigen, das Parlament des Freistaats, wie Sie vielleicht wissen.‹

Der Dáil tritt in einem großen Haus des 18. Jahrhunderts

zusammen, früher Residenz der Herzöge von Leinster. Davor steht ein Standbild der Königin Victoria, das zwar nicht eben schmeichelhaft ist, aber auch nicht so schlecht wie jenes, das so schwer auf Manchester lastet.

›Das‹, erklärte der Poet, indem er auf das Standbild wies, ›wird zu Recht Irlands Rache genannt.‹«

Wenn wir vor dem von einem einsamen Polizisten bewachten Haupttor rechts in die Kildare Street einbiegen, gelangen wir nach wenigen Schritten zur Hausnummer 30, direkt gegenüber dem Nationalmuseum. Hier hatte Bram Stoker, der Meister des irischen Grusel- und Greuelromans, in jungen Jahren seine Wohnung. Als Kind von so zarter Konstitution, daß er acht Jahre lang das Bett hüten und anfänglich zu Hause erzogen werden mußte, wuchs Stoker entgegen allen Befürchtungen zu einem stattlichen, athletisch gebauten Mann heran, der sich am Trinity College, wo er von 1864 bis 1867 Mathematik studierte und 1870 mit dem M. A. abschloß, auch als Fußballer und Rennläufer einen Namen machte. Daneben fungierte der Rotbärtige als Präsident der Philosophical Society und leitete die 1770 gegründete Historical Society, den ältesten studentischen Debattierklub der Britischen Inseln, dem im Laufe der Zeit, oft an führender Stelle, Größen wie Wolfe Tone, Robert Emmet, Thomas Moore, Thomas Davis, Isaac Butt, Edward Carson und Douglas Hyde angehörten.

Nichts in der viktorianischen Biographie des Beamten, Journalisten und Schauspielfreunds Stoker deutete darauf hin, daß er einen Hang zum Unheimlichen, Übernatürlichen und Gespenstischen besaß. Aber vielleicht waren es die Erzählungen seiner Mutter Charlotte von der verheerenden Cholera-Epidemie 1852 in Sligo, die ihm noch von seinem Krankenbett her im Gedächtnis herumspukten. Spuren dieser makabren Geschichten finden sich in seinem ersten literarischen Werk *Under the Sunset* (1882), einem Erzählband mit Kindergeschichten. Angeregt wurde er auch, so raunt man jedenfalls im heimatlichen Dublin, das seine Kultfigur Dracula gerne für sich reklamiert, von den mumifizierten Leichen, die in der düsteren Gruft von St. Michan's Church in Church Street lagern. Die von lederner Haut umhüllten Skelette wollen ebensowenig verwesen und vergehen wie die ›Untoten‹ des Dracula-Erfinders. Vorbilder hatte er freilich auch schon in Autoren wie Charles Robert Maturin und Joseph Sheridan Le Fanu, die das Horror-Genre in Irland eingeführt hatten.

Neben *Dracula*, der ihm bleibenden Ruhm bescherte und einen Platz in der Weltliteratur sicherte, veröffentlichte Stoker bis zu seinem Tod weitere zwölf Romane. Er starb in London an der Syphilis, auch wenn auf dem Totenschein nur »Erschöpfung« vermerkt wurde.

Wer sich den kurzen Abstecher ersparen will, wendet sich statt dessen vor dem Haupttor nach links. An dem einförmigen Backsteinbau gegenüber der Nationalbibliothek befindet sich eine Gedenktafel zu Ehren der Schriftstellerin Sydney Owenson (?1776-1859), die zunächst unter ihrem eigenen Namen, sodann unter ihrem Ehenamen Lady Morgan eine große Anzahl von Reisebüchern und romantischen oder nationalgesinnten Romanen veröffentlichte, in denen sie bald ossianische Sehnsüchte befriedigte, bald die irischen Zustände unter englischer Herrschaft geißelte, darunter etwa *Glorwina, das Naturmädchen in Irland* (1806), *Florentina Macarthy, eine irländische Novelle* (1818), *O'Donnel, oder die Reise nach dem Riesendamme. Irisches Nationalgemälde* (1814) und *Die O'Briens und O'Flahertys, eine Nationalgeschichte* (1827). Die nicht untypische anglo-irische Ambivalenz ihres Schaffens ver-

Leinster House (Eingang Merrion Street), Sitz des irischen Premierministers und des irischen Parlaments (Dáil Éireann und Seanad Éireann)

dankt sich zum einen der Unsicherheit darüber, welches Zielpublikum sie anzusprechen habe; womöglich aber auch ihrem elterlichen Doppelerbe (Vater: katholischer Ire, Mutter: protestantische Engländerin). Pikanter- und passenderweise behauptete sie, auf halbem Wege zwischen den beiden Hauptinseln des Archipels zur Welt gekommen zu sein: auf einem Schiff in der Irischen See. Statt ihres vornehmen Salons, von 1813 bis 1837 ein literarischer und politischer Mittelpunkt der Dubliner Gesellschaft, finden wir im Kildare House, einem ehemaligen Ministerium, nur mehr Büroräume vor.

Wir laufen die Kildare Street hinunter zur South Leinster Street und biegen rechts ab, den Blick auf die weiten Rasenflächen des Trinity College gerichtet. Die Giebelwand des roten Klinkersteinbaus, der sich an das Geländer auf der linken Seite der Straße anschließt, trägt die Aufschrift Finn's Hotel. In diesem Hotel arbeitete die aus Galway gebürtige Nora Barnacle als Kammermädchen, und als sie, sechs Tage vor jenem denkwürdigen 16. Juni 1904, nach getaner Arbeit aus dem Eingang trat, begegnete ihr zum ersten Mal der angehende Schriftsteller James Joyce – und war ihr für immer verfallen, auch wenn sie zu seiner Enttäuschung eine erste Verabredung am 14. Juni vor 1 Merrion Square nicht einhielt.

Wenn wir auf unserer Straßenseite in die Clare Street weitergehen, kommen wir an einer ehrwürdigen Dubliner Institution vorüber, Greene's Bookshop, in dessen Obergeschoß ein wirres Durcheinander antiquarischer Bücher herrscht. Samuel Becketts erster, in seiner Wortverliebtheit und Mehrsprachigkeit noch ganz Joyce verpflichteter Roman *Traum von mehr bis minder schönen Frauen* (postum 1992), jene »Kommode, in die ich meine wilden Gedanken schleuderte«, enthält zur ältesten Buchhandlung

Dublins ein hübsches Wortspiel, das die revolutionäre Farbe Rot mit der irischen Nationalfarbe Grün kontrastiert: »Der Polarbär stürmte zum Ausstieg – zu spät; die Trambahn war schon in voller Fahrt, jetzt kreischte sie am Mansion House vorbei. Er riß an der Strippe.

›Kann man das Scheißding nicht anhalten?‹ schrie er.

›Nächste Haltestelle Grüner Anger‹ sagte der Schaffner.

›Scheiß auf den Grünen Anger‹ schrie der P. B. ›scheiß auf dich und deinen scheißgrünen Anger.‹

Er wischte mit dem haarlosen Rücken der wulstigen Hand über sein rohes Maul. Drei Substantive, drei Adjektive.

›Die Dubliner Vereinigte Straßenbahn-Scheiß-Firma‹, brüllte er, ›scheint zu dem einzigen Zweck zu existieren, ihre Fahrgäste vom Weg ab und zu Grünen Angern hinzubringen. Ist denn nicht schon genug Grün auf dieser Kackinsel? Ich spring unter Lebensgefahr am College Grün auf euren verfluchten Funkenroller auf und werd rausgefeuert bei euerm nächsten verwanzten Pestloch, ob ich will oder nicht. Wenn's nicht Steven's Grün ist, dann ist's doch wahrhaftig Grüns Scheißbuchladen. Was wir wollen‹, kreischte er noch vom Bürgersteig herüber, ›in diesem verseuchten Land, ist Rot zur Abwechslung, und nicht zu knapp.‹«

Beckett selbst wohnte eine Zeitlang in der Clare Street Nr. 6, und zwar, ganz dem Klischee vom armen Poeten entsprechend, in einer Mansarde über den Büroräumen der Firma seines Vaters, Beckett & Medcalf. Hier verfaßte er *Mehr Prügel als Flügel* (1934) und einen Großteil seines Romans *Murphy* (1938). In Nr. 1 dagegen, Sheehan & Company, gewährte Lennox Robinson zwei IRA-Männern, Seán MacBride und Ernie O'Malley, die sich nach der in der unmittelbaren Umgebung erfolgten Hinrichtung von elf britischen Geheimdienstlern auf der Flucht befanden, am 21. November 1920 Unterschlupf. Er unterhielt sie, indem er ihnen, die Gewehrschüsse auf der Straße übertönend, auf dem Pianola Beethoven vorspielte ...

Und damit sind wir auch schon am Merrion Square angelangt. Die auch nach neunzig Jahren unveränderte Atmosphäre der Gegend um diesen Platz, Paradestück der georgianischen Stadtarchitektur, hat die anglo-irische Erzählerin Elizabeth Bowen (1899-1973) anschaulich eingefangen: »Die Ansichten in diesem Dubliner Viertel wirken auf jeden und zu jeder Zeit sehr weiträumig. In diesen ersten Wintern kamen sie mir endlos vor. Die weiten Entfernungen, die man nur langsam überwand, verliehen jedem Spaziergang den Charakter eines Unternehmens. Alles in diesem Viertel schien übergroß. Die Breite der Straßen, die Ausdehnung der Plätze, die nicht unterbrochene klippenartige Höhe der Hauser ließ mir die menschliche Planung übermenschlich erscheinen. Und irgendwie wirkte diese Planung mit ihren bebauten Flächen von Licht und Schatten abstrakt.

Gleichzeitig changierte das Aussehen dieser Fassaden von Tag zu Tag auf menschliche Weise. Die Gegend schien von einer ganz eigenen Natur, einem ganz eigenem Naturell durchdrungen, und auf diesen vor- oder nachmittäglichen Spaziergängen entsprach ihr meine Stimmung in ihren Schwankungen ...«

1 Merrion Square, nur zwei Straßenzüge von Oscar Wildes Geburtshaus 21 Westland Row entfernt, war lange Jahre die erste Adresse der Dubliner Gesellschaft. In dem fünfstöckigen Eckhaus mit schmiedeeisernem Zierbalkon und Sonnenzimmer, das die Familie im Juni 1855 bezogen hatte, hielt Lady Wilde, die unter dem Namen ›Speranza‹ bekannte patriotische Dichterin, ein- bis zweimal wöchentlich Hof: Salons, Soireen und Bälle mit zuweilen mehr als

hundert Gästen der kulturellen Elite wechselten sich ab. Schriftsteller wie Samuel Ferguson, Joseph Sheridan Le Fanu und Charles Lever, Gelehrte wie William Rowan Hamilton und George Petrie, Aufrührer wie William Smith O'Brien und John Mitchel, Parlamentarier wie Isaac Butt gingen in dem imposanten Bau ein und aus, und der von Gouvernanten erzogene junge Oscar bewegte sich unter den Erwachsenen wie ihresgleichen. Das Bestreben seiner in Reifröcke gehüllten, juwelenbehangenen, weißgepuderten Mutter, Vertreter der literarischen Bohème und Angehörige der High Society ungeachtet ihres moralischen Ansehens zusammenzuführen, entlockte Wilde einem Kommilitonen gegenüber die Bemerkung: »Ich möchte dich meiner Mutter vorstellen. Wir haben eine Gesellschaft zur Unterdrückung der Tugend gegründet.«

1997 wurde dem »widerspenstigen Patrioten« Wilde im gegenüberliegenden Archbishop Ryan Park, Vorbild für den Garten seines »selbstsüchtigen Riesen« (in *Der Glückliche Prinz*), ein von Danny Osborne gestaltetes farbenprächtiges Denkmal aus Quarz, Bronze, Thulit, Granit, Jade und Porzellan errichtet, das den weltläufigen Dandy, die grüne Nelke in der Hand und ein ironisches Lächeln auf den Lippen, in eleganter Pose auf einem Granitfelsen ruhend zeigt, vor ihm die Bronzefiguren Kunst und Leben auf Granitsockeln, versehen mit den Lieblingszitaten irischer Prominenter aus den Werken Wildes. Dessen halb amüsierter, halb schmerzlicher Blick ist auf sein Elternhaus, heute Sitz des zu besichtigenden American College, Dublin, geheftet. Mit dem Denkmal des ›Quare [= queer] on the Square‹ (so wiederum der Dubliner Volksmund) wurde er fast hundert Jahre nach seinem Tod auch von Irland in all seiner Widersprüchlichkeit als Intellektueller und als Homosexueller akzeptiert. Doch bereits zu Lebzeiten war Oscar Wilde, wie kein anderer Autor vor oder nach ihm, ein wandelndes Denkmal seiner selbst.

Der wunderschöne Archbishop Ryan Park, die Grünanlage des Merrion Square, lohnt einen Spaziergang, nicht zuletzt deswegen, weil es noch weitere Büsten und Statuen zu sehen gibt, unter anderem zu Ehren von George Russell, Michael Collins, Henry Grattan, Bernardo O'Higgins und dem Komiker Dermot Morgan. In dem Geviert sollte eigentlich eine Kathedrale für die Dubliner Katholiken entstehen, weist doch Dublin mit seiner überwiegend katholischen Bevölkerung zwar gleich zwei anglikanische, jedoch keine katholische Kathedrale auf. Aus dem Vorhaben wurde nichts, und am Ende stellten die Bischöfe den Park der Öffentlichkeit, und das heißt vor allem den Angestellten der umliegenden Büros und Kanzleien, zur Verfügung.

Die Nationalgalerie zur Rechten geht auf eine Initiative des Bauunternehmers William Dargan (1799-1867) zurück, dessen Statue den Vorhof schmückt. Ein regelmäßiger Besucher der Galerie war George Bernard Shaw, der zu sagen pflegte, nie habe er zugelassen, daß eine Schule seine Erziehung beeinträchtige. Was ihm an der Nationalgalerie mit ihren Tausenden von Exponaten besonders zusagte, war die darin herrschende Stille. Als Beitrag zu ihren Unterhaltskosten vermachte er der Galerie mit ihren zahllosen Schriftstellerporträts ein Drittel seiner Einnahmen, darunter also auch der Tantiemen aus dem Musical *My Fair Lady*, das auf seinem Schauspiel *Pygmalion* (1912) basiert.

Wir promenieren die Südseite des Platzes entlang und stehen schon nach drei, vier Schritten vor dem Haus Nr. 84, in dem der Poet, Maler und Mystiker George William Russell (1867-1935) für die Irish Agricultural Organisation Society unter Sir Horace Plunkett tätig war. Sein seltsames Pseudonym Æ kam dadurch zustande, daß ein Setzer aus Versehen zwei weitere Buchstaben seines eigentlichen Künstlernamens *Æon* (›Zeitalter‹, ›Ewigkeit‹, in der Gnostik aber auch die Emanation des höchsten Wesens) unterschlug. Æ war einer der ersten, der Werke von James Joyce und anderen aufstrebenden Schriftstellern wie Sean O'Casey, Patrick Kavanagh, Frank O'Connor, Sean O'Faolain, Liam O'Flaherty und Francis Stuart veröffentlichte: in den Zeitschriften seiner nach den Prinzipien Hilfe und Selbsthilfe operierenden Agrargenossenschaft, *Irish Homestead* (1905-1923) und *Irish Statesman* (1923-1930).

Sein Nachbar im übernächsten Haus, Nr. 82, war William Butler Yeats, der, seit 1922 Senator des Irischen Freistaats und 1923 Nobelpreisträger für Literatur, die Sommer in seinem abgelegenen Wohnturm Thoor Ballylee in der Grafschaft Clare verbrachte und die Winter in diesem georgianischen Stadthaus. Eine hübsche Karikatur zeigt die beiden Dichter, wie sie auf dem Weg zum jeweils anderen vor der Hausnummer 83 aneinander vorüberlaufen, ohne einander wahrzunehmen, der eine mit gesenktem Haupt, der andere mit dem Kopf in den Wolken.

70 Merrion Square, wo heute der für die finanzielle Förderung der Künste zuständige Arts Council residiert, diente, wie eine Gedenktafel ausweist, von 1851 bis zu seinem Tode dem Verfasser schauriger Geister- und Verbrechergeschichten Joseph Sheridan Le Fanu (1814-1873) als geräumiges Wohnhaus. Hier lebte Le Fanu von 1851 an – und zwar, nach dem Tode seiner geliebten Frau Susan Bennett sieben Jahre später, derart zurückgezogen, daß ihm die Dubliner Gesellschaft den Namen »unsichtbarer Fürst« beilegte. Hier starb er wenige Tage nach Vollendung seines vielleicht nicht zufällig so betitelten Romans *Willing*

to Die (1873) im Gefolge eines der zahllosen Alpträume, die ihn zeitlebens peinigten. Sein bekanntester Roman ist *Onkel Silas* (1864), bedeutender jedoch sind seine Gruselgeschichten.

In den Nummern 68, 65 und 64 wohnten jeweils für einige Jahre der Politiker Daniel O'Connell, der österreichische Quantenphysiker Erwin Schrödinger und der Mathematiker und Naturwissenschaftler John Lighton Synge. Wenn wir den Blick geradeaus in die Upper Mount Street lenken (in Nr. 50 hatte von 1941 bis 1943 John Betjeman, englischer Poet und Presseattaché der britischen Botschaft, sein Büro), sehen wir vor uns wie auf einer Insel die letzte der in Dublin erbauten georgianischen Kirchen, die 1824 entstandene St. Stephen's Church, genannt Peppercanister Church nach dem charakteristischen Pfefferfäßchen ihres Turms. Der hochangesehene Lyriker und Übersetzer aus dem Altirischen Thomas Kinsella (geb. 1928) nannte den Selbstverlag, in dem er seine Gedichte ab 1972 veröffentlichte, Peppercanister Press. In derselben Kirche, in der auch Konzerte gegeben werden, heiratete der Ingenieur, Aquarellmaler und Dichterkomponist Percy French (1854-1920), dessen Lieder heute noch volkstümlich sind, am 28. Juni 1890 seine Braut Ettie Armitage Moore. Die eigentliche Spezialität dieses vielseitig begabten Kleinkünstlers waren seine Bühnenauftritte als professioneller Entertainer: Während er rezitierte und deklamierte, warf der Mann mit dem gewaltigen Schnauzbart in rasender Geschwindigkeit Kohle- oder Kreidezeichnungen aufs Papier, die der Illustration seines Vortrags dienten – so wurde er sein eigener ›Filmprojektor‹. Seine nach Tausenden zählenden Aquarelle lichtdurchfluteter irischer Wolken- und Wasserlandschaften verdienen größere Anerkennung.

Rechts zweigt die Herbert Street ab, in deren Nr. 2 Charles Villiers Stanford (1852-1924), einer der wenigen auch international beachteten klassischen Komponisten Irlands, zur Welt kam. Indessen halten wir auf den schläfrigen Grand Canal zu, biegen nach rechts in den Herbert Place (Nr. 25 ist eines der Elternhäuser Flann O'Briens, Nr. 15 das Geburtshaus Elizabeth Bowens, in dem sie *Seven Winters* [1942] verbrachte) und überqueren die Baggot Street. Unser Gewährsmann Oliver St. John Gogarty führt aus: »Von Dublin bis zum hundert Meilen entfernten Shannon erstrecken sich diese beiden großen Beispiele der Ingenieurkunst des achtzehnten Jahrhunderts [der Grand Canal in Süd- und der Royal Canal in Nord-Dublin]. Sie kreuzen Täler und durchqueren selbst die Sümpfe, an denen der Straßenbau der Römer [sic!] scheiterte. Einsam führen sie durch die fetten, braunen Sümpfe, zu kleinen Städten, deren weiße Häuschen das blaßgrüne Wasser aufhellen, und weiter durch kurze Reihen schützender Bäume. Zuverlässig, nie versiegend, verbinden sie Dublin mit dem größten Fluß der drei Königreiche, dem ›stolzen Shannon, der sich wie ein Meer ausbreitet ...‹«

Gleich hinter der Baggot Street Bridge, am Nordufer des Kanals, stoßen wir auf eine Sitzbank, die dem Gedächtnis Percy Frenchs gewidmet ist: »Remember me is all I ask, / and yet / If the remembrance prove a task / forget.« Frenchs Wohnhaus 35 Mespil Road (Gedenktafel) steht auf der Südseite des Kanals. Kaum haben wir die schmalen Holzplanken des Schleusentors betreten, gewahren wir auch schon eine weitere Sitzgelegenheit: zwei mit Eichenholzbrettern zu einer Bank verbundene Marmorplatten, die am 17. März 1968, dem Festtag seines Namenspatrons, für Patrick Kavanagh (1904-1967), neben Austin Clarke und Thomas Kinsella der originellste irische Lyriker zwischen W. B. Yeats und Seamus Heaney, errichtet wurden.

Kavanagh hatte sich einen Vers auf eine dem Andenken einer gewissen Mrs. Dermot O'Brien gewidmete Bank gemacht, mit dem er sich zugleich sein eigenes Epitaph schrieb. Das in den Stein eingemeißelte Sonett beschwört aufs genaueste die Atmosphäre dieses bei allem Verkehrslärm lauschigen Winkels und liest sich in deutscher Übertragung wie folgt:

O gedenke mein, wo Wasser fließt,
Kanalwasser am liebsten, so leise
Und grünlich im Herzen des Sommers. Bruder,
Gedenke mein auf diese, hübsche Weise.
Wo bei einer Schleusenkammer niagarisch tost
Der Wasserfall dem, der im ungeheuren Schweigen
Eines Julitages sitzt. Niemand dichtet Prosa,
Dem sich solch parnaß'sche Inseln zeigen.
Bedauernd zieht und mit gebeugtem Haupt ein Schwan,
Aus Brückenaugen blickt ein wundersamer
Lichterstrahl –
Und siehe! aus Athy und andern unbekannten
Städten Mythen bringend, naht ein Kahn.
O gedenke mein mit keinem Heldenmal
– eine Sitzbank am Kanal begrüße den Passanten.

Auf dem Nordufer wiederum, nur wenige Schritte von Percy Frenchs Bank entfernt, ruht Kavanagh selbst aus – kein Mensch aus Fleisch und Blut, aber doch mehr als ein Gespenst. Oft sieht man neben dem in Bronze gegossenen Dichter Liebespaare sitzen, die ihn stürmisch gleich mit umhalsen. Er hat es vorausgeahnt:

If ever you go to Dublin town
In a hundred years or so,

Inquire for me in Baggot Street
And what I was like to know.

On Pembroke Road look out for my ghost,
Dishevelled with shoes untied,
Playing through railings with little children
Whose children have long since died.

Verbittert über die drückende Armut, der er im »maliziösen Dublin« ausgesetzt war und die ihn zu ständigem Wohnungswechsel zwang (von 1946 bis 1958 lebte er in 62 Pembroke Road), wurde Kavanagh immer verletzlicher und zanksüchtiger, und als die Dubliner Wochenzeitung *The Leader* im Oktober 1952 ein nicht sehr schmeichelhaftes Autorenprofil von ihm veröffentlichte, strengte er einen Prozeß wegen Ehrverletzung an, der ihn finanziell und gesundheitlich völlig ruinierte. 1954 wurde bei ihm Lungenkrebs diagnostiziert; die notwendig gewordene Operation überstand er. Seine Genesung, die er dem wenige Schritte von seiner Behausung entfernten Grand Canal zuschrieb, empfand er als »Erlösung« und »Wiedergeburt«, und die satirischen Gedichte der Zeitspanne 1944 bis 1952 wichen den lyrischen Sonetten des Spätwerks, die den Reiz des Gewöhnlichen und Gewohnten, die Fülle alltäglichen Lebens feiern.

Der langgestreckten Oase haftet etwas Träumerisches an, liegt doch der Wasserspiegel des schilfbestandenen, von kreischenden Möwen belebten Kanals auf unmerklich höherem Niveau als der Straßenasphalt. Über den Wilton Place (Nr. 1 war eine der vielen Bleiben Patrick Kavanaghs, Court Flats Wohnsitz Liam O'Flahertys und Sterbehaus Frank O'Connors) und die Cumberland Road bewegen wir uns zu dem 1838 fertiggestellten Fitzwilliam

Square, der kleinsten der drei klassizistischen Platzanlagen Süd-Dublins und, wie die polierten Messingschilder ausweisen, bevorzugtes Domizil von Anwaltskanzleien und Versicherungsagenturen, in deren Privatbesitz der Park sich heute noch befindet. Das Haus Nr. 12 auf der Ostseite des Platzes, Sitz der Privatkrankenkasse BUPA, dürfte der Aufmerksamkeit der meisten Besucher entgehen. Es ist das nicht weiter markierte Geburtshaus des heute eher unbekannten anglo-irischen Balladendichters Alfred Perceval Graves (1846-1931). Graves ist weniger seiner eigenen Werke wegen von Bedeutung, als daß er sich eingliedert in eine dichte Abfolge literarisch interessierter Familienmitglieder, die sich bis zu seinem vielseitig begabten Sohn Robert von Ranke-Graves (1895-1985), dem Lyriker, Romancier und Sänger der »Weißen Göttin«, erstreckt.

Alfred Perceval, Sprößling des anglikanischen Bischofs von Limerick und Mathematikers Charles Graves, verließ nach dem Studium am Trinity College seine Heimatstadt und wurde Beamter des britischen Innenministeriums. Als seine erste Frau 1886 verstarb, heiratete er Amalia von Ranke, eine Nichte des deutschen Historikers Leopold von Ranke, die ihm zusätzlich zu den fünf vorhandenen Kindern weiteren Nachwuchs in gleicher Zahl schenkte. Graves tat sich mit humoristischen Versen und volkstümlichen Balladen hervor, die er in zahllosen Zeitschriften und Liedersammlungen veröffentlichte. Der Brahms-Schüler Charles Villiers Stanford arrangierte seine *Songs of Old Ireland* (1883); für den Komponisten Michele Esposito steuerte Graves das Libretto zu dem Einakter *The Postbag. A Lesson in Irish* (1902) bei, einem der frühesten Versuche zu einer eigenständigen irischen Oper.

Wenn wir die Nordseite des Platzes entlanglaufen (in Nr. 60 wohnte von 1931 bis 1936 Denis Johnston), gelangen wir alsbald zu einem der meistfotografierten Häuser Dublins, 46 Fitzwilliam Square West. Der Eingang mit seiner kunstvoll geschnitzten schwarz-weißen Doppeltür ist besonders sehenswert. Während der Saison stehen frühmorgens schon die Reisebusse aufgereiht, um den Touristen die begehrten Aufnahmen von den nach oben kleiner werdenden Fenstern und den dunkelroten, efeuberankten Fassaden zu ermöglichen, deren schmucklose Strenge einzig durch die bunt angestrichenen Eingangstüren mit ihren Lünetten und dekorierten Säulen aufgelockert wird. Bevor W. B. Yeats 1934 in seinen mittlerweile vom Abriß bedrohten Alterssitz Riversdale House in der Ballyboden Road, Rathfarnham, umsiedelte, hatte er eine Wohnung in einem der Nachbarhäuser, 42 Fitzwilliam Square West, bezogen.

Wir laufen die Lower Pembroke Street in Richtung Baggot Street und wenden uns nach links, bis wir die nächste Straßenkreuzung erreichen. Rechts sehen wir den Sitz des irischen Premierministers, ihm gegenüber das Merrion Hotel, Geburtshaus des Duke of Wellington, links Ely Place. »Ely Place, Dublin. Wie bei dem Namensvetter in London handelt es sich um eine Sackgasse. Vom St. Stephen's Green mündet die Hume Street rechtwinklig ein, und Ely House, die Residenz des längst gestorbenen Marquis, blickt die Hume Street hinunter gen Westen. Der vorherrschende Westwind bläst den Staub der Hume Street gegen das große Haus, so daß es klüger ist, die sieben Fenster nicht zu öffnen. Ely House ist eines der wenigen übriggebliebenen Palais aus dem achtzehnten Jahrhundert, als man geräumig baute, eines der wenigen, die nicht schon vor langer Zeit verfallen sind. Diese alten Häuser waren mythologischen Gestalten gewidmet. Belvedere House der Venus, Ely House dem Herkules. Der Farnesische Herkules steht wie eine Säule am Fuß der großen Treppe, deren Balustrade in vergoldeter Bronze wilde Tiere paradieren läßt, wie den Nemeischen Löwen, der unter seiner Keule fiel und dessen Fell er für immer auf dem linken Arm trägt.

Sir Thornley Stoker, der berühmte Chirurg [Bram Stokers Bruder], wohnt in Ely Place [Nr. 8] und im achtzehnten Jahrhundert, das er nie wirklich verläßt: sein Haus ist voll von Möbeln aus dieser Epoche, die er sammelt und kennt. Chippendale- und Adam-Möbel [...] und alte Silberkandelaber passen zu den silbernen Türpfosten und sind aus derselben Zeit wie die Silberverkleidungen des großen Kamins unter den Simsen aus Siena und Marmor.

Das Ende der Straße sind Gärten. Von dort schlenderte eine Gestalt herab mit silbernem Haar – wie Löwenzahn im Sommer – mit rosigem Porzellangesicht, hängenden Schultern und einem blauen Anzug, dessen Hosen oben weit und unten sehr eng waren. Er trug einen Malakka-Stock mit einem eiförmigen Knauf aus Elfenbein; er kam müßig einhergeschlendert, wie es sich für einen Romancier, eine Persönlichkeit und einen bemittelten Mann geziemt. Als er die Einfriedung von Ely House erreichte, zog er seinen Stock über die Eisenstäbe. Der Lärm sollte den etwas sonderbaren und jähzornigen Besitzer ärgern. Dann setzte er seinen Weg fort.« (Oliver St. John Gogarty) Die Rede ist von dem Schriftsteller George Moore. Dieser wohnte, wie die runde, lorbeerbekränzte Gedenktafel vermerkt, von 1901 bis 1911 in dem vorletzten der georgianischen Reihenhäuser, Nr. 4, gegenüber der Royal Hibernian Academy. Die Akademie selbst erhebt sich an der Stelle, wo früher Gogartys Haus im Queen-Anne-Stil, 15 Ely Place, stand.

Die Nr. 3 war 1891 von dem bereits erwähnten träumerisch-intuitiven Poeten Æ bezogen worden. Schon ab 1888 hatte er Veranstaltungen der Theosophischen Gesellschaft besucht, nunmehr wurde er Mitglied einer theosophischen Wohngemeinschaft, die in dem Haus, dem Sitz der Gesellschaft, einem zölibatären Lebenswandel anhing: »Die sieben Jahre, die ich dort gewohnt habe, sind die glücklichsten meines Lebens. Welch ein Glück, in eine Gemeinschaft mit sechs oder sieben anderen hineingezogen zu werden, alle, wie ich meine, weiser und stärker, als ich damals war.« 1898 folgte die Heirat mit dem englischen Medium Violet North, die er in der Kommune kennengelernt hatte. Im Haus davor wiederum, der früheren Nr. 1 (heute 149 Lower Baggot Street), machte Oscar Wilde am 25. November 1883 der Anwaltstochter Constance Lloyd einen Heiratsantrag.

Von der Hume Street erblicken wir die grüne Lunge Süd-Dublins, St. Stephen's Green. Rechter Hand steht der imposante Bau des Shelbourne Hotel, das im politischen und sozialen Leben der irischen Hauptstadt eine wichtige Rolle spielte. »Was täte Dublin ohne das Hotel Shelbourne? Das Heer eleganter und auf irgendeine Weise interessanter Besucher kommt von Übersee. Gutgekleidete Frauen mit lebhaften Stimmen; große Männer mit glänzendem Haar und rötlichen Gesichtern geben Bestellungen auf. Die Buren nennen sie *rooi-necks*, aber ungeachtet – nein, wegen ihrer Farbe sind sie die Herren der Buren. Denn die Rindfleisch-Esser und Bier-und-Whisky-Trinker erben die Welt. Es tut mir gut zu sehen, wie sie, groß und sorglos, herumspazieren, als gehörte ihnen das Hotel zusammen mit dem Rest des Empire. Sorglose und sorgenlose Leute, für die das Beste gerade gut genug ist. Sie hassen niemanden, denn sie betrachten die Welt als ihren Haushalt. Sie haben ein Imperium aufgebaut und es beherrscht. Diesen Anschein von Sorglosigkeit haben sie dadurch erreicht, daß sie die vielen unterworfenen Nationen durch Mißachtung im Zaume halten.« So schreibt Oliver St. John Gogarty, der seine Arztpraxis von 1915 bis 1917 nebenan in Nr. 33 hatte.

Mit *The Shelbourne Hotel* (1951) widmete Elisabeth Bowen dieser Dubliner Institution ein ganzes Buch, in dem es fast gleichlautend heißt: »Berühmtheiten frequentierten es, der Genius loci verschmähte seine Hallen nicht. Buntgefiederte Gäste von der anderen Seite der Irischen See verkehrten mit irischen Familien vom Lande, die in die Stadt gekommen waren. In den 1880ern war all das in vollem Gange.« Alles, was Rang und Namen hat, ist irgendwann einmal in dem vornehmen Etablissement abgestiegen, darunter die Autoren William Makepeace Thackeray, George Moore, Rudyard Kipling, Francis Stuart, Liam O'Flaherty, J.P. Donleavy und Sean O'Faolain, der hier einer diskreten Liebesaffäre mit Elizabeth Bowen nachging. Von Februar bis Mai 1922 arbeitete im Zimmer Nr. 122, dem Constitution Room, ein Ausschuß die Verfassung des Irischen Freistaats aus. Da hatte sich die politisch-militärische Lage nach dem Osteraufstand 1916, dem Unabhängigkeitskrieg 1919-1921 und dem Bürgerkrieg 1921-1922 fast schon wieder normalisiert.

Über den ersten Tag des Osteraufstands, als die Rebellen unter Beteiligung von Constance Markievicz St. Stephen's Green besetzten, berichtet Elizabeth Bowen: »Als die Kellner an diesem Nachmittag die Tischtücher ausbreiteten, die Gebäckstückchen hinstellten und die Butterbrotschnitten servierten, wurde die Stille des Green von einem oder zwei Schüssen durchbrochen. Der Vorschlag, den Tee in den Schreibsaal auf der sicheren Rückseite des Shelbourne zu verlegen, stieß auf Ungnade; es gab so viele lange Gesichter, daß die Kellner da weitermachten, wo sie begonnen hatten. Während der Salon sich mit Geplauder und Gelächter füllte, setzte erneut sporadisches Gewehrfeuer ein; dann und wann klatschte eine Kugel gegen die Hotelfassade. Erst als eine Kugel schräg das Erkerfenster durchschlug und einer Dame, die an der Wand saß, die Spitze eines Rosenblatts vom Hut riß, überlegten sich die Gäste die Wahl ihres Aufenthaltsortes noch einmal. Einer nach dem anderen, bewegte sich die Gesellschaft, die Tasse in der Hand, gefolgt von Kellnern mit Tabletts, langsam durch die Tür.«

In Jamie O'Neills Roman *Im Meer, zwei Jungen* (2001) ist eine dieser Damen, Eveline MacMurrough, deutlich den beiden historischen Frauengestalten Eva und Costance Gore-Booth (Yeats: »Two girls in silk kimonos, both / Beautiful, one a gazelle«) nachempfunden. Bei einem Lunch mit ihrem Neffen spricht sie davon, das Gebäude mit Gewalt einzunehmen: »Du wirst zugeben, es hat eine beherrschende Lage. Vom Shelbourne aus könnten wir den gesamten Green halten.« In Wirklichkeit sollte es anders kommen: Das Shelbourne wurde von britischen Streitkräften besetzt, die den gesamten Green mit ihren Maschinengewehren bestrichen.

Über dieses grüne Herzstück der Stadt schrieb Brendan Behan: »Wenn das Wetter nur einigermaßen schön ist, ist Dublin nicht zu schlagen. In London würde man in einer Wüstenei kleiner Sträßchen umkommen, in Paris wäre der Luxembourg ein paar müde Bäume auf einem Stück Staub, in New York brächte einen die Feuchtigkeit um. Aber bei Sonnenschein durch Dublins ›Green‹ zu gehen, die Üppigkeit des kühlen Grases, die Überfülle an Blumen in der Mittagspause, das kann einem die Arbeit für den Rest des Tages verleiden. Ganz zu schweigen von den Studentinnen und Stenotypistinnen, den, wie der Dichter sagt, wie Tulpen Geformten. Nicht, daß man Lust hätte, sich um die Dichter zu scheren, das ist im besten Fall eine gefährliche Gesellschaft.«

Auf der Südseite des neun Hektar umfassenden Parks, einem Geschenk der Brauerei Guinness an die Stadt, kommen wir zu dem nach Kardinal John Henry Newman benannten Newman House (Nr. 85/86), einem prächtig restaurierten und zur Besichtigung freigegebenen Doppelbau mit eleganten Sälen und kunstvollen Barock- und Rokoko-Stukkaturen, in dem einst der wettsüchtige Roué Thomas ›Buck‹ Whaley (1766-1800) wohnte und in dem 1854 die Katholische Universität, später University College Dublin genannt, ihren Anfang nahm. Hier lehrte der englische Jesuitenpater und lyrisch-expressive Spracherneuerer Gerard Manley Hopkins (1844-1889) in den letzten fünf Jahren seines Lebens Griechisch und Lateinisch; hier immatrikulierten sich die Freunde und späteren Schwäger Thomas Kettle und Francis Sheehy Skeffington, der eine Kriegsfreiwilliger (gefallen an der Somme), der andere Pazifist (ermordet von der britischen Armee); und hier studierte James Joyce Englisch, Französisch und Italienisch. Das Zimmer Nr. 18 im obersten Geschoß, in dem Hopkins schlief, betete, schrieb und tödlich an Typhus erkrankte, ist in ein Miniaturmuseum umgewandelt worden.

In der Nordwestecke des Parks, der eine Fülle von literarischen und politischen Bezügen aufweist, hinter dem Triumphbogen zum Burenkrieg, steht Henry Moores Bronzeplastik zu Ehren von William Butler Yeats. Die Schriftstellerin Kate O'Brien (1897-1974) erinnert sich: »[Yeats] lebte damals in Maud Gonnes Haus am Stephen's Green – sie saß in England im Gefängnis. Wir Studenten sahen ihn oft, wenn er umherschritt. Ich weiß noch, wie ich ihm in einer kalten Nacht zwischen den Ketten und Geländern des Green folgte, die Ost- und die Nordseite entlang, an den Lichtern des Shelbourne vorbei und unter den kahlen Bäumen hindurch, bis er die Trambahngleise überquerte und in seinen Klub nahe der Grafton Street entschwand. Man folgte ihm und beobachtete ihn mit begeisterter Anteilnahme; so wie man später, als sie aus dem Gefängnis zurückkehrte, Maud Gonne auf derselben Strecke folgte.« An der Nordostecke steht ein Denkmal Edward Delaneys für Wolfe Tone und am Südosteingang die 1956 aufgestellte Skulptur der Drei Nornen, eine Dankesspende der Bundesrepublik Deutschland für die nach dem Zweiten Weltkrieg geleistete Hungerhilfe der Iren in Höhe von 140 Millionen DM.

Wer sich an einem schönen Sommertag das Vergnügen macht, in dem Park, durch dessen grünen Laubschild der Verkehrslärm nur noch als fernes Dröhnen herüberdringt, spazierenzugehen, der wird unter vielen anderen Statuen und Gedenksteinen (Robert Emmet, Constance Markievicz, James Joyce, Thomas Kettle, Jeremiah O'Donovan Rossa, Sir Arthur Guinness u. a.) etwa in der Mitte der Anlage auf die Büste des ebenso begabten wie selbstzerstörerischen Dichters und Übersetzers James Clarence Mangan (1803-1849) stoßen. In den Sockel der von Oliver Sheppard geschaffenen Bronzebüste westlich des Springbrunnens ist ein marmorner Frauenkopf eingelassen: eine romantische Darstellung jener »Dark Rosaleen« aus Mangans oft rezitierter Übertragung des hymnischen gälischen Visionsgedichts »Róisín Dubh«, einer patriotischen politischen Allegorie des geknechteten Irland in Gestalt eines wehklagenden Weibes. Gedichte dieser Art, die viele Nachahmer fanden, sind oft ein Amalgam aus Liebeslyrik, Landschaftspoesie, Politik, Geschichte und Mythologie:

You'll pray for me, my flower of flowers,
My Dark Rosaleen!
My fond Rosaleen!
You'll think of me through Daylight's hours,
My virgin flower, my flower of flowers,
My Dark Rosaleen!

Mangan, Sohn eines Krämers, kam 1803 zur Welt und ging bis 1818, von einem Priester gefördert, im Alt-Dubliner Stadtteil der Liberties zur Schule, wo er unter anderem in Latein, Deutsch und Französisch unterwiesen wurde. Die Armut, in die die Geldspekulationen des Vaters die Familie stürzten, begleitete Mangan sein Leben lang. Eine Weile hauste er in elendesten Verhältnissen in der Chancery Lane, in einem Haus, das statt Fenstern und Türen nur ein Einstiegloch im verfallenen Gemäuer aufwies.

Mangans frühestes erhaltenes Gedicht »Genius«, in dem der Sechzehnjährige darüber klagt, daß der Dichter unter »Erdgebundenen und Blinden« zu leben verdammt sei, ist keine pubertäre Selbststilisierung, sondern entsprach seiner tatsächlichen Lage hoffnungsloser Monotonie. In einem Bruchstück seiner im Todesjahr begonnenen *Autobiography* (postum 1968) gesteht er: »Ich habe an nichts Vergnügen und bewundere nichts. Ich hasse Landschaft und Sonnen. Ich sehe in der Natur nichts, als was zerfallen und zerstört ist.«

Mangan ging zunächst sieben Jahre bei einem Schreiber in die Lehre, bevor er eine Anstellung in einer Anwaltskanzlei und anschließend in der Bibliothek von Trinity College fand. Dort muß Mangan, der sich in Imitation seines Vorbilds Charles Robert Maturin meist in einen zerlumpten Überwurf hüllte und neben ›A Yankee‹ und ›The Mourner‹ als eines seiner vielen Pseudonyme ›The Man in the Cloak‹ wählte, einen überaus bizarren Anblick geboten haben; John Mitchel (1815-1875), der seine Gedichte postum herausgab, sah den ausgezehrten Poeten auf einer Leiter stehen: »Es war eine schauerliche und gespenstische Erscheinung in einem braunen Gewand: allem Anschein nach demselben, das bis zu seiner Todesstunde vorhielt; das gebleichte Haar war völlig zerzaust, die leichenähnlichen Gesichtszüge reglos wie Marmor; in seinen Armen ruhte ein großer Foliant, und seine ganze Seele in diesem Folianten. Ich hatte vorher noch nie von Clarence Mangan gehört und wußte nicht, weswegen er gefeiert wurde, ob als Magier, Dichter oder Mörder; doch nahm ich einen Band zur Hand und legte ihn auf den Tisch, nicht um zu lesen, sondern um unter dem Vorwand der Lektüre die geisterhafte Gestalt auf der Leiter zu betrachten.«

1838 wurde Mangan von dem Sprachgelehrten George Petrie, dem Präsidenten der Royal Irish Academy, als Kopist ins irische Landvermessungsamt berufen, das sich nicht nur der Geodäsie, sondern auch der wissenschaftlichen Erforschung irischer Altertümer, Manuskripte, Ortsnamen und Folklore widmete. Mangans Kollegen John O'Donovan und Eugene O'Curry weckten sein Interesse an der irischen Sprache. Für verschiedene Periodika steuerte er Hunderte von Gedichten bei.

Mangans Dichtungen sind in Wahrheit oft Nachdichtungen, seine sogenannten Übersetzungen eigene Hervorbringungen. Sein poetischer Genius entzündete sich an fremden Sprachen und Kulturen und an der eigenen, ihm entfremdeten gälischen

Daß sich Yeats in »To Ireland in the Coming Times« der Ahnenreihe »Davis, Mangan, Ferguson« zuzählt, nimmt nicht weiter wunder; aber auch der junge Universitätsstudent James Joyce, dem irischen Nationalismus gänzlich abhold, hielt Mangan »für den maßgeblichsten Dichter der modernen keltischen Welt, einer der inspiriertesten Sänger, die sich je in irgendeinem Land der lyrischen Form bedienten. Noch ist es zu früh, glaube ich, zu behaupten, er müsse für immer in den öden Gefilden der Vergessenheit leben, doch bin ich fest überzeugt, daß es nicht mit Hilfe seiner Landsleute geschehen wird, wenn er einmal in dem Nachruhm erscheint, auf den er ein Recht hat. Die Iren werden Mangan an dem Tag akzeptieren, an dem der Konflikt zwischen meinem Heimatland und fremden Mächten – der angelsächsischen und der römisch-katholischen – sich entscheidet und eine neue Kultur entsteht, entweder eine einheimische oder eine vollkommen fremde. Bis dahin wird er vergessen bleiben oder man wird sich seiner manchmal an Feiertagen erinnern.«

An seiner Büste kann man sich offenbar auch verabreden, so jedenfalls will es Sean O'Faolain in seiner Erzählung »Charlies Griechin«: »›In Stephen's Green. Um drei. Neben dem Denkmal von James Clarence Mangan.‹

Im sanften Frühlingsregen? Und jetzt war es vier! Und an James Clarence Mangans grüner Nasenspitze hing ein Tropfen! Was für ein schlauer Einfall, wenn man mit einem Mädchen Schluß machen will!«

Ach, der irische Regen! »Was wäre Irland aber ohne diesen seinen Regen. Regen ist Teil seines Reizes. Daß man selbst an heitersten Tagen vor irischer Landschaft den Eindruck bekommt, man sehe durch einen Tränenschleier, daß die Konturen durch die feuchten Umschläge unserer landeseigenen Sichtbeschränkung gemildert werden (um Chas' glückliche Formulierung zu gebrauchen), welcher Quelle kann diese Wohltat zugeschrieben werden, wenn nicht unseren inkontinenten Himmelsweiten?« (Samuel Beckett, *Traum von mehr bis minder schönen Frauen*) »Der Regen hier ist absolut, großartig und erschreckend. Diesen Regen schlechtes Wetter zu nennen, ist so unangemessen, wie es unangemessen ist, den brennenden Sonnenschein schönes Wetter zu nennen.« (Heinrich Böll, *Irisches Tagebuch*)

Davy Byrne's in der Duke Street, Leopold Blooms »anständiges Lokal«

Dritter Spaziergang
Eine literarische Zechtour

Alle Welt sagt den Iren, zumal den zünftig Schreibenden unter ihnen, einen ausgeprägten Hang zur Trunksucht nach, und daß es einen wie immer oberflächlichen Zusammenhang zwischen irischer Literatur und irischer Wirtshauskultur gibt, bezeugen allein schon die vielen Dubliner Pubs, die nicht, wie sonst in Irland üblich, nach ihren Eigentümern, sondern nach Schriftstellern benannt sind: Da gibt es das Oliver St. John Gogarty, das James Joyce, das James Clarence Mangan, das Sean O'Casey, das Dean Swift oder das Shakespeare, und nur das Oscar Wilde hat den literarischen Bezug in seinem Namen inzwischen geändert. Roman- und Balladentitel (Uncle Tom's Cabin oder Waxies Dargle) fungieren ebenso als Namensgeber wie Bühnen- und Balladenfiguren (Joxer Daly aus Sean O'Caseys *Juno und der Pfau* oder Molly Malone). Aber ob sich im Playwright Inn wirklich Theaterautoren treffen? Nur den Namen des ansonsten allgegenwärtigen W. B. Yeats sucht man unter den mehr als 700 oder gar 1000 Dubliner Wirtshäusern vergebens, wohl weil dieser sich aus den Pubs nicht sonderlich viel machte: »Die Überlieferung will es, daß W. B. Yeats, als er den Wunsch bekundete, eine Wirtschaft aufzusuchen, von seinem Freund Oliver St. John Gogarty, der damals in Ely Place wohnte, hierher [zu Toner's] gebracht wurde. Yeats bestellte einen Sherry, den er, umgeben vom Lärm der anderen Zecher, stumm austrank. Schließlich lenkte er Gogartys Aufmerksamkeit auf sich: ›Jetzt habe ich einen Pub gesehen. Bringen Sie mich bitte nach Hause.‹«

Allein die Fassaden dieser Wirtshäuser also könnten das

weitverbreitete Vorurteil nähren, die irische Literatur sei zu einem großen Teil im Pub, wenn nicht im Suff entstanden. Die Politik der nationalen Selbstbestimmung ebenfalls? Denn auch nationalistische Politiker (The Lord Edward, Henry Grattan, Isaac Butt, Charles Stewart Parnell, Pearse Taverns) oder deren Geliebte (Sarah Curran, Kitty O'Shea, Kitty Kiernan) haben etlichen Pubs zu einem wohlklingenden Namen verholfen.

Wer in der irischen Hauptstadt an einer literarischen Führung teilnehmen möchte, braucht eine trockene Kehle jedenfalls nicht zu fürchten. 1988, als die Stadt ihr tausendjähriges Bestehen feierte, taten sich acht arbeitslose Schauspieler zusammen und entwickelten die Idee zu einem ›Literary Pub Crawl‹, der weltweit seinesgleichen sucht; lediglich die schottische Hauptstadt Edinburgh griff im Jahre 2000 das Konzept auf. Schauspieler führen wißbegierige Literaturliebhaber von Schenke zu Schenke, rezitieren Verse, intonieren Balladen, inszenieren Dramen, posieren mit Flair als die vorgestellten Autoren und informieren über deren Werke und Wirkungsstätten. Es ist kein Zufall, daß die erste Wahl der Raconteure auf Schriftsteller wie Samuel Beckett, Brendan Behan, James Joyce, Patrick Kavanagh, Flann O'Brien und Oscar Wilde fällt; genießen doch diese nicht nur internationalen Ruf, sondern waren ebenso trinkfest wie schreibfreudig, so daß sie den von ihnen frequentierten Wirtshäusern mitunter literarische Denkmäler setzten.

In keiner anderen Stadt ist der existentielle Zusammenhang von ›Sumpfen‹ und Schreiben so ausgeprägt wie in Dublin. Besonders in den vierziger und fünfziger Jahren, als die hochentwickelte Trink- und Gesprächskultur des traditionellen irischen Pubs – die herausragendste Form geselligen Beisammenseins – noch nicht von heimischem

TV, Video oder DVD in Frage gestellt war, konnten sich die Künstler des Worts vor dem Tresen oder im *snug*, dem holzeingefaßten Sonderabteil, so häuslich einrichten, daß ihnen Bar oder Salonbar zum zweiten Wohn- und Arbeitszimmer wurden. Es wurde Hof gehalten, gefeiert und gestritten, geklönt und geklüngelt und ab und zu vielleicht auch etwas zu Papier gebracht. Noch heute stößt man in jedem zweiten Lokal auf gestandene Potatoren, denen die Assoziation zwischen Bar und Buch, Alkoholkonsum und Literaturproduktion so vertraut ist, daß sie es für ihren *point d'honneur* halten, den Roman des Jahrhunderts schreiben zu wollen – die Betonung liegt auf ›wollen‹. Andererseits kann es einem, etwa in Neary's in der Chatham Street, wo sich viele Schauspieler des Gaiety Theatre versammeln, auch heute noch passieren, daß der am Nachbartisch sitzende Rechtsanwalt unvermutet Catullus, Kallimachos und Chaucer zitiert – auf lateinisch, griechisch und mittelenglisch! Besuchern Dublins bieten die sommerlichen Führungen eine einzigartige Gelegenheit, die Atmosphäre der Innenstadt, das Ambiente der Pubs, zahlreiche süffige Anekdoten über ihre Lieblingsautoren sowie Zitate aus deren Werken zu goutieren. Auf diese Weise werden die Schriftsteller der musealen Sphäre entrissen; Pilgerfahrten zu ohnehin seltenen Geburts- oder Wohnhäusern mit Glasvitrinen voller Heiligenreliquien erübrigen sich fast. So kann es auch vorkommen, daß man wortwörtlich in die Fußstapfen von James Joyces Romanheld Leopold Bloom tritt.

In einem Dialog seiner »Phantasie in Tatsachen«, *As I was Going Down Sackville Street*, hat Oliver St. John Gogarty diese Idee mit feinem Gespür für die Absurdität der Vermengung von Dichtung und Wirklichkeit vorweggenommen: »›Ich finde es amüsant‹, sagte George, ›daß die Deutschen Professoren für Englisch herüberschicken, um die imaginäre Reiseroute des imaginären Mr. Bloom von Joyce durch die verschiedenen Kneipen, die er besucht haben soll, zu verfolgen. Die Kneipe, die Joyce wirklich mochte, ließen sie aus.‹ [...]

›Ich würde es hassen, daß deutsche Professoren, die eine Bierreise ernst nehmen, in meinen Gasthäusern herumpirschen. In dem Augenblick, in dem unsere Pubs Gegenstand der Literaturwissenschaft werden, ist es aus mit ihnen. Sogar wir als Kunden würden unsere Freiheit verlieren. Und das ist wirklich das letzte, was das Trinken bewirken sollte. Wir würden sozusagen Schauspieler in einem Stück werden und wären nicht länger einfache Gäste.‹«

Nur daß die Pirschgänger meist keine Professoren sind, sondern Touristen wie Sie und ich. Und die Schauspieler in dem allabendlich gegebenen Stück namens ›Litera-Tour‹ sind nicht etwa einfache Gäste, sondern ausgebildete Akteure. Früher begann die feucht-fröhliche Kneipenbegehung, deren Route Mehrfachbummlern zuliebe hin und wieder wechselt, gewöhnlich im Treppenhaus des Bailey in der Duke Street. Dort war zunächst die berühmte blaue Haustür von 7 Eccles Street, dem 1967 abgerissenen Wohnhaus von Leopold Bloom, zu besichtigen. Bei der Einweihung des von dem Gastwirt und Schriftsteller John Ryan bewirkten ›Einbaus‹ von Fiktion in Realität rief Patrick Kavanagh, der »ein stehendes Heer von tausend Poeten« hinter sich wußte, feierlich aus: »Hiermit erkläre ich diese heilige Tür für unwiderruflich geschlossen.« Inzwischen befindet sich die ›heilige Tür‹ freilich im James Joyce Cultural Centre.

Was heute eher ein Yuppietreff ist, diente ehedem nicht nur dem Politiker Charles Stewart Parnell als Labstätte, die, so später Gogarty, »den besten Whiskey und das beste

Beefsteak in Dublin« servierte, sondern auch dem anarchistisch-republikanischen Geheimbund der National Invincibles als konspirativer Treffpunkt. 1882 sollen diese hier das Messer-Attentat vorbereitet haben, dem im Phoenix Park der britische Statthalter Lord Frederick Cavendish zum Opfer fiel. Das literarische Fluidum des Pubs dagegen wurde von James Stephens (1880/82-1950), Autor phantastischer Romane, wie folgt beschworen: »Eines Abends saß ich im Bailey vor einem Drink. Es war meine erste Erfahrung mit einer solchen Atmosphäre – Sauerstoff und Gin –, die wir Esprit nennen und die ich belauerte, wie eine Katze eine Maus belauert, in der Absicht, sie einzufangen, und zum ersten Mal hörte ich über Dichtung mit der gleichen Unbefangenheit sprechen, wie ein Tischler über seine Bretter spricht, über die Stühle und Tische und allerlei Holzreste, aus denen er sie fertigen wird.«

Von diesem »Haus der Musen« (Gogarty) bewegte sich die Karawane, der sich mitunter auch hellhörige Passanten anschlossen, durch den Innenhof des Trinity College Dublin zu dem 1782 gegründeten Mulligan's in der Poolbeg Street, der angeblich besten Guinness-Zapfstelle der Stadt. Das seit 1850 unveränderte Interieur, in dem sich nach dem Genuß von heißem Whiskey bereits James Joyces Dubliner »allmählich angeheitert fühlten«, ist kahl, nüchtern, dunkel. Hier traf sich einst nicht nur das Ensemble des nahegelegenen Tiffany Theatre (danach bis zu deren Konkurs Verlagshaus der *Irish Press*), sondern auch die Society for the Preservation of the Dublin Accent (Gesellschaft zur Erhaltung der Dubliner ›Schnauze‹), die sich naturgemäß heftig im Sprechen übte. Selbst John F. Kennedy machte 1945 als Angestellter des Hearst-Imperiums dem Etablissement seine Aufwartung. Inzwischen sind die Schauspiel-Führer kostümiert und geben eine Theaterszene, vielleicht aus Sean O'Caseys Tragikomödie *Juno und der Pfau*, zum besten.

In der Palace Bar in der Fleet Street hängen dort, wo die zahlreichen Spiegel Platz für sie lassen, Bilder der literarischen Großmeister an den Wänden wie andernorts Filmstars. Austin Clarke, Patrick Kavanagh, John Betjeman und F. R. Higgins – sie alle tranken hier. Flann O'Brien, das vielnamige Chamäleon unter den Dubliner Autoren, in der irischen und englischen Sprache gleichermaßen bewanderter Staatsbeamter, Billardspieler, Kolumnist und Romancier, ist gleich mehrfach zu finden. Sein Versprechen, nie mehr ein Glas Whiskey anzurühren, löste dieser Systematiker des Saufens ein, indem er sich Samthandschuhe überstreifte. Unter dem Pseudonym Myles na gCopaleen (›Myles von den Pferdchen‹) verfaßte er für die *Irish Times* die regelmäßige Spott-Spalte *Cruiskeen Lawn*, in der er nichts und niemanden schonte – auch nicht seinen Herausgeber Robert Marie Smyllie, der jahrelang jeden Nachmittag pünktlich um 17 Uhr aufkreuzte und an die darbenden und durstenden Dichter Aufträge vergab.

Die Palace Bar war nur einer der vielen Horchposten Flann O'Briens. In den Pubs nämlich schnappte der Autor, der als ›The Drinking Man's Joyce‹ gilt, die Gesprächsfetzen auf, die wir in seinen wortgewaltigen Glossen finden.

Nach dem Genuß eines der von O'Brien besungenen ›Arbeiterfreunde‹ setzte sich der Literaturtroß unverdrossen wieder in Bewegung. Das Ziel hieß McDaid's in Harry Street, einer Seitenstraße der noblen Einkaufszeile Grafton Street, die James Joyce in seiner Erzählung »Gnade« verewigt hat.

In McDaid's, dem umgebauten Gotteshaus einer Herrnhuter Gemeinde, früher Arbeiterkaschemme, dann Literatentreff, heute Erholungsort gestreßter Einkaufsbummler und Versammlungsort der Jugend, waren Brendan Behan, Patrick Kavanagh und Flann O'Brien bekannt wie bunte Hunde. Behan kauerte häufig in einer Ecke der Bar und malträtierte die tragbare Schreibmaschine seines Cousins Jimmy Bourke. Paddy O'Brien, über vierzig Jahre der Mann hinter dem Zapfhahn, berichtete, daß Behan, von Beruf Anstreicher, den Trinkern in McDaid's mehr als einmal anbot, ihre Jacketts gegen flüssige Entlohnung bunt anzumalen, »was er dann auch tat – und das sogar sehr gut«. Patrick Kavanagh schätzte dieses literarische Feuchtbiotop, weil es dem Büro des Literaturmagazins *Envoy*, das zwischen 1949 und 1951 in zwanzig Monatsheften erschien, am nächsten lag.

Auch der Erzähler Liam O'Flaherty benetzte sich, wenn er seine Zeit nicht gerade in Davy Byrne's verbrachte, die Zunge in McDaid's. Wie die meisten der in Dublin ansässigen Geistesrivalen kamen O'Flaherty und Kavanagh nicht sonderlich gut miteinander aus. Letzterer blieb auch von Myles'scher Häme nicht verschont: »Spendierst du mir einen Drink, du geiziger Hurensohn aus Cavan?« Flann O'Brien wußte sehr wohl, daß der lokalpatriotisch empfindende Kavanagh nicht aus der Grafschaft Cavan, sondern aus Co. Monaghan stammte.

So wurde denn des öfteren ein handfester Streit vom Zaun gebrochen, und die Herren Literaten erhielten mehr als einmal Lokalverbot, nur um sich gleich nach der nachmittäglichen Holy Hour wieder um den Schanktisch zu scharen und sich gegenseitig ihrer uneingeschränkten Hochachtung zu versichern. Einmal soll ein Journalist Kavanagh gegenüber bemerkt haben: »Sie sind doch sowieso nur ein zweitrangiger Dichter.« Nach einer kurzen gedanklichen Odyssee war Kavanagh um eine Antwort nicht verlegen: »Seit Homer sind wir das alle.« John Ryan, Herausgeber des *Envoy* und Autor des Buchs *Remembering How We Stood* über das Leben der Dubliner Boheme, überlieferte das folgende nicht untypische Tableau: Während sich zwei wilde Gestalten in Dufflecoats, der Einheitskleidung der damaligen Dichter, über den richtigen Gebrauch von Spondäen zanken, erklimmt Brendan Behan schwankend einen Tisch und grölt schwerzüngig seine Version von *Ich bin Lady Chatterley's Lover*. Gainor Christ, ein Amerikaner unter den Dubliner Poeten, den James Patrick Donleavy in seinem Romandebüt *Ginger Man* (1955) verewigt hat, muß sich derweil erbrechen – ausgerechnet in das Glas eines Zechkumpanen.

Auch Edna O'Brien (geb. 1930) erinnert sich: »In den gewöhnlichen wie in den vornehmen Dubliner Kneipen gab es – allerdings wohnte ich dem nicht bei – literarische Gespräche, ganz ohne Zweifel gespickt mit Schmähungen, und nach den Sperrstunden in geschlossener Gesellschaft am Fuß der Berge, wo beim Verzehr sogenannter Crubeens oder Schweinepfötchen eine rapide allgemeine Benebelung einsetzte. Neben denen, die Alkohol tranken, den ›Literaten‹, gab es noch das andere Lager, die die ›Plätzchen-Leute‹ genannt wurden, und diese begaben sich mit ihren Akolyten in die Kaffeehäuser, doch verschwanden sie bald wieder genauso plötzlich und unerklärlich, wie auch die Zecher. [...] Im Pub durfte ich mir schüchtern von Männern zuprosten lassen, und einer war so freundlich, mich zu fragen, ob ich vielleicht ein Päckchen Kekse wollte. Gelehrte Männer, die über meinen Kopf hinweg über Spondäen redeten, über die feineren Vorzüge des Malzwhiskey, die Portugiesische Syphilis, die metaphysische Verrücktheit der Leute aus Kerry im Unterschied zu der apokalyptischen Verrücktheit der Leute aus Clare. Sie luden mich zu Drinks ein, Gin und Tonic, Gin und weiße Limonade, Gin-Martini. Der Raum begann angenehm zu schwanken und bei dem Gehänge der Deckenleuchten und dem Blick auf das Liffeywasser begann ich mir einzubilden, ich sei an Bord eines Schiffes und, wie der Mann in dem Lied, ›fort nach Amerika‹. Selbst Nebelhörner waren zu hören, und als brüllend die Sperrstunde ausgerufen wurde, faßte man den Beschluß, sich zu einem Rund-um-die-Uhr-Etablissement zu begeben, das von einigen Damen geführt wurde. [...] Endlich lebte ich.«

Wenngleich sich auch heute noch so mancher Schriftsteller tagein, tagaus in Slattery's, Whelan's oder Doheny & Nesbitt's aufhält oder sich von Buchvorstellung zu Buchvorstellung säuft – die goldenen Zeiten des Deliriums und mythisch überhöhter Leberzirrhose sind vorbei. Ja, nicht einmal rauchen darf man mehr: Seit April 2004 unterliegen in Irland sämtliche Arbeitsplätze, Hotels, Restaurants, Bars und Pubs eingeschlossen, aus gesundheitspolitischen Gründen einem absoluten Rauchverbot.

Wie auch immer, als die Literaturliebhaber auf ihrer Zechtour noch mehr als eine Handvoll ›Tränken‹ (*watering holes*) aufsuchten, wußten auch sie schon bald nicht mehr, ob sie nun den Dichtern auf der Spur waren oder deren literarischen Figuren. War James Joyce wirklich der Protagonist jenes berühmten Romans von Leopold Bloom? Nicht nur wegen des gestiegenen Alkoholpegels sah man Straßen und Pubs der literarischen Stadt gleich doppelt, sind sie doch immer Realität und Fiktion zugleich. Das war 1997, als das Projekt des von der Destillerie Jameson gesponserten Dublin Literary Pub Crawl seinen Höhepunkt erreicht hatte: sage und schreibe 26 000 Touristen wurden auf diese Weise durch die Straßen der Innenstadt geschleust.

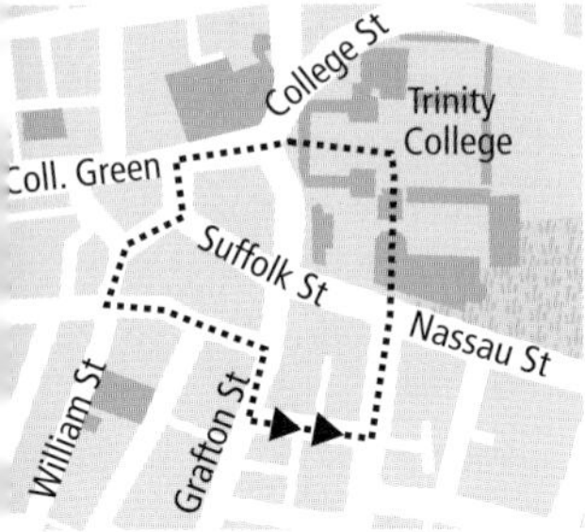

Heute nimmt die vergnügliche Stadtführung, die kürzeste dieses Büchleins, ihren Ausgang in The Duke in der Duke Street, in dessen Obergeschoß wir uns jetzt einfinden. Auch zu diesem Lokal wußte James Stephens eine Anekdote beizusteuern. Im August 1912, kurz nach Veröffentlichung seiner Romane *Der goldene Hort* und *The Charwoman's Daughter*, wurde der Autodidakt in der Dawson Street James Joyce vorgestellt, der für seine Erzählfolge *Dubliner* (1914) noch keinen Verleger gefunden hatte; dann blieben die beiden sich selbst überlassen: »Da standen Joyce und ich nun, er hatte mich am Hals und ich ihn, und der andere Ertrinkende schwamm zu einem Riff zwei Straßen weiter. Joyce blickte mich an ohne ein Wort im Mund und ich ihn mit nichts als Wörterverzeichnissen im Mund. Unschlüssig standen wir einander gegenüber. Wir sahen gründlich verschieden aus. Joyce war groß, ich nicht; er war dünn, ich nicht; er trug eine Brille, ich nicht; er sah auf mich nieder, das konnte ich nicht; er rieb sich das vorgereckte Kinn, das wollte ich nicht.

Da erinnerte ich mich plötzlich einer sehr gesitteten Bemerkung, die ich einmal einen Herrn mit Zylinder zu einem anderen Herrn mit Strohhut machen hörte, mit dem er nichts anzufangen wußte, und die wiederholte ich nun Joyce gegenüber: ›Kommen Sie, trinken wir einen‹, sagte ich. Er machte kehrt, wir gingen zurück zur Grafton Street, und ich ergötzte ihn mit den fröhlichsten Bemerkungen, die ich mir ausdenken konnte, über das sogenannte Wetter und dieses und jenes: ›Ein Amerikaner‹, sagte ich, ›ist der Meinung, in Irland regne es nie außer zwischen den Schauern.‹ ›Ah‹, sagte Joyce. ›Aber eine Dame aus Frankreich‹, sagte ich, ›hat mir gesagt, in Irland regne es, ob es nun Schauer gibt oder nicht.‹ ›Ah‹, sagte Joyce. ›Das ist Pat Kinsella's [The Duke]‹, fuhr ich fort, als wir vor der ersten Wirtschaft haltmachten, an der wir vorüberkamen. ›Ah‹, sagte Joyce; und wir traten ein.

Der Barmann brachte die Erfrischung, die ich bestellt hatte. Man nannte sie einen ›Schneider Whiskey‹. Der war größer als ein einfacher Whiskey, entging dem Schicksal, ein doppelter zu sein, nur um die Dicke eines Trambahnbillets und kostete mich drei Pence. Nachdem Joyce seinem Organismus stumm ein Drittel eines ›Schneiders‹ einverleibt hatte, wurde er menschlicher. Er sah mich durch seine Brille an, die seine blauen Augen fast so groß wie die einer Kuh erscheinen ließ – sie wirkte wie ein Vergrößerungsglas. ›Es braucht‹, sprach ich munter, ›sieben Schneider, um einen Mann zu machen, aber zwei von diesen Schneidern machen Zwillinge. Und sieben davon‹, fuhr ich fort, ›machen einen ganzen Clan.‹

Hier wachte Joyce auf: Er explodierte geradezu in ein moderates Gespräch. Er drehte mir Kinn und Brille zu, musterte mich von oben herab und vertraute mir das Geheimnis an, daß er meine beiden Bücher gelesen habe, daß ich, grammatikalisch gesehen, nicht den Unterschied zwischen einem Strichpunkt und einem Doppelpunkt wisse: daß meine Kenntnis des irischen Lebens nicht katholisch und deshalb nicht existent sei und daß ich das Schreiben bleibenlassen und einer anständigen Arbeit wie dem Schuheputzen nachgehen solle, in diesem Beruf hätte ich mehr Aussichten. Ich meinerseits vertraute ihm an, ich hätte noch nie ein Wort von ihm gelesen und würde, sofern der Himmel mir meinen gesunden Menschenverstand bewahre, auch in Zukunft nie ein Wort von ihm lesen, es sei denn, man bitte mich, eine vernichtende Kritik zu schreiben.

Wir staksten aus Pat Kinsella's: das heißt, er stakste, ich trabte. Joyce lüftete auf eine sehr ausländische Art den Hut vor mir, und ich bemerkte: ›Auf Ihrem Banner und auf Ihrem Briefpapier sollten Sie den Spruch anbringen: *Rejoyce and be exceedingly bad.*‹ ›Ah‹, sagte Joyce, und wir gingen unserer getrennten Wege.« ›ReJoyce‹ nannten sich denn auch die Festivitäten zum 100. Bloomsday.

Freunde wurden die beiden dennoch; und vermutlich geschah es dieser Freundschaft zuliebe, daß Stephens seinen Geburtstag vom 9. Februar 1880 auf den 2. Februar 1882, den von Joyce, umdatierte. 1925 kehrte er, enttäuscht über die unfreie politische und kulturelle Atmosphäre des Irischen Freistaats, seiner Heimat den Rücken und siedelte nach London über, von wo aus er zahlreiche Vortragsreisen in die USA unternahm. 1927 begegneten sich die beiden in Paris erneut. James Joyce war so überzeugt von Stephens' literarischem Talent und geistiger Beweglichkeit, daß er vorhatte, den Dubliner Namensvetter mit der Vollendung seines *Finnegans Wake* zu betrauen, falls ihm selbst dies verwehrt bleiben sollte. Für die Freundschaft des zahlen-, zeichen- und korrespondenzengläubigen Autors mit Stephens dürften zufällige Übereinstimmungen wie die vermeintlich gleiche Geburtsstunde und die Tatsache, daß beide in wilder Ehe lebten und je einen Sohn und eine Tochter hatten, eine nicht unerhebliche Rolle gespielt haben. Der liebenswerte und allseits beliebte Mann, der den »Intellekt des Menschen aus den Händen der Ärzte und Advokaten, der schlauen Pfaffen, der Professoren, deren Mäuler mit Sägemehl verstopft sind, und der Krämer, die Grashalme verhökern«, befreien wollte, starb am 26. Dezember 1950 in London und wurde auf dem Kingsbury Old Graveyard bestattet.

Es sind vor allem seine von William Blake, Oscar Wilde

und Lord Dunsany beeinflußten Romane, deren charmante Mischung von trüber Alltagsrealität und funkelnder Märchenphantasie die Leser bezaubert hat. So vereint *The Charwoman's Daughter* eine mit wundersamen Vorfällen gespickte realistische Darstellung des dürftigen Lebens in den Dubliner Arbeiterslums mit sagenhaften Elementen – eine innovative Verschränkung von Natürlichem und Übernatürlichem, von Welt und keltischer ›Anderwelt‹, die allein schon der Name der Protagonistin, Mary Makebelieve, bezeugt.

In Romanen wie *Der goldene Hort* und *Die Halbgötter* (1914) treten Feen, Leprechauns und andere Zauberwesen ebenso auf wie gewöhnliche Sterbliche, und gemeine Menschen pflegen den natürlichsten Verkehr mit keltischen und griechischen Gottheiten. In seinem respektlosen Umgang mit der irischen Mythologie ist Stephens ein »literarischer Akrobat« (Frank O'Connor), der einen außerordentlich diffizilen Drahtseilakt zwischen Fantasy und Philosophie, Bildungsroman und Märchen, Folklore und Allegorie, Komödiantentum und Satire vollführt und das herkömmliche Romangenre sprengt.

Im Obergeschoß warten bereits an die vierzig Geh-, Seh- und Hörwillige jeden Familienstands, jeden Alters, jeder Nationalität und jeder literarischen Vorliebe. Unsere humorbegabten Gastgeber bestreiten, literarische Experten zu sein; vielmehr seien sie Enthusiasten, die ihre Stadt ebenso liebten wie deren Literatur. Und schon beginnt der Abend: zur Auflockerung mit einer Gesangseinlage, dem Trinklied »Waxies' Dargle« über den jährlichen Ausflug der Dubliner Kerzenmacher an das Flüßchen Dargle in der Grafschaft Wicklow. In seiner Zeitungsglosse »Beim Ausflug ins Wasser gefallen« hat Brendan Behan das Thema aufgegriffen: »›Maria Concepta‹, bat Mrs. Brennan,

›sing uns doch mal das Liedchen über Waxies' Dargle.‹
[…]

›Na schön denn‹, erwiderte Maria Concepta und gab ein Geräusch von sich wie Schlacke unter einem Eisentor:

›Oh‹, sagt mein Alter zu deinem Alten,
›Fährst du zum Waxies' Dargle aufs Land?‹
Drauf sagt dein Alter zu meinem Alten:
›Bin völlig pleite und abgebrannt …‹

›Gott sei deinem Zwerchfell gnädig‹, sagte Crippen.
›Amen, o Herr‹, sprach Mrs. Brennan mit Gefühl.«

Glücklicherweise hat der Unterhaltungskünstler des heutigen Abends eine angenehmere Stimme als die unnachahmliche Maria Concepta. Gleich darauf erscheinen zwei abgerissene Gestalten mit schwarzen Mützen und beäugen ausgiebig das Publikum. Dann heben sie zu sprechen an, doch erst nach drei, vier Sätzen geht den Zuhörern auf, daß hier ein Ausschnitt aus *Warten auf Godot* (1952) vorgetragen wird. Wer hat Angst vor Samuel Beckett? Die braucht man durchaus nicht zu haben, zeigt sich doch schon an den ersten Lachern, daß Beckett, aller tieferen Bedeutung zum Trotz, ein hochgradig komischer Autor voll des schwärzesten Humors sein kann, vor allem wenn seine Figuren Wladimir und Estragon mit Dubliner Akzent sprechen.

Nunmehr verlassen wir The Duke und begeben uns zur erwähnten Dawson Street, gefolgt von einem weiteren Pulk erwartungsvoller Zuhörer, der zwanzig Minuten nach uns aufbricht. Gogarty schreibt: »Die drei besten Straßen in Dublin sind jene, die parallel von Süd nach Nord, vom St. Stephen's Green zum Trinity College führen – die Grafton Street, die Dawson Street und die Kildare Street. Die Grafton Street [Dawson Street] ist mit der Dawson Street [Kildare Street] durch eine Seitenstraße, die Molesworth Street, verbunden. Diese Straßen sind nur wenig länger als hundert Yards. Die drei zuerstgenannten Straßen enden in drei verschiedenen Ausblicken auf das Trinity College; dadurch bildet die graue, dauerhafte Würde des achtzehnten Jahrhunderts ein Gegengewicht zur gegenwärtigen Eintönigkeit dieser Straßen. Es ist schwer zu sagen, welche Straße die schönste Aussicht bietet. Die Grafton Street zeigt das große – von in Stein gehauenen Rosen bekränzte – Fenster von Professor Tyrrells geräumigen Zimmern. Dahinter läßt der Glockenturm mit seiner schönen Kuppel aus neuerem Stein die Brüstung und das mächtige Dach der Bibliothek in der vollen Majestät ihres Alters dunkel erscheinen. Die Kildare Street hingegen muß für ihre zwei Museen, ihre Regierungsgebäude und ihr Royal College of Physicians damit zahlen, daß sie nur noch Ausblick auf das Gelände des College-Parks und die Dächer von baufälligen Häusern jenseits davon bietet. Das achtzehnte Jahrhundert bildet Dublins nördliche Grenze, wie Seumas O'Sullivan sagt.«

Durch den Seiteneingang betreten wir das Gelände des Trinity College, »wuchtig in die Ignoranz der Stadt gesetzt wie ein großer trüber Stein in einen klotzigen Ring« (James Joyce, *Ein Porträt des Künstlers als junger Mann*), und laufen zu dem Glockenturm, gut italienisch Campanile genannt, wo zwischen den Statuen der Gelehrten George Salmon und William Lecky weitere Literaturexzerpte zu Gehör gebracht werden. Diesmal geht es um Oscar Wilde, als Student der klassischen Philologie von 1871 bis 1874 einer der berühmtesten Alumnen des College. Über seine Kommilitonen und ihre »gemeinen Liebschaften mit Bardamen und Frauen von der Straße« äußerte er sich eher abfällig: »Ihr höchster Begriff von Humor war eine obszöne Geschichte.« Wir erfahren von seinen amerikanischen Eskapaden als junger Vortragsreisender, haben aber dennoch Zeit, uns umzuschauen, und wieder ist es Gogarty, der zu einer längeren Beschreibung ausholt: »Der Weg durch das Fronttor teilt das große Viereck des Trinity College, das sich auf der dritten Seite auf einen großen kopfsteingepflasterten Platz öffnet, in zwei gleiche Quadrate. Auf dem Rasen der beiden Quadrate steht eine große Eiche. Alte, graue Häuser, deren Fenster von hellerem Stein eingerahmt werden, schirmen die ungeheuren Bäume. Zwischen der Bibliothek und dem Denkmal für die Graduierten steht der anmutige Glockenturm, dahinter liegen zwei Rasenfelder und der Queen-Anne-Flügel. Etwas näher sehen wir die Kapelle, gegenüber die Examenshalle. Dazwischen liegen gleich große Rasenstücke. Ich brauchte lange, um das Eindringen roten Ziegelsteins zwischen die grauen Mauern zu akzeptieren, aber jetzt verleiht er dem Glockenturm einen warmen Hintergrund und ist auf die Hagedornbüsche auf den Grasflächen abgestimmt.

Gibt es irgendeine Universität vergleichbarer Größe auf der Welt, die im Laufe der wenigen Jahrhunderte seit ihrer Gründung mehr berühmte Manner in die nahe und ferne Welt hinausgeschickt hat? fragte ich mich. Sterne, Burke, Goldsmith, Hamilton: vierfacher Ruhm. Fitzgerald, der Marconi vorausnahm und der erste war, der den Mut hatte, seine Überzeugung bezüglich der Luftfahrt in einem Gleitflug von der Brüstung der Ingenieursschule einem Test zu unterziehen. Am Trinity College erworbene Titel finden höhere Anerkennung als die Würden vieler anderer Universitäten.

Sich unkonventionell fühlende Studenten gruppierten

Glockenturm (»Campanile«) im Innenhof des Trinity College Dublin

sich um die Ketten. Studentinnen, die nicht bereit waren, auf die akademische Tracht zu verzichten, schwebten über den Fußweg.

Zur Linken und zur Rechten dämmerten die düsteren Portale des Gebäudes. Jenes dort drüben, das vorletzte vor der Examenshalle, führt zum Haus des Rektors; es tritt jedoch niemand heraus. Ich erinnere mich an die Zeit, als der größte Rektor von allen im vollen Sonnenlicht auf dem Kopfsteinpflaster stand: Sir John Pentland Mahaffy. Über sechs Fuß groß und über siebzig Jahre alt, ungebeugt, den Kopf leicht geneigt, so sehe ich ihn mit einem aufmerksamen Dozenten reden und warte darauf, daß er ihn mit einer Handbewegung und einem herablassenden Lächeln entläßt.

Warum gibt es heute keine Mahaffys mehr und niemanden, um ihren Platz einzunehmen? Weil große Gestalten großen Zeiten angehören, und große Zeiten sind solche, in denen die ewigen Wahrheiten gesichert sind.«

64 Jahre lang hatte sich der in der Schweiz geborene Mahaffy an Dublins protestantischer Alma Mater aufgehalten – als Student, Dozent, Ordinarius für Alte Geschichte und Rektor, berühmt nicht nur für seine Gelehrsamkeit, sondern auch für sein sportliches Geschick als Schütze, Angler und Kricketspieler, für seinen sardonischen Witz, seine hypnotisierende Redegewandtheit und seine geistblitzenden Anekdoten und Aphorismen. Eines seiner Aperçus macht heute noch die Runde: »In Irland geschieht das Unvermeidliche nie, und das Unerwartete trifft ständig ein.«

Mahaffy, unverbesserlicher Snob mit aristokratischen Prätentionen auf Rang, Prestige und Privilegien, war stolz darauf, ein Musterexemplar »jener glänzenden Mischrasse, der Anglo-Iren«, zu sein, und sprach sich gegen eine katholische Universität für die »Aborigines der Insel, für Gassenjungen, die in die Liffey spucken«, aus. Die Invektive des hochmütigen Ehrgeizlings galt keinem Geringeren als James Joyce, der sich in *Finnegans Wake* mit dem Wortspiel »*that stern chuckler Mayhappy Mayhapnot*« revanchierte. Sein bedeutendster Schüler war ohne Zweifel Oscar Wilde, der sich ein Vergnügen daraus machte, jene ›ewigen Wahrheiten‹ mit geistreichen Epigrammen und geschliffenen Paradoxa zu unterlaufen: »Jedenfalls, der Weg zur Wahrheit führt über die Paradoxa. Um die Wahrheit auf die Probe zu stellen, muß man sie auf dem Hochseil sehen. Sobald die Wahrheiten zu Akrobaten werden, lassen sie sich beurteilen.« (*Das Bild des Dorian Gray*) Auch Wildes Vorwurf an die Adresse der Universitätsgelehrten war auf Mahaffy gemünzt: »Sie zeigen einen Mangel an Kenntnissen, der Resultat jahrelanger Studien sein muß.«

Ein früherer Besucher des College hatte keine Schauspieler zur Verfügung, die ihn hätten informieren können: »In den weitläuftigen und schönen Universitätsgebäuden«, schrieb Fürst Pückler-Muskau, »diente mir ein Student als Cicerone. Diese müssen, in dem Bereich der Universität, über ihre gewöhnliche Kleidung einen schwarzen Mantel und eine hohe wunderliche Mütze mit Quasseln von dreiviertel Ellen Länge tragen, was ihnen ein ziemlich groteskes Ansehen gibt. Auf diese Kleidung wird strenger gehalten als weiland auf Zopf und Puder von den sächsischen Stabsoffizieren.

Der junge Mann führte mich in das Museum, produzierte mir das Modell des Brennspiegels, mit dem Archimedes die römische Flotte verbrannte, die Harfe Ossians, einen ausgestopften indischen Chieftain mit Tomahawk und Wurfspieß und einige reelle Säulenstücke des Giant's Causeway, welche in der Tat Menschenhände nicht akkurater formen könnten und die klingen wie englisches Glas. Je vous fais grâce du reste.

Im großen Saale, wo die Examina gehalten werden (der Student kündigte mir diese Bestimmung mit einem leisen Schauder an), steht eine spanische Orgel, die auf der großen Armada erbeutet wurde. Interessanter sind die Porträts von Swift und Burke. Beide Physiognomien entsprechen den bekannten Eigenschaften dieser Männer. Der eine zeigt einen ebenso feinen und schalkhaften als gediegnen Ausdruck; der andere geistreiche und gewaltige, fast grobe, aber doch wohlwollende und ehrliche Züge, den donnernden Redner verkündend, der aufrichtig und ohne Schonung andrer für seine Meinung focht, aber nimmer bloß das eigne Interesse mit künstlichem Enthusiasmus übertünchte.«

Alsbald werden wir auf den Weg zu O'Neill's in der Suffolk Street geschickt, einer Kneipe mit fünf verschiedenen Schankstuben, in der schon Beckett trank und in der heute mitunter Autoren wie der Belfaster Englischlehrer und Romancier Brian Keenan (geb. 1950) und der aus Kerry stammende Dozent und Lyriker Brendan Kennelly (geb. 1936) anzutreffen sind.

Nach der zweiten Stärkung des Abends geht es zu Brendan Behans Taufkirche St. Andrew's auf der gegenüberliegenden Straßenseite, die heute das irische Fremdenverkehrsamt beherbergt. Historisch gesehen stehen wir auf dem künstlich angelegten, inzwischen abgetragenen Erdhügel einer Thingstätte: Im Mitteltalter hielten die Wikinger hier ihre gesetzgebende Versammlung ab. Wir dagegen lauschen Anekdoten zu Brendan Behan, dem »Alkoholiker mit einem Schreibproblem«, der es sich angelegen sein ließ, ein Reklameschild wahrzumachen, das er auf Tournee in Toronto gesehen hatte: »Drink Canada Dry«.

An der Ecke von St. Andrew Street und Exchequer Street betreten wir The Old Stand, früher The Monico, in dem Michael Collins und seine ›Zwölf Apostel‹, eine todbringende Sondereinheit der IRA, verkehrten. Danach geht es zurück zu einer Seitengasse neben dem Duke. Doch bevor wir in Davy Byrne's schräg gegenüber einkehren, holen die Schauspieler tief Luft. Langsam, leise entweicht der Atem ihren Lungen wieder. Es ist die letzte künstlerische Darbietung des Abends: die 35-Sekunden-Szene *Atem* (1969) von Samuel Beckett. Um den Wissensstand ihrer Zuhörerschaft zu testen, beenden unsere Führer die literarische Prozession mit einer Reihe von Quizfragen, nicht ohne zu betonen: »Gewinner wird nicht der- oder diejenige mit der umfassendsten literarischen Bildung sein, sondern die- oder derjenige mit der lautesten Stimme und den geringsten Hemmungen.« Nunmehr geht es an die Preisverleihung, und jubelnd zieht sich die Amerikanerin, die richtig geraten hat, daß der Kindervers »Hickory, dickory, dock« von Oliver Goldsmith (1728-1774) stammt, ihr Jameson-T-Shirt über den Kopf. Zu vergeben sind ferner zwei Fläschchen mit dem kostbaren Naß der Sponsoren ...

Wir beschließen den lehrreichen Abend in Davy Byrne's, jenem »anständigen Lokal«, in dem Leopold Bloom für sieben Pence ein Gorgonzola-Sandwich mit einem Glas Burgunder verzehrt. Aber was soll daran so aufregend sein, daß ausgerechnet diese Trivialität Davy Byrne's zu einer Touristenattraktion macht? Ist die in Barney Kiernan's spielende Szene des Joyceschen Romans, die unter anderem den Nationalismus des engstirnig pöbelnden ›Bürgers‹ zum Gegenstand hat, nicht um vieles bedeutungsvoller? Der Bürger greift die um 1904 hochaktuelle Frage des Bühnen-Iren Macmorris aus Shakespeares *Heinrich V.* auf: »Was ischt meine Nation?« und richtet sie, antisemitisch gewendet, an Leopold Bloom: »– Welcher Nation gehören denn Sie an, wenn ich fragen darf, sagt der Bürger.

– Irland, sagt Bloom. Ich bin hier geboren. Irland. [...]

– Und dann gehöre ich auch noch einer Rasse an, sagt Bloom, die gehaßt und verfolgt wird. Heute noch. In eben diesem Augenblick. Genau in dieser Sekunde. [...]

– Beraubt, sagt er. Ausgeplündert. Beschimpft. Verfolgt. Um die Habe gebracht, die uns nach Recht und Gesetz gehört. [...]

– Mendelssohn war Jude und Karl Marx und Mercadante und Spinoza. Und der Erlöser war Jude und sein Vater war Jude. Euer Gott.«

Davy Byrne's, dessen Wände mit einer Skizze von William Orpen, drei Gemälden von Brendan Behans Schwiegervater Cecil ffrench Salkeld und einem Bild von Harry Kernoff dekoriert sind, wird auch in der Satire *A Tourist's Guide to Ireland* (1929) von Liam O'Flaherty (1897-1984) erwähnt: »Es gibt ein paar mannhafte Kerle, die gegen die Flut von Schmutz, Bestechung und Schwermut ankämpfen, und mein Freund Mr. Byrne in der Duke Street, Dublin, wird verstehen, daß alles, was ich zum Nachteil der irischen Wirtshäuser gesagt habe, entschieden nichts mit seinem ausgezeichneten Haus zu tun hat. Dies ist ein Haus, wo man zu jeder Tages- und Nachtzeit Gesellschaft und gute Getränke finden kann und einen guten Wirt obendrein. Es gibt andere, die übers ganze Land verteilt sind, aber es sind sehr wenige, und es würde sich für die Regierung auszahlen, wenn sie eine Liste anständiger Wirtshäuser zusammenstellen und auf diese Weise die Ehre des Landes retten würde.« Selbstverständlich gibt es inzwischen derartige Listen ...

In Davy Byrne's machte auch Pádraic Ó Conaire (1882-1928), der Meister der modernen irischsprachigen Kurzgeschichte, halt. Den Eselskarren, mit dem der Pfeifenraucher Irland ab 1914 bereiste, nachdem er eine Beamtenstelle in England aufgegeben hatte (man lese seine Erzählung »Mein kleiner schwarzer Esel«), band er draußen auf der Straße an einem Laternenpfahl fest. In dem Roman *Das Mädchen mit den grünen Augen* (1962) von Edna O'Brien gehen Kate und ihre Freundin Baba, die mit Studenten des Trinity College verkehrt, in Davy Byrne's Cocktail Bar, wo sie gemeinsam einen Pernod bestellen.

So also könnte ein typischer Kneipenspaziergang unter kundiger Anleitung aussehen. Wer weiß, welches Programm der morgige Abend bringen wird ...

Rückwärtige Ansicht von Dublin Castle mit Staatsgemächern, normannischem Turm (1226) und Kapelle

Vierter Spaziergang
Die westliche Innenstadt

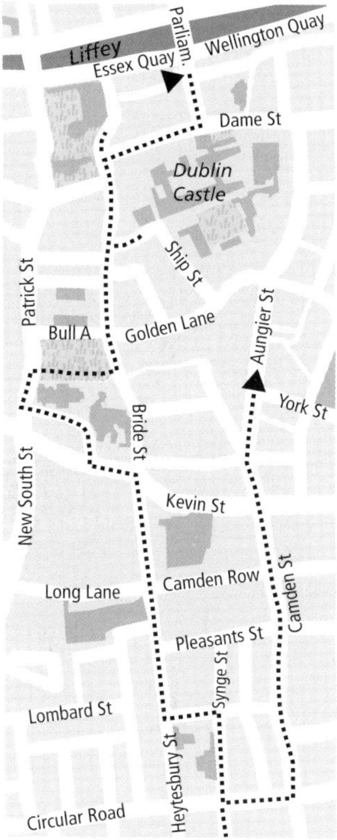

Wenn wir könnten, würden wir jetzt vor einem uralten, zumindest aber vor einem mittelalterlichen Turm Aufstellung nehmen. So jedoch stehen wir, von einem Torgitter getrennt, unschlüssig vor dem turmähnlichen Treppenhaus des Wohnblocks 16A-30 Lower Exchange Street, im Mittelalter Blind Alley genannt, und wissen nicht so recht, wohin mit uns. Doch vernehmen wir da nicht aus den Tiefen unseres musikalischen Gedächtnisses einen sehnsuchtsvollen chromatischen Klang? Es ist der Tristanakkord aus Richard Wagners grandiosem Musikdrama von Liebestrank und Liebestrunkenheit, *Tristan und Isolde* (1865).

In der Tat, Isolde, Isolt oder Iseult, besungen auch von Thomas von Bretagne, Gottfried von Straßburg, Ulrich von Türheim und Heinrich von Freiberg, war »Irlands Maid«, eine irische Prinzessin, und wenn auch ihr Turm nicht mehr steht, so ist doch ihre Existenz durch den früheren

Straßennamen Isod's Lane (heute nur noch in der irischen Version Sráid Iósoilde Íocht erhalten) und durch den Namen des Dubliner Stadtteils Chapelizod (›Isoldes Kapelle‹) verbürgt. Als die Normannen Dublin befestigten, gliederten sie den Turm in die Stadtmauer ein, deren historischer Verlauf freilich nur noch auf den Bronzetafeln der aufgestellten ›Grenzsteine‹ zu erkennen ist. In Joyces *Finnegans Wake* tritt Isolde unter dem Namen ›Issy‹ auf.

In der Parallelgasse Essex Street West, neben der Church of St. Michael and St. John, stand früher das von Richard Brinsley Sheridans Vater geleitete Smock Alley Theatre, in dem unter anderem auch der aus Derry stammende Dramatiker George Farquhar (1678-1707), Autor des Lustspiels *Der Werbeoffizier* (1706, in Bertolt Brechts Bearbeitung *Pauken und Trompeten* genannt), als Schauspieler auftrat. Wir treten nun durch das Essex Gate auf die Parliament Street (in Nr. 12 war die Redaktion der republikanischen Zeitschrift *The Irish People* unter Leitung von Jeremiah O'Donovan Rossa, John O'Leary und Charles Kickham untergebracht) und steuern auf Dublin Castle zu, mit dessen Bau im Jahre 1205 begonnen wurde und das trotz seiner wechselvollen Geschichte dauerhaftes Symbol für die Kolonialmacht Großbritanniens war, ehe es 1922 in einer feierlichen Zeremonie den Behörden des Irischen Freistaats übergeben wurde. Hier befand sich der Sitz der politischen Herrschaft. Die heute zu besichtigenden Staatsgemächer waren jedoch auch Mittelpunkt des geselligen Lebens der protestantischen Oberschicht und der sogenannten ›Castle-Katholiken‹. Peter Costello berichtet von einer gewissen Miss Daisy Burke, die an der ersten Saison der vizeköniglichen Festivitäten im Dublin Castle teilnahm: »Ihr Kleid aus weißem Satin mit einer drei Meter langen Schleppe kostete ihren Vater fünf Pfund und war die

Arbeit der berühmten Dubliner Damenschneiderin Mrs. Sims (die so vornehm gewesen sein soll, daß sie niemandem unter dem Stand einer Gräfin gestattete, sie mit Vornamen anzureden) – in dem Roman *Ein Drama in Musselin* von George Moore (1852-1933) tritt sie als Mrs. Symond auf.

Nach der lästigen Anprobe kam der langerwartete Augenblick, da eine berittene Ordonnanz in Buswells Hotel den großen weißen Umschlag aus dem Büro des vizeköniglichen Kammerherrn überbrachte, mit dem Daisy Burke in den ersten Salon geladen wurde. Lord Fingall, der Haushofmeister des Vizekönigs, verliebte sich in die Siebzehnjährige und vermählte sich mit ihr, obwohl er eigentlich nach einer reichen Erbin hätte Ausschau halten müssen. Übrigens waren beide katholisch. Die Memoiren der Gräfin Fingall, *Seventy Years Young* [1937], vermitteln ein äußerst anschauliches Bild dieses untergegangenen Dublin.«

Wir entfernen uns von der Schloßburg und zugleich aus dem 19. Jahrhundert, indem wir dem Lauf der Lord Edward Street folgen und nach rechts in die Fishamble Street abbiegen. Auch auf diesem ehemaligen Fischmarkt geht es eher um ein musikalisches Ereignis. Rechter Hand, in der inzwischen längst abgerissenen und durch das George Frederic Handel Hotel ersetzten Neal's Musick Hall, wurde während eines Benefizkonzerts am 13. April 1742 das mit Abstand beliebteste Musikwerk der englischsprachigen Welt, Georg Friedrich Händels *Messias*, zur Uraufführung gebracht. In einer historischen Miniatur seiner *Sternstunden der Menschheit* (1929, 1943) feiert Stefan Zweig die wundersame Auferstehung des »aus dem Hades« zurückgekehrten Komponisten, der in Dublin ein aufnahmebereites Publikum fand. Komposition und Rezeption seines gewaltigen Oratoriums halfen, Händels angegriffene Gesundheit wiederherzustellen.

Wir kehren um und gelangen zum Eckhaus The Castle Inn gegenüber der Christ Church Cathedral. An dieser Stelle, früher 3 Fishamble Street, heute 5 Lord Edward Street, stand bis 1944 das Geburtshaus von James Clarence Mangan. Auch ein anderes Geburtshaus ist uns für immer verlorengegangen: das eines der wahrhaft Großen der irischen Literatur. Wenn wir die Werburgh Street entlanglaufen (in der St. Werburgh's Church wurde am 5. September 1782 der Komponist John Field getauft) und links in die Ship Street Little einbiegen, sehen wir vor dem Hintereingang zum Dublin Castle statt 7 Hoey's Court, wo am 30. November 1667 der Satiriker und Pamphletist Jonathan Swift zur Welt kam, nur eine weitere Gedenktafel. Auch Stanyhurst's Tower gleich daneben, benannt nach der Familie des Historikers, Dichters und Übersetzers Richard Stanyhurst (1547-1618), ist kaum mehr als eine Ausbuchtung im Stadtwall. Jahre- und jahrzehntelang ist die Weltstadt der Schriftsteller, ehe sie das touristische Marktpotential der Literatur erkannte, auf eine so nonchalante Weise mit ihren Geisteskindern umgesprungen, daß alle materiellen Spuren, die an sie erinnern könnten, ausgelöscht wurden. Dabei stammt eine der herzlichsten Liebeserklärungen an Dublin von besagtem Richard Stanyhurst: »Dublin, die Schönheit und Augenweide Irlands, wurde im Altertum von Ptolemäus Eblana genannt. [...] So wie sie an Alter keiner Stadt Irlands nachsteht, ist diese Stadt allen anderen Groß- und Kleinstädten jenes Reiches überlegen an angenehmer Lage, herrlichen Bauwerken, Vielzahl von Menschen, kriegerischer Ritterlichkeit, Gehorsam und Treue, blühendem Reichtum, überfließender Gastfreundschaft, Umgangsformen und Höflichkeit. Und deshalb wird sie gemeinhin das irische oder junge London genannt. Der Standort dieser Stadt ist allseits angenehm, wohltuend und zuträglich. Will man Hügel durchwandern – sie liegen nicht weitab. Zieht man flaches Land vor – es findet sich zu allen Seiten. Ergötzt man sich an frischem Wasser – der berühmte Fluß namens Liffie, von Ptolemäus Lybnium genannt, gleitet rasch vorüber. Wünscht man einen Blick aufs Meer – es ist zur Hand.«

Von der Straßenecke aus sind beide Kathedralen zu sehen. Beide lohnen einen Besuch, sei es aus architektonischen, sei es aus literarischen Gründen. Giraldus Cambrensis (Gerald Barry oder Geralt Gymro, ?1146-1223), jener irenfeindliche normannisch-walisische Historiker, dem wir die *Topographia Hibernica* (1185) verdanken, berichtet (oder fabuliert er wieder?): »In der Kirche der Heiligen Dreifaltigkeit in Dublin [so der eigentliche Name von Christ Church Cathedral] gibt es ein Kreuz von höchster Wunderkraft. Es trägt die Gestalt des Gekreuzigten. Nur wenige Jahre vor Ankunft der Engländer, zur Zeit der Ostmänner, öffnete es seinen geheiligten Mund und sprach einige Worte. Viele Menschen vernahmen es.

Es hatte sich zugetragen, daß ein gewisser Bürger es angerufen hatte, als alleinigen Zeugen und Bürgen für einen gewissen Handel. Im Laufe der Zeit leugnete der andere Vertragspartner die Abmachung und weigerte sich vollständig und hartnäckig, das Geld zurückzugeben, das der erste ihm gemäß den Vertragsbestimmungen geliehen hatte. Die Bürger, mehr aus Ironie denn aus irgendeinem ernsthaften Grunde, erklärten, man solle gemeinsam zu der vorerwähnten Kirche gehen und hören, was das Kreuz zu sagen hätte. Das Kreuz, so beschworen und als Zeuge angerufen, bezeugte die Wahrheit.« Heutzutage spricht kein Kreuz zu uns, doch trotz mehrfacher Zerstörung, ja trotz seiner seltsam gedrungenen und zerrissenen Gestalt verfehlt das hiberno-romanische Bauwerk, zumal die auf das ursprüngliche Baujahr 1172 zurückgehende Krypta, seinen Eindruck auf uns nicht.

Daß Dublin mit Christ Church und St. Patrick's zwei protestantische Kathedralen aufweist, während sich die fünfundneunzig Prozent Katholiken mit der Pro-Cathedral begnügen müssen, sagt etwas aus über die protestantische Vergangenheit einer Stadt, die das Zentrum des von den englischen Kolonisatoren beherrschten ›Pale‹ bildete. ›Beyond the Pale‹ lebten die Eingeborenen, die Gälen, die Iren, die Katholiken. Bevor wir unsere Schritte ins Innere von St. Patrick's lenken, suchen wir den dazugehörigen Park auf der anderen Seite der Bride Street auf. An der Nordseite des Parks, in der Bull Alley Street, wurde am 12. März 1762 Richard Steele (1672-1729) geboren, mit *The Conscious Lovers* (1723) der Begründer des Lustspiels der Empfindsamkeit, der indes auch *Pfeile des Witzes und der Laune* (dt. 1798) abzuschießen wußte.

Der um die Jahrhundertwende auf Initiative Lord Iveaghs angelegte St. Patrick's Park unmittelbar neben der Kathedrale bietet nicht nur Kirchgängern Erholung. Das beruhigende Plätschern des Springbrunnens, die breiten Kronen der Platanen, die Frühlingspracht der Blumenbeete, darunter eine Rabatte mit achthundert Tulpen, tragen zum Wohlbefinden aller Passanten bei. Die neueste Erweiterung ist die sogenannte Literary Parade, eine zur Jahrtausendfeier Dublins 1988 von Whiskeybrennern und Gastwirten gestiftete Weihestätte, wie sie nur in einer alkoholisierten Literaturstadt wie Dublin vorstellbar ist. Auf Bronzetafeln wird der bekanntesten Schriftsteller der Stadt gedacht: Jonathan Swift, James Clarence Mangan, Oscar Wilde, George Bernard Shaw, William Butler Yeats, John Millington Synge, Sean O'Casey, James Joyce, Brendan Behan, Austin Clarke, Samuel Beckett und Eilis Dillon – ein jeder von ihnen in einer eigenen Nische.

Der Schriftsteller, der der erwachenden »protestantischen Nation« des 18. Jahrhunderts, d. h. dem gegenüber der britischen Krone zunehmend selbstbewußteren Irland der anglo-irischen Oberschicht, seine Stimme lieh, war Jonathan Swift (1667-1745), auf englisch meist Dean Swift genannt, da er von 1713 bis zu seinem Lebensende Dekan von St. Patrick's Cathedral in der St. Patrick's Close war. Der aus dem 13. Jahrhundert stammende Bau, Irlands größte Kathedrale, wurde kurz nach Swifts Tod mit einem spitzen Granitturm versehen, der dem normannischen Trutzburgcharakter nicht recht entspricht.

Wer kennt Swift nicht als Verfasser von *Gullivers Reisen* (1726), dem phantastisch-allegorischen Reise- und Abenteuerroman, der, vielfach bearbeitet, gekürzt und entschärft, zum Klassiker der Kinder- und Jugendliteratur avancierte? Mit Gullivers vier Reisen in die Fabelländer der daumengroßen Liliputaner, der vernünftigen Riesen, der monomanen Wissenschaftler von Laputa und der sprachbegabten Pferde (sein auf den eingeborenen Iren bezogener Yahoo ist heute der Name einer Suchmaschine ...) entwarf Swift ein kritisches, ja pessimistisches Bild der zeitgenössischen Gesellschaft und menschlicher Unvernunft überhaupt, das zwischen utopischen und anti-utopischen Zügen oszilliert. Aber Swift war vieles mehr: der ›Vater des Leitartikels‹, der eigentliche Begründer einer kulturell eigenständigen irischen Literatur auf englisch – eigenständig nicht nur gegenüber der gälischen, sondern auch gegenüber der britischen –, der grimmigste Satiriker englischer Sprache und der erste Dubliner Autor, der wahrhaft zur Weltliteratur zu zählen ist.

Chorgestühl in der St. Patrick's Cathedral

In der Kathedrale wird ihm, dem ›hibernischen Patrioten‹ wider Willen, der sich nicht als Ire begriff, sondern sein Leben viel lieber im zivilisierteren England verbracht hätte (»Irland ist kein Paradies«), ein ehrendes Andenken bewahrt. Denn wiewohl mürrischer Misanthrop, war er doch Aufklärer genug, um die verheerenden Resultate der englischen Irlandpolitik in seinen anonymen Flugschriften scharf zu geißeln. Für die Iren, deren Armut und Unwissenheit ihn so abstießen, daß er vor Verachtung und Haß oft überschäumte, empfand er zugleich tiefes Mitgefühl: »Die Alten und Kranken sterben und verwesen vor Kälte und Hunger und Schmutz und Ungeziefer. Die jungen Tagelöhner finden keine Arbeit und welken aus Mangel an Nahrung so sehr dahin, daß sie, wenn sie zufällig doch einmal angeheuert werden, eine Arbeit anzutreten, keine Kraft mehr haben, sie auszuführen.«

Swifts Pamphlet *A Proposal for the Universal Use of Irish Manufacture* (1720), in dem er für irische Autarkie eintrat, enthält den berühmten Boykottaufruf, »alles Englische zu verbrennen bis auf die Kohle«. Und als die Mätresse des britischen Monarchen, die Herzogin von Kendal, ein königliches Patent zur Prägung wertloser irischer Kupfermünzen (»Wood's Halfpence«) erwirkte, veröffentlichte Swift unter dem Pseudonym M. B. Drapier eine so geharnischte Attacke, daß der Plan zurückgezogen werden mußte. Swift, der jedermann als Autor der kunstvollen und scharfsinnigen *Drapier's Letters* (1724) bekannt war, wurde als Volksheld gefeiert. Der von ihm formulierte Leitsatz aller Demokratie hat bis heute Gültigkeit: »Vernünftigerweise ist jede Regierung ohne die Zustimmung der Regierten die wahre Definition der Sklaverei.«

Die zwischen England und Irland pendelnde Laufbahn des schriftstellernden Geistlichen ist rasch umrissen: 1689 wurde Swift Privatsekretär des Whig-Staatsmannes Sir William Temple in Moor Park Surrey und Tutor der achtjährigen Esther Johnson (›Stella‹, 1681-1728), seiner »treuesten, tugendhaftesten und teuersten Freundin«, die ihm später nach Irland folgte, um in seiner Nähe zu sein.

1694 empfing Swift die Weihen der anglikanischen Kirche und erhielt die Pfründe von Kilroot (Co. Antrim), kehrte jedoch schon 1696 nach Surrey zurück. 1700 wurde er zum Vikar von Laracor (Co. Meath) bestellt. Aufgrund seiner Verdienste um die Whigs, ab 1710 um die Tories, für die er politische Pamphlete verfaßt hatte, hoffte Swift auf eine Bischofswürde in England, mußte sich jedoch aufgrund der Widerstände Queen Annes mit dem Dekanat von St. Patrick's Cathedral begnügen, das er 1713 antrat. Der Ärger über die persönliche Zurücksetzung und die Empörung über das »allgemeine Elend der ganzen Nation« (Swift war der erste, der den Begriff auf Irland anwandte) vereinigten sich zu dem machtvollen Impuls seiner *saeva indignatio*.

Bereits 1707 erwuchs Stella in Gestalt der holländischen Kaufmannstochter Esther Van Homrigh (›Vanessa‹, 1690-1723), die Swift in London kennengelernt hatte und ebenfalls nach Irland nachkommen ließ, unliebsame Konkurrenz; es war der Beginn einer mysteriösen Dreiecksbeziehung, die immer noch nicht recht ausgelotet ist. Die leidenschaftliche Vanessa wurde schließlich von Swift nach Celbridge (Co. Kildare) verbannt, wo ihr der mehr als doppelt so alte Liebhaber, den »Tratsch dieser gehässigen Stadt« fürchtend, in dem Landhaus Celbridge Abbey (heute ein besichtigenswertes Kloster des Johanniterordens) verstohlene Besuche abstattete, um, wie er verklausulierte, von ihrem »Kaffee« zu nippen. An ihrem frühzeitigen Tod gibt ihm die Forschung Mitschuld. Doch Swifts Liebesbriefe und -gedichte wie *Journal to Stella* (1710-1713), das im Plauderton über sein Leben in London berichtet, und *Cadenus* [d. i. Decanus] *and Vanessa* (1726) verraten seine tieferen Gefühle.

War schon *Ein Märchen von der Tonne* (1704) eine fulminante Prosasatire gegen den religiösen Fanatismus der Dissenters, so verfolgt Swifts im Stile der Moralisten und Reformer verfaßter *Bescheidener Vorschlag* (1729) die Absicht, die gebildete Leserschaft aus ihrer Indifferenz wachzurütteln. Der Vorschlag lautet dahin, jeden vierten Säugling in der armen Bevölkerung zu mästen und den Reichen als Fleischkost vorzusetzen.

Swift litt an Arteriosklerose und an der Ménièreschen Krankheit, deren Symptome unter anderem Drehschwindel, Brechreiz und Ohrensausen sind. »Taub, schwindlig, hilflos, allein gelassen«, wurde er 1742 fälschlich für geistesgestört erklärt und entmündigt. Bei Søren Kierkegaard heißt es: »Man erzählt, er habe dort [im Asyl] oft mit der Ausdauer einer eitlen und sinnlichen Frau vor einem Spiegel gestanden und geflüstert: ›Armer Greis!‹« Ein lesenswertes Porträt des zornigen alten Mannes in seinen letzten Lebensjahren liefert die zeitgenössische irische Dichterin Laetitia Pilkington (1712-1750) in ihren Memoiren. Darin hält sie unter anderem seine letzten »vernünftigen« Worte fest: »Mr. Handel wollte sich kurz vor seiner Abreise aus Irland von ihm verabschieden. Der Diener brauchte eine geraume Weile, bevor er es dem Dekan begreiflich machen konnte; als dieser endlich begriff, rief er aus: ›Ah, ein Deutscher und ein Genie! Ein Wunderkind! Laß ihn ein.‹ Dies tat der Diener, und Mr. Handel konnte nur noch die Ruine des größten Geistes bestaunen, der je im Strom der Zeit gelebt hat, in dem am Ende alle untergehen.«

Seine Ersparnisse stiftete Swift, bei aller sarkastischen,

ja zynischen Menschenverachtung wie stets auf Wohlfahrt und Wohltätigkeit bedacht, zum Bau des St. Patrick's Hospital für Schwachsinnige, die bis dahin keine Bleibe gehabt hatten. »Swift's Hospital« in Bow Lane West bei Heuston Station ist heute eine moderne psychiatrische Klinik, die eine Sammlung von Swiftiana beherbergt.

Swifts (wie auch ›Stellas‹) Grab ist in den Boden ›seiner‹ Kathedrale eingelassen; in einer Glasvitrine in der Nähe sieht man seine Totenmaske. Eine Büste von Patrick Cunningham aus dem Jahre 1775 befindet sich an der Kirchenwand unter dem berühmt gewordenen lateinischen Epitaph (»Hier ruht Jonathan Swift, von geistlichem Stande und ehemals Dekan dieser Kathedrale, enthoben jeglicher brennenden Entrüstung, die im Leben sein Herz beschwerte. Gehe hin, Reisender, und tue es dem Manne nach, der unerschrocken für die Freiheit kämpfte«).

Als 1825 der schottische Romancier Walter Scott (1771-1832) die Kathedrale aufsuchte, war er, wie sein Schwiegersohn und späterer Biograph J. G. Lockhart in einem Brief an seine Frau berichtet, begeistert: »[...] man denkt dort an nichts anderes als an Swift – die gesamte Kathedrale ist einzig und allein sein Grabmal. Dein Papa hing lange über der berühmten Inschrift, die in güldenen Lettern auf schwarzem Marmor prangt, und schien verärgert, daß keine Leiter zur Hand war, damit er der Büste näher wäre [...]. Stellas Epitaph befindet sich auf der benachbarten Säule – dicht daneben.«

Auch Heinrich Böll stattete der anglikanischen Kathedrale einen Besuch ab; allerdings zeigte er sich von ihr so wenig angetan, daß er lieber eine kleine katholische Kirche in ihrer Nähe aufsuchte: »An Swifts Grab hatte ich mir das Herz erkältet, so sauber war St. Patrick's Cathedral, so menschenleer und so voll patriotischer Marmor-

»Bücherkäfige« in Marsh's Library (1701)

figuren, so tief unter dem kalten Gestein schien der desperate Dean zu liegen, neben ihm Stella: zwei quadratische Messingplatten, blank geputzt wie von deutscher Hausfrauenhand: die größere für Swift, die kleinere für Stella; Disteln hätte ich haben mögen, hart, groß, langstielig, ein paar Kleeblätter, und noch ein paar dornenlose, milde Blüten, Jasmin vielleicht oder Geißblatt: das wäre der rechte Gruß für die beiden gewesen, aber meine Hände waren so leer wie die Kirche, so kalt und so sauber.«

In dem Kirchenschiff befindet sich auch ein ansehnliches Relief zu Ehren des Barden Turlough O'Carolan (1670-1738), das 1824 auf Veranlassung der nationalromantischen Romanschriftstellerin Sydney Owensen von John Hogan in weißen Marmor geschnitten wurde und ihn als elegant gekleideten jungen Mann präsentiert. Weitere Gedenktafeln, drinnen und draußen, sind dem Sammler und Übersetzer irischsprachiger Gedichte, Dramatiker, Literaturgeschichtler, ›De-Anglisierer‹ und ersten Präsidenten Irlands Douglas Hyde (1860-1949) und dem Romanschriftsteller Samuel Lover (1797-1868) gewidmet. Der kleine Friedhof (Zutritt nur nach Voranmeldung) birgt die sterblichen Überreste der Dramatiker Lennox Robinson (1886-1958) und Denis Johnston (1901-1984) sowie des Begründers von Marsh's Library, Erzbischof Narcissus Marsh (1638-1713).

Auf Johnstons Grabstein finden sich seine berühmten Verse über Dublin:

Strumpet City in the sunset
Wilful city of savage dreamers,
So old, so sick with memories!
Old Mother;
Some they say are damned,

But you, I know, will walk
The streets of Paradise
Head high, and unashamed.

Die im Jahre 1701 von Marsh begründete und nach ihm benannte Bibliothek sollten wir uns nicht entgehen lassen. Wenn wir uns, aus der Kathedrale kommend, nach links wenden, sind es nur wenige Schritte bis zu ihrem Eingang. Jonathan Swift, Charles Robert Maturin, Thomas Moore, James Clarence Mangan, William Carleton, Bram Stoker und James Joyce waren ständige Besucher, und es heißt, daß immer mal wieder der Geist des Erzbischofs durch ihre Räume husche, auf der Suche nach einem Brief, den seine Nichte Grace ihm hinterlassen hatte, als sie mit einem Liebhaber durchbrannte. Obwohl Marsh, Rektor des Trinity College, Dublin für eine »sündhafte, verderbte Stadt« hielt, bescherte er ihr die erste öffentliche Bibliothek Irlands. Es handelte sich um eine Einrichtung für »Graduierte und Gentlemen«, denen offenbar jedoch so wenig über den Weg zu trauen war, daß sie mitsamt den ausgeliehenen Büchern in die heute noch zu sehenden Käfige eingeschlossen wurden. Insgesamt 25 000 alte Folianten füllen die Eichenholzregale.

Über die Kevin Street erreichen wir die New Bridge Street, die in die Heytesbury Street übergeht. Gegenüber der Einmündung der Grantham Street steht, mit blauer Tür, die Nr. 33, das Geburtshaus des irischen Kriegskorrespondenten Cornelius Ryan (1920-1974), der mit seinen sorgfältig recherchierten Büchern *Der längste Tag: Normandie, 6. Juni 1944* (1959), *Der letzte Kampf* (1960) und *Die Brücke von Arnheim* (1974) berühmte Filmvorlagen lieferte. Wenn wir nun in die Grantham Street einbiegen und uns anschließend rechts in die Synge Street wenden, stoßen wir rechter Hand auf eine von den Christlichen Brüdern geleitete Schule, an der nicht nur Cornelius Ryan seine Erziehung empfing; auch der in der Nr. 33 Bloomfield Avenue vier Parallelstraßen weiter östlich geborene Chaim Herzog, später israelischer Staatspräsident, Cearbhall Ó Dálaigh, später irischer Staatspräsident, sowie die Schauspieler Cyril Cusack und Noel Purcell gingen hier zur Schule.

Mit dem 1993 eröffneten Shaw Birthplace in 33 (früher 3) Synge Street betreten wir erstmals ein Museum, das einem einzigen Schriftsteller gewidmet ist: George Bernard Shaw (1856-1950); den Königsnamen George lassen die Iren gerne aus ... In das 1838 erbaute Reihenhaus zog die Familie Shaw im Jahre 1852 ein. Die Einrichtung im Stil der Zeit gibt einen Eindruck davon, in welches Ambiente ›Sonny‹ hineingeboren wurde. Immerhin war die fünfköpfige Familie wohlhabend genug, um zeitweise ein Kindermädchen, eine Erzieherin, eine Wäscherin, eine Köchin und ein Dienstmädchen beschäftigen zu können.

Der Text der bereits 1949 an der Klinkerfassade angebrachten Gedenktafel wurde von Shaw selbst entworfen: »Bernard Shaw, author of many plays, was born in this house, 26 July 1856.« Ihn nur einen herausragenden Dramatiker zu nennen, und sei es auch den besten seit Shakespeare, würde seiner vielseitigen Persönlichkeit jedoch bei weitem nicht gerecht. Shaw war Kunst-, Musik- und Theaterkritiker ersten Ranges, darüber hinaus energiegeladener Gesellschaftskritiker und Inbegriff des politisch engagierten, geradezu von missionarischem Eifer beseelten Intellektuellen, dem das Ideen- und das Lesedrama mit verstandesscharf argumentierenden Vorworten und ausführlichen Regieanweisungen die gemäßeste theatralische Form war –

ein Homme de lettres im wortwörtlichen Verstande, der in hunderttausend Briefen Fragen der Zeit erörterte.

Dabei ging der »unverbesserlich faule« Sohn eines protestantischen Getreidehändlers und einer Sängerin (der Mezzosopranistin ›Hilda‹ Shaw) bereits mit fünfzehn Jahren von der Schule ab, um Anstellung in einem Maklerbüro in 15 Molesworth Street zu finden, ganz zu schweigen von der fehlenden akademischen Ausbildung. Seine Universität, so Shaw, hatte »drei Colleges – die Music Society, die National Gallery und Dalkey Hill«.

Doch bevor sich Shaw mit seiner Heimat aussöhnen konnte, ging er, wie so viele irische Schriftsteller vor und nach ihm, zunächst einmal ins freiwillige Exil, wo er den Rest seines langen und erfüllten Lebens verbringen sollte. Nirgendwo in Irland seien auch nur »die Keime einer Kultur« zu entdecken, gab er zur Begründung an. 1876 folgte er seiner Mutter, die seit 1872 dort mit ihrem Musiklehrer und Hausfreund George John Vandeleur Lee zusammenlebte, nach London. Aufgerüttelt durch das wochenlange Studium des Marxschen *Kapital* im Lesesaal des Britischen Museums (»Marx war eine Offenbarung«), trat Shaw wie H. G. Wells 1884 in die Fabian Society des Ehepaars Beatrice und Sidney Webb ein, aus der später die britische Labour Party hervorgehen sollte. Den Glauben an die unendliche Verbesserungsfähigkeit des Menschen und das reformsozialistische Aufklärungsprogramm der Bewegung, die revolutionäre Gewalt ablehnte, verfocht Shaw alsbald in Reden, Polemiken, Pamphleten und Traktaten zu religiösen, ökonomischen und politischen Fragen. Folgerichtig bezeichnete ihn Lenin als einen »guten Mann, der unter Fabier geraten«. Dabei kam ein Pamphlet wie *Commonsense about the War* (1914) und die darin ausgesprochene Empfehlung an die Soldaten sämtlicher kriegführender Parteien, ihre Offiziere kurzerhand zu erschießen, der Leninschen Losung von der Verwandlung des imperialistischen in den Bürgerkrieg durchaus nahe.

Zugleich schrieb Shaw kluge und eloquente Rezensionen und Kritiken, als ›Corno di Basetto‹ für *The Star*, als ›GBS‹ für *The World* und *The Saturday Review*. Es dauerte lange, bis Shaw auch mit seinen literarischen Werken Erfolg hatte. Erst die Komödie *Helden* (1894) verhalf ihm zu einem bescheidenen Erfolg. Danach entstanden in rascher Folge weitere neunundvierzig unerschrockene, unehrerbietige, spöttische Dramen, mit denen der puritanische Exzentriker zum berühmtesten Theaterautor der Zeit aufstieg und wie kein anderer die Londoner Bühnen beherrschte. *John Bulls andere Insel* (1904), Shaws einziges Theaterstück mit irischem Gehalt, war zunächst für das Irish Literary Theatre in Dublin bestimmt, wurde jedoch von W. B. Yeats abgelehnt, da eine ironische Auseinandersetzung mit den komplizierten irisch-englischen Beziehungen, Selbst- und Gegenbildern seiner Vorstellung von poetischem Theater nicht entsprach. Bei aller Bewunderung für Shaws von Geist blitzende Beredsamkeit brachte dieser in Yeats' Augen »nur seine sozialistische Straßeneckensuada auf die Bühne«. In der Vorrede zu seinem Stück hält Shaw mit erfrischender Anti-Keltik und Anti-Mystik fest: »Wenn ich sage, daß ich ein Irländer bin, so meine ich damit, daß ich in Irland geboren bin und daß meine Muttersprache das Englisch Swifts ist und nicht der unsprechbare Jargon der Londoner Zeitungen aus der Mitte des neunzehnten Jahrhunderts. Meine Herkunft ist die Herkunft der meisten Engländer: ich habe nämlich von der kaufmännisch importierten nordspanischen Art, die für unverfälscht uririsch gilt, keinen einzigen Zug, sondern bin der echte typische Irländer der dänischen, normannischen, Cromwellschen und (selbstverständlich) schottischen Invasionen. Aus Familientradition bin ich heftiger, hochmütiger Protestant; aber keine englische Regierung möge deshalb auf meine Untertanentreue rechnen: ich bin zur Genüge Engländer, um ein eingefleischter Republikaner und Home Ruler zu sein. Freilich ist einer meiner Vorfahren Orangist gewesen; aber seine Schwester war dafür eine Äbtissin; und sein Onkel wurde – wie ich mit Stolz sage – als Rebell gehenkt.« An anderer Stelle heißt es: »Die Tatsache, daß ich Ire bin, hat mich stets mit wildem und unauslöschlichem Stolz erfüllt.« Der Nobelpreis für Literatur, der Shaw im Jahre 1925 für »Idealismus und Menschlichkeit«, »kräftige Satire« und »eine eigenartige dichterische Schönheit« verliehen wurde, galt insbesondere seinem im Südwesten Irlands entstandenen Stück *Die heilige Johanna* (1923).

Wer jetzt noch Kraft in den Beinen hat, mache kehrt und biege rechts in die Harrington Street ein. An der nächsten Straßenecke wenden wir uns nach links in die Camden Street. Auf der gegenüberliegenden Straßenseite sehen wir den 1649 gegründeten Bleeding Horse Pub, der von James Clarence Mangan frequentiert wurde und in Werken von James Joyce und Sean O'Casey Erwähnung findet. In seinem Debütroman *The Cock and the Anchor* (1845) beschreibt Joseph Sheridan Le Fanu ihn so: »Am südlichen Stadtrand, nahe der Ecke, wo heute die Camden Street zu Ende geht, stand ein kleines altmodisches Gebäude, ein Zwischending zwischen Bierschenke und Gasthaus. Es nahm die Straßenseite keineswegs unmalerisch ein; eine Giebelwand ragte hinaus in die Straße, mit einem vorspringenden Fenster, das sich wie ein von einem massiven Holzrahmen zusammengehaltener Glaskasten von dem Gebäude abhob [...].« In der Camden Street Nr. 57

(heute Zentrum der Simon Community) erblickte der Romancier und Dramatiker Charles Robert Maturin (1782-1824), Autor von *Melmoth der Wanderer* (1820), das Licht der Welt. Bram Stoker, Le Fanu und er bilden das Dreigestirn am irischen Nachthimmel des Übernatürlichen, Grotesken und ›Gotischen‹. Die Nr. 71 war das Wohnhaus des Theaterkritikers Joseph Holloway (1861-1944), dessen rekordverdächtiges literarisches Vermächtnis sein fünfzig Jahre lang geführtes Tagebuch in 221 Bänden ist – ein veritabler Chronist seiner Stadt. Wir laufen weiter vor bis in die Aungier Street und beenden unseren Spaziergang gegenüber der Kirche Our Lady of Mount Carmel vor Haus Nr. 12, der Geburtsstätte des Dichters Thomas Moore (1779-1852). Wer kennt nicht sein schmachtendes Lied »The Last Rose of Summer«, und sei es aus Friedrich von Flotows Oper *Martha*? Jetzt aber schleunigst in J. J. Smyth's Pub, die durstige Kehle vom Straßenstaub reinigen!

Fünfter Spaziergang
Auf den Spuren von Leopold Bloom

Von Jürgen Schneider

James Joyce war der erste irische Schriftsteller, den das städtische Leben faszinierte. Eugène Jolas, Mitherausgeber des avantgardistischen Literaturmagazins *transition*, in dem Teile aus *Finnegans Wake* unter dem Titel *work in progress* vorabgedruckt wurden, nannte Joyce »einen Mann der Megalopolis«.

Im *Ulysses* entfaltet Joyce ein facettenreiches Panorama Dublins. Er sagte einmal, er schreibe immer über Dublin, denn wenn er zum Herzen Dublins vordringen könne, könne er zum Herzen jeder anderen Stadt der Welt vordringen. Die Stadt – wir beschränken uns bei unserer Spurensuche auf die Innenstadt – ist in allen Kapiteln präsent, selbst noch in den Zuggeräuschen im interpunktionslosen Schlußmonolog der schon halb schlafenden Molly Bloom, die sich in rascher Folge auf mehr als fünfzig Lokalitäten in Dublin und Umgebung bezieht, so daß man kaum weiß, wohin man verschlagen wird.

Im Gespräch mit seinem Freund Arthur Power erklärte Joyce: »Als ich am *Ulysses* schrieb, versuchte ich, Farbe und Ton von Dublin mit meinen Wörtern wiederzugeben. Die eintönige, aber glitzernde Atmosphäre Dublins, seine halluzinatorischen Dünste, sein zerfetztes Durcheinander, die Welt seiner Bars, seine gesellschaftliche Unbeweglichkeit – sie konnten nur durch die Beschaffenheit meiner Wörter vermittelt werden.« Zur Rekonstruktion vieler Details des *Ulysses* bediente sich Joyce des vierzigbändigen *Thom's Official Directory of The United Kingdom of Great Britain and Ireland* (1904). Werden Raum und

Zeit im Verlauf des Buches fast zur Unkenntlichkeit zerrüttet, so bilden Uhren und Kirchenglocken doch ein zeitliches Geflecht. Wir wissen mitunter auf die Minute genau, was sich wo abspielt. Das Joycesche (auch) auf topographische Genauigkeit bedachte Schreiben schlägt durch die bewältigte Stoffülle ins Universale um. Anthony Burgess schrieb: »Der Roman *Ulysses*, der Dublin verherrlicht, indem er es zu einer ewigen Stadt des Geistes erhebt, hat es auf nüchterne ode trunkene Weise auch verwandelt. Wer Dublin betritt, betritt *Ulysses*.«

Doch immer weniger ist Dublin das wertvollste ›Dokument‹, das wir haben. Dies gilt es zu bedenken, wenn wir uns auf Blooms Spuren begeben. Was nicht im irischen Unabhängkeits- und anschließenden Bürgerkrieg zerstört wurde, ebneten die Stadtplaner der 1960er und 1970er Jahre im Namen des ›Fortschritts‹ mühelos ein, und mit der Prosperität des letzten Jahrzehnts hat der ›Keltische Tiger‹ schamlos Hand, oder Kralle, an die Stadt gelegt, so daß die *Irish Times* 2004 in ihrer Bloomsday-Beilage von der »Suche nach der verlorenen Stadt« schreiben konnte. Unterdessen sonnen sich Politiker im Ruhme eines Autors, der verpönt und dessen *Ulysses* lange Zeit nur unter der Ladentheke in einem neutralen Umschlag zu haben war. Der 100. Bloomsday wurde zum karnevalesken Spektakel, bei dem man Tausenden von Bürgern auf der Dubliner O'Connell Street Black Pudding und White Pudding reichte, woraus am nächsten Tag im Bericht der *Irish Times* die von Bloom »geliebten Innereien von Vieh« wurden. Anders als Joyce verzichtet man großzügig auf Detailgenauigkeit. Als wäre eine Blutwurst eine Hammelniere.

Zentralgestalt des *Ulysses*, des längsten Tages der Weltliteratur, ist ein städtischer Pflastertreter: Leopold Bloom, ein moderner Odysseus, Annoncenakquisiteur, Hahnrei

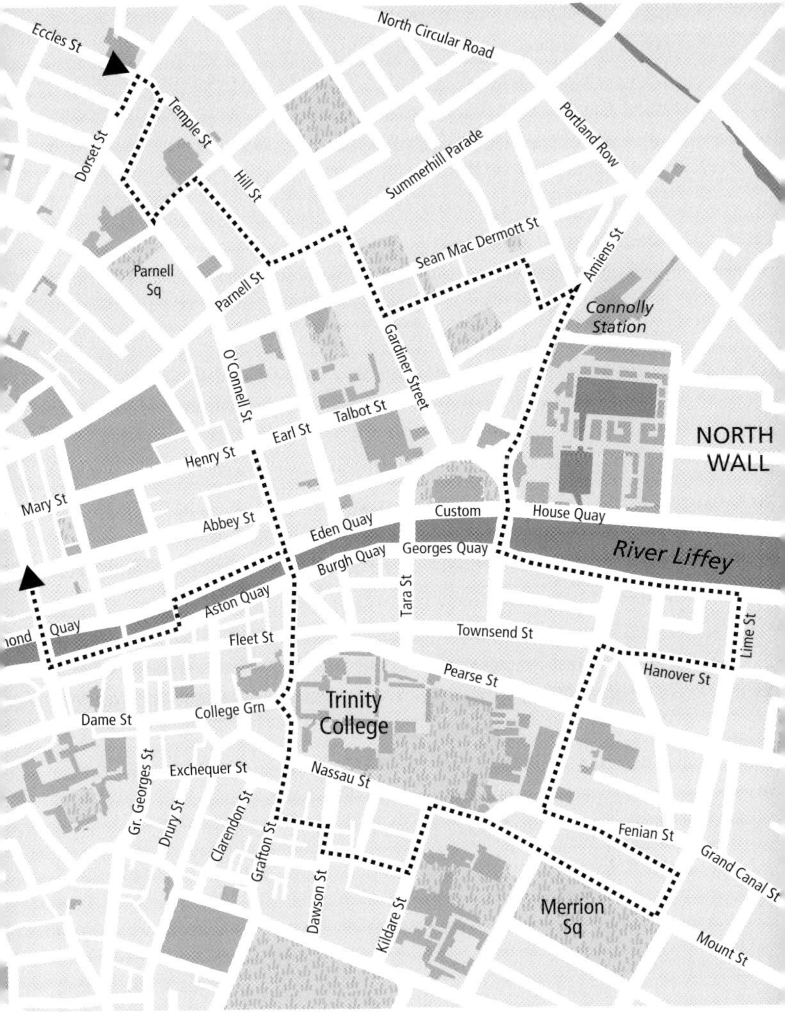

Eccles St
North Circular Road
Temple St
Dorset St
Portland Row
Summerhill Parade
Hill St
Sean Mac Dermott St
Amiens St
Parnell Sq
Parnell St
Connolly Station
O'Connell St
Gardiner Street
Talbot St
Earl St
Henry St
NORTH WALL
Mary St
Abbey St
Custom
House Quay
Eden Quay
Georges Quay
Burgh Quay
River Liffey
Aston Quay
Tara St
Quay
Fleet St
Townsend St
Lime St
Pearse St
Hanover St
Trinity College
Dame St
College Grn
Exchequer St
Nassau St
Gr. Georges St
Drury St
Clarendon St
Grafton St
Fenian St
Grand Canal St
Dawson St
Kildare St
Merrion Sq
Mount St

und Voyeur mit einer Vorliebe für seidene Damenunterwäsche – eben ein ganz gewöhnlicher Kerl, ein ›everyman‹. Das Lese-Abenteuer *Ulysses* handelt davon, daß sich Leopold Bloom und Stephen Dedalus zwischen acht Uhr morgens und zwei Uhr früh unabhängig voneinander wie auch hier und dort gemeinsam durch Dublin bewegen. Dem Wanderer Bloom (und seinem Dublin) ganz allein gehören zehn der achtzehn Kapitel.

Bloom beginnt seinen Tag um acht Uhr in der Küche des Hauses in der Eccles Street Nr. 7. »Daß er ›Eccles Street‹ wohnt«, so Arno Schmidt, »ist selbstredend ein Wortspiel mit ›Achilles‹.« Das Haus, eines der »fleckigen, braunen Backsteinhäuser«, existiert nicht mehr. Es wurde 1967 eingerissen und 1982 ganz abgetragen, um den Neubau des Privattrakts des Mater Hospital zu ermöglichen. Der Bauschutt ist über die ganze Welt verteilt bei Joyce-Fans zu finden, die Tür des Hauses heute im Dubliner James Joyce Centre zu besichtigen. Dafür ist an der roten Backsteinwand des Hospitals eine Plakette mit einem Joyce-Kopf angebracht. Die Inschrift ist dem *Ulysses*-Kapitel »Ithaka« entnommen und bezieht sich auf Blooms nächtliche Rückkehr am 17. Juni: »Auf der Haustreppe der 4. der äquidifferenten ungeraden Nummern, Eccles Street Nummer 7, führte er mechanisch die Hand in die Gesäßtasche seiner Hose, um den Wohnungsschlüssel herauszuholen.«

Doch wir schreiben noch den frühen Morgen des 16. Juni. Bloom verläßt sein Haus und geht auf die Sonnenseite der Straße, während sich die Sonne dem Glockenstuhl der George's Church nähert. »Er näherte sich Larry O'Rourke. Aus dem Kellergitter drang mattes Portergeplätscher herauf. Durch den offenen Eingang spritzte die Bar Rüche von Ingwer aus, den Teestaub, von Biskuitbrei.«

Larry O'Rourke's Pub an der Ecke Eccles Street und Upper Dorset Street hieß eine Weile James Joyce Lounge und wurde nach einer Renovierung im edwardianischen Stil in The Snug umgetauft. Bloom geht nach rechts und spekuliert, daß es »ein ganz schönes Geduldsspiel« wäre, »quer durch Dublin, ohne an einer Kneipe vorbei«. In Dlugaczs Metzgerei (fiktiv – der reale Dlugacz war ein Triester Jude) kauft er eine Niere. Wie immer bringt Bloom seiner Frau Molly das Frühstück ans Bett. Bloom hört die Glokken der George's Church am Hardwicke Place: »Sie schlugen die Stunde: lautes dunkles Eisen. *Hoiho! Hoiho!* [...] Viertel vor. Da wieder: der Oberton folgte durch die Luft, Terz.« Die Glocken, die jede Viertelstunde schlugen, sind längst nicht mehr zu hören, sie wurden 1999 in die Taney Church von Dundrum verfrachtet. Die Kirche beherbergt jetzt das Temple Theatre, der Kirchturm ist seit mehr als einem Jahrzehnt von einem Gerüst umgeben, weil es an Geld fehlt, ihn zu restaurieren.

Bloom verläßt das Haus in der Eccles Street abermals. Sein Tag ist kein müßiger Spaziergang. Er legt etwa acht Meilen zu Fuß zurück und weitere zehn mit der Straßenbahn, dem Zug oder der Pferdekutsche. Von gewissen Tageszeiten gibt es keinerlei Bericht, und zwischen Kapiteln ereignet sich vieles, was nicht beschrieben wird. Wir finden Bloom wieder am Sir John Rogerson's Quay. Es bleibt offen, wie er dorthin gelangt; unklar ist auch sein Weg zum Westland Row Post Office.

Wir enthalten uns der Spekulation, wie Bloom zur Liffey gelangt ist (vermutlich auf dem im *Ulysses* auf Seite 840 beschriebenen Weg in umgekehrter Richtung), begeben uns von der Eccles Street auf das Rund des Hardwicke Place und biegen nach rechts in die Hardwicke Street. In das Haus Nr. 29 auf der rechten Straßenseite (es mußte 1954 neuen Wohnblocks weichen) zog die Familie Joyce 1893 ein. Auf der linken Straßenseite, Ecke Frederick Court, befindet sich die »Pension« der gleichnamigen Geschichte aus James Joyces Erzählband *Dubliner*. Hardwicke Street Nr. 4 heißt heute Waverley House und ist noch immer eine Pension.

Wir halten uns links, kommen auf die North Frederick Street, biegen links in die Great Denmark Street ein und laufen weiter, bis wir das Belvedere College erreichen. Dieses College besuchte Joyce von 1893 bis 1898. Hier lernte er Französisch, Italienisch sowie Latein. Im Juni 1894 avancierte er gar zum Klassenprimus. Den Besuch dieser Jesuitenschule verarbeitete Joyce in seinem Roman *Ein Porträt des Künstlers als junger Mann* (1916).

Vom Belvedere College fällt der Blick auf die respektablen georgianischen Stadthäuser der North Great George's Street. In Nr. 35 ist das James Joyce Centre untergebracht. Hier befand sich einst die Tanzschule von Denis J. Maginni, den Joyce im *Ulysses* verewigt hat: »Mr. Denis J. Maginni, Professor der Tanzkunst & c., in Seidenzylinder, schiefergrauem Gehrock mit seidenen Aufschlägen, weißem Halstuchbinder, engen lavendellila Hosen, kanariengelben Handschuhen und spitzen Lackstiefeln, kam mit gravitätischem Gehaben des Weges und trat höchst respektvoll auf den Bordstein [...].« Das Haus des heiter Gewandeten, das einem Parkplatz weichen sollte, ist 1990, unter anderem auf Betreiben des Joyce-Neffen Ken Monaghan, aus Ruinen als James Joyce Centre auferstanden. Hier finden Ausstellungen, Vorträge, Lesungen, audiovisuelle Darbietungen statt; von hier aus kann man sich sachkundigen Führungen in die realen und fiktiven Welten von James Joyce anschließen.

Von der North Great George's Street gelangen wir auf

die Parnell Street und laufen nach links bis zur Gardiner Street und dann rechts weiter bis zur Railway Street (früher: Tyrone Street / Mecklenburgh Street), einst Teil des Rotlichtviertels, in dem Joyce das *Ulysses*-Kapitel »Circe« ansiedelte. Die Montgomery Street, nach der das Hurenviertel einst ›Monto‹ genannt wurde, heißt heute Foley Street, und die Corporation Street (früher: Mabbot Street und »Eingang zur Nachtstadt«) haben die Stadtväter jüngst in James Joyce Street umgetauft. Die Straße wird bald ein neuerrichteter, schmucker Häuserblock namens Liberty Corner zieren. Im ›Monto‹ arbeiteten einst nahezu zweitausend Prostituierte. 1925 stürmte die Polizei – unterstützt von katholischen Eiferern der Legion of Mary, die sich der ›gefallenen Mädchen‹ annehmen wollten – das Viertel. Die Prostituierten wurden festgenommen, die Freudenhäuser geschlossen. Die offizielle Begründung für die Schließung: »Wir brauchten diese Viertel nur, solange die britischen Soldaten uns mit ihrer Anwesenheit beehrten.«

In der Nachtwelt von »Circe« konnte Joyce seiner Phantasie, »seiner Auffassung von der Grausamkeit des Unterbewußten«, so der Joyce-Biograph Richard Ellmann, freien Lauf lassen. Reale Handlung und Phantasien lassen sich nicht immer trennen, wenn Joyce im oft surreal anmutenden Stil eines Theaterstücks beschreibt, wo sich Stephen und Bloom tummeln, was sie treiben. Die echte Circe war eine Zauberin, die Männer in Schweine verwandelte und Odysseus ihr Bett anbot. Im Dublin von 1904, so wußte Joyce, der selbst sein erstes sexuelles Erlebnis mit einer Prostituierten hatte, gingen die Männer nach einer durchzechten Nacht ins Bordell. Im »Circe«-Kapitel dekonstruiert Joyce auf höchst unterhaltsame und dabei radikale Weise alle Modelle religiöser oder kommunistischer messianischer Idealbildung sowie die daraus resultierenden potentiellen politischen Vorgehensweisen.

Bonjour tristesse! In der Railway Street dominiert die Farbe Grau, finden sich noch ganz wie im *Ulysses* »Reihen kulissenhafter Häuser mit klaffenden Türen«, »liederliche Häuser«, deren Fenster mit Preßspan zugenagelt sind. Ein unansehnlicher städtischer Wohnblock steht an der Stelle (früher: 82 Lower Tyrone Street), an der Bloom vor einem erleuchteten Haus haltmacht und den Küssen lauscht, die ihn umschwirren, »zwitschernd, gurrend, tirilierend«. Zoe Higgins, eine junge Hure in saphirenem Unterkleid, lockt ihn ins Bordell: »Hier wohnt Mrs. Cohen. Wenn Sie weitergehn, können Sies nur schlechter treffen. Mutter Schlappschluffen.«

Wenn wir die Railway Street verlassen, können wir's nur besser treffen. Wir gehen bis zur Beaver Street, weiter zur Foley Street, dann nach links und biegen scharf rechts in die Amiens Street. Der Pub Mullet's sowie das North Star Hotel, das Leopold Bloom und Stephen Dedalus nach ihrem ›Monto‹-Besuch passieren, sind erhalten. Schräg gegenüber befindet sich Connolly Station (früher: Amiens Street Station), der in jüngster Zeit modernisierte Bahnhof. »Sie schritten am Haupteingang der Great Northern Railway Station vorüber, wo die Züge nach Belfast abgehen, zu dieser späten Stunde jedoch natürlich der gesamte Verkehr ruhte [. . .].«

Über die Amiens Street gelangen wir in südlicher Richtung laufend zum Custom House, das Joyce in nur einem Satz erwähnt: »Indem sie diese und verwandte Gegenstände erörterten, nahmen sie [Bloom und Dedalus] eine Abkürzung über das Gelände hinter dem Customhouse und schritten eben unter der Loop Line Bridge her, als [. . .].« Kurz darauf betreten die beiden Nachtwandler ein »anspruchsloses hölzernes Bauwerk«, eine Kutscherkneipe, die an der Südwestseite des Custom House stand und freilich schon lange nicht mehr existiert. Das Custom House, einst Hauptzollamt und auch Arbeitsplatz von Flann O'Brien, gilt als Meisterwerk des englischen Architekten hugenottischer Abstammung James Gandon (1743-1823). Die Hauptfassade des 1781 bis 1791 errichteten Gebäudes besitzt einen dorischen Säulengang und allegorische Darstellungen der dreizehn wichtigsten Flüsse Irlands sowie des Atlantiks. Während des Unabhängigkeitskrieges 1921 brannte das Zollamt fast vollständig nieder. Die äußeren Schäden wurden den alten Bauplänen gemäß behoben. Früher ein Blickfang zwischen O'Connell Bridge und Hafen, steht das öffentlich nicht zugängliche Gebäude heute im Schatten des International Financial Services Centre sowie der Neubauten im Gebiet des Spencer Docks, nördlich des North Wall Quay.

Wir überqueren die Talbot Memorial Bridge, biegen nach links auf den City Quay und kommen zum Sir John Rogerson's Qay, wohin Bloom nach dem Frühstück auf uns unbekannten Wegen gelangte. Bloom geht gesetzt dahin, vorbei an der Windmill Lane (in deren Aufnahmestudios die Dubliner Rockband U2 ihren Welterfolg vorbereitete), durch die Lime Street, die Hanover und Lombard Street East. Die Nummern 8-11 der Lombard Street werden vom Joyce House beansprucht. Doch um James Joyce geht es in diesem unansehnlichen Zweckbau nicht, sondern, wie ein Schild des General Register Office verrät, um die Erfassung von Geburten, Todesfällen und Hochzeiten. Bloom läuft am schräg gegenüberliegenden Beerdigungsinstitut Nichols vorbei, das auch heute noch existiert. Das Firmenschild trägt die Aufschrift: »J & C Nichols est. 1814«. Er überquert die Great Brunswick Street (heute

Pearse Street), bleibt vor dem Schaufenster der Belfast and Oriental Tea Company stehen und liest die Beschriftung der silberpapiernen Packungen: »Auslese-Mischung, feinste Qualität, Familientee. Ziemlich warm. Tee.« Er träumt vom *dolce far niente* im fernen Osten, von »Blumen der Faulheit«. Die Tea Company befand sich an der Stelle, an der heute die Einzäunung des O'Reilly Institute verläuft.

Bloom schlendert gemächlich über die Straße und holt im Westland Row Post Office (das Gebäude ist heute Teil der Pearse Street Station) einen an »Henry Flower, Esq.« adressierten Brief ab, Zeugnis einer heimlichen Korrespondenz. Blooms Weg, der die Form eines Fragezeichens hat – er geht zurück zur Brunswick Street, biegt in die Cumberland Street ein und betritt durch die Hintertür All Hallows –, vollziehen wir nicht nach.

In der Kirche All Hallows (St. Andrew's Church, Westland Row) verfolgt Bloom die Kommunionsprozedur: »Wunderlicher Einfall: Stückchen von einem Leichnam zu essen, wird den Kannibalen sicher schnell einleuchten.« Bloom tritt aus der Kirche (Ausgang: Westland Row) und wendet sich nach links. Sein Ziel ist Sweny's Chemist's Shop, 1 Lincoln Place, wo er Tage zuvor ein Schönheitswasser für seine Frau bestellt hatte. »Süßmandelöl und Benzoetinktur, sagte Mr. Bloom, und dann Orangenblütenwasser ... Ihre Haut wurde ja wirklich so delikat weiß davon wie Wachs.« Er denkt über Heilkräuter und alte Hausrezepte nach und kauft ein Stück »süßes zitroniges Wachs«.

»Drogisten ziehen selten um«, weissagt Bloom korrekt. Sweny's, gegründet 1853, gibt es noch immer, auch Zitronenseife der Marke Bronnley, 150 Gramm in einem feinen Holzkästlein – ein begehrtes Souvenir der Joyce-Wallfahrer. Das denkmalgeschützte Haus, in dem sich nur noch Sweny's mit der Fassade sowie dem Mahagoni-Interieur aus der Zeit des fiktiven Bloom befindet, steht zwischen dem Lincoln Deli und West Coast Coffee.

Über die Denzille Lane machen wir einen kleinen Abstecher zum National Maternity Hospital in der Holles Street. »Deshil Holles Eamus. Deshil Holles Eamus [...] Hopsa, ein Jungeinjung, hopsa!« In dem Kapitel »Rinder des Helios«, das mit Ausrufen beginnt, deren Form sich die römischen Fratres Arvales zur Ehrung der Göttin der Fruchtbarkeit bedienten, besucht Bloom die in den Wehen liegende Mrs. Purefoy. Das National Maternity Hospital wurde 1894 eröffnet und 1934 umgebaut, die Fassade zur Holles Street aber nur wenig verändert. Verändert wird in dieser Episode aber die Sprache, deren Form – eine Annäherung an verschiedene literarische Stile – Joyce die Entwicklung eines Embryos im Mutterleib zugrunde legt und so auch das Wachstum der Sprache durch die Jahrhunderte, samt Fehlentwicklungen, betont.

Über Merrion Square North und Clare Street gelangen wir zur Ecke Lincoln Place und South Leinster Street. In dem roten Backsteinhaus, damals Finn's Hotel (auf der dem Trinity College zugewandten Seite des Hauses ist noch der weißliche Schriftzug Finn's Hotel erkennbar), arbeitete einst Nora Barnacle, als sie ihrem späteren Mann James Joyce am 10. Juni 1904 das erste Mal begegnete. Ein erstes Stelldichein fand am Abend des 16. Juni statt. Nora und James gingen in Ringsend spazieren und trafen sich von da an regelmäßig. Den *Ulysses* ausgerechnet an diesem Datum spielen zu lassen war Joyces beredsamster, wenn auch indirekter Tribut an Nora, eine Anerkennung der bestimmenden Wirkung, die seine Verbindung mit ihr auf sein Leben und Schaffen ausübte. Wir biegen in die nächste Straße links ein – Kildare Street. Im ersten Haus linker Hand (heute Alliance Française) befand sich einst der Kildare Street Club. Dieser Gentlemen's Club wird im *Ulysses* mehrfach erwähnt. Ein Stück weiter kommen wir am Eingang zur National Library vorbei, die mit dem Erwerb eines Manuskripts der »Circe«-Episode im Jahre 2000 und von Entwürfen und anderen Dokumenten im Jahre 2002, die Joyces Vertrauter, der russisch-jüdische Gelehrte Paul Léon, in Paris vor dem Zugriff der Nationalsozialisten rettete, ihre Joyce-Bestände beträchtlich erweitern konnte.

In *Ein Porträt des Künstlers als junger Mann* sucht Stephen die Nationalbibliothek auf. Von den Stufen des Portals besieht er die Fassade: »Die Kolonnade über ihm ließ ihn undeutlich an einen antiken Tempel denken.« Er hört ein plötzliches rasches Zischen aus den Fenstern über ihm, »und er wußte, daß die elektrischen Lampen im Lesesaal angeschaltet worden waren. Er bog in die Säulenhalle, die jetzt in stillem Licht lag, lief die Treppe hoch und ging durch das klickende Drehkreuz hinein.« Über den alten Arbeitstischen im Lesesaal der Nationalbibliothek schimmern heute noch die »grünbekappten Tischlampen«. Im *Ulysses*-Kapitel »Scylla und Charybdis« läßt Joyce seinen Stephen Dedalus in der Bibliothek über Shakespeare diskutieren.

Im *Ulysses* selbst sind die mitgedachten Kapitelüberschriften nicht abgedruckt. 1921 hatte Joyce ein (später modifiziertes) Schema erstellt, in dem er jedem Kapitel den Titel einer Episode aus Homers *Odyssee* zuordnete, dazu eine Zeit, eine Farbe, Personen, eine Technik, eine Wissenschaft oder Kunst, eine Bedeutung, ein Körperorgan und ein Symbol. Bildet die *Odyssee* den Unterbau, so ist die Bibel im *Ulysses* ebenso allgegenwärtig wie Shakespeare – und nicht nur in »Scylla und Charybdis«, in dem Stephen Dedalus seine *Hamlet*-Thesen vorträgt und der

Text manchmal wie ein Potpourri aus indirekten Zitaten wirkt, neben den direkten. Shakespeare »ist der ewige Jagdgrund für alle Köpfe, die aus der Balance geraten sind«. Im *Ulysses* ist »Will in overplus«, Will(iam) im Übermaß.

Bloom erscheint ebenfalls in der Bibliothek, um in der Zeitung *Kilkenny People* eine von ihm gesuchte Anzeige in Augenschein zu nehmen, nur um am Schluß wieder zu Odysseus zu werden, wenn er zwischen Stephen und Mulligan hinausgeht, »sich verbeugend, grüßend«. Zuvor war er Blazes Boylan, dem Liebhaber seiner Frau, ausgewichen und hatte sich in das National Museum gerettet, ebenfalls Kildare Street. »Das Museum. Göttinnen. [...] Hübsches Gebäude. Sir Thomas Deane entworfen. [...] Kalte Statuen: ruhig dort. [...] Seine pulsenden Augen blickten starr auf kremige Kurven aus Stein. Sir Thomas Deane war die griechische Architektur.« Die Gipsnachbildungen nackter antiker Göttinnen, darunter der Venus von Praxiteles (370-330 v. Chr.), die im Altertum als schönste Plastik der Welt galt, sind aus der Rotunde am Eingang des Museums entfernt worden.

In der Molesworth Street, die auf die Kildare Street stößt, sieht Bloom einen Mann in die Freimaurerloge gehen. Hinter grauen Sandsteinmauern hat hier die Große Loge der Freimaurer Irlands ihren Sitz. Die opulenten Gemächer der Loge sind erst seit 1988 für Besucher geöffnet. Wir folgen der Molesworth Street und gehen nach rechts in die Dawson Street. Wir überqueren die Straße und gehen nach links in die Duke Street. »Duke Street. Da sind wir ja schon. Muß was essen. Das Burton. Fühl mich besser dann.« Doch es treibt ihn schnell wieder aus dem (heute nicht mehr existierenden) Restaurant. »Es würgte ihm die Gurgel. Bespucktes Sägemehl, süßlicher flaulauer Zigarettenrauch, Tabakmief, verschüttetes Bier, bierige Männerpisse, der schale Gestank von Gärung. Keinen Bissen brächte ich hier runter.«

Das Kapitel »Lästrygonen« ist das an topographischen Details reichste. 1988 wurden anläßlich der Tausendjahrfeier Dublins an zentralen Punkten der Bloomschen Wanderung vom Büro des *Evening Telegraph* (Middle Abbey Street) zur National Library in den Bürgersteig vierzehn Messingtafeln eingelassen. Wir bewegen uns in umgekehrter Richtung. Die Lästrygonen in der *Odyssee* sind Kannibalen, und der Mittagszeit angemessen, ist das Kapitel überladen mit Nahrung. Es geht ums Essen, und das von Joyce in seinem Schema benannte Organ ist denn auch die Speiseröhre.

Bloom kehrt den Dubliner Lästrygonen, den »dreckigen Essern«, den Rücken, retiriert zur Tür und begibt sich in Davy Byrne's »anständiges Lokal«, wo er ein Glas Burgunder und ein Gorgonzola-Sandwich ordert. Schon in seiner *Dubliner*-Geschichte »Gegner« ließ Joyce seine Protagonisten in diesem Pub »ihre Gifte« bestellen. Viele Berühmtheiten kehrten hier ein, darunter Michael Collins (1890-1922), der während des Irischen Unabhängigkeitskriegs Leiter der geheimdienstlichen Abteilung der IRA war, Sinn Féin-Mann Arthur Griffith (1872-1922) – im *Ulysses* werden Bloom Verbindungen zu ihm angedichtet –, der Maler Sir William Orpen (1878-1931), der Direktor des Abbey Theatre, F. R. Higgins (1896-1941), sowie das *enfant terrible* der irischen Literatur, Brendan Behan (1923-1964). Der Pub ist heute Treffpunkt von Bankern, Angestellten und Sekretärinnen. Die gekurvte Holztheke, »nette Holzarbeit, nett planiert«, existiert längst nicht mehr. Bereits in den 1930er Jahren wurde das Davy Byrne's zur Cocktailbar umgebaut und seitdem mehrfach modernisiert. Und außer am Bloomsday gibt es auch keinen Burgunder und keinen Gorgonzola. Bereits 1972 hatte Bernard Benstock in seinem Buch *Ulysses Without Dublin* gewarnt, eine zu enge Vertrautheit mit Dublin könne einer ausgewogenen Lektüre des *Ulysses* hinderlich sein und der Besuch des schicken und chromverzierten Davy Byrne's beim Leser Assoziationen hervorrufen, die für ein angemessenes Verständnis des Buches völlig irrelevant sind.

»Die Grafton Street, fröhlich mit ihren festgezurrten Markisen, lockte Blooms Sinne. Musselindrucke, Seide, Damen und Witwen von Stand, Klirren von Pferdegeschirren, mattklingender Hufschlag auf dem bratenden Fahrdamm.« Heute würde Joyce die Grafton Street kaum wiedererkennen. Aus Brown Thomas, Seidenhändler, an dessen Fenstern Bloom vorbeitrödelt – »Kaskaden von Bändern. Dünne China-Seiden« – ist Marks & Spencer geworden, und all die kleinen Geschäfte, Kaffeehäuser, Antiquitätenläden sind, so Frank McDonald, der Architekturexperte der *Irish Times*, Filialen multinationaler ›Euro-Trash‹-Ketten gewichen. Bloom erwägt, ein Nadelkissen für Molly zu kaufen, als er vom Anblick seidener Unterwäsche gefesselt wird.

Wir folgen der Grafton Street und stoßen nach Überquerung der Nassau Street auf das 1592 unter der Schirmherrschaft Königin Elisabeths I. gegründete Trinity College. »Haus des Provost. Hochwürden Dr. Salmon: Konserven-Salm. Sieht auch richtig eingeweckt aus da. Möchte nicht drin wohnen, und wenn ich's bezahlt kriegte.« Das 1760 errichtete Haus dient heute noch dem Provost des Colleges als Wohnsitz.

»Blooms Lächeln verblaßte, als er weiterging, eine schwere Wolke verdeckte langsam die Sonne, verschattete die verdrießliche Front des Trinity.« Später wird Stephen Dedalus am Haupteingang von Trinity den Musiklehrer Almidano Artifoni treffen: »*Ma!* sagte Alimidano Artifoni. Er blickte über Stephens Schulter auf Goldsmiths knorrigen Hinterkopf.« Vor dem Trinity College steht eine Statue des irischen Schriftstellers Oliver Goldsmith (1728-1774), die von dem irischen Bildhauer John Henry Foley (1818-1874) geschaffen wurde.

Bloom geht »unter Tommy Moores spitzbübischem Finger her über die Straße. Ganz richtig, daß sie ihn da über einem Pissoir angebracht haben: Treffpunkt der Wasser.« Das Denkmal des Poeten Thomas Moore (1779-1882) steht noch an derselben Stelle. Eines der bekanntesten Gedichte Moores trägt den Titel »Meeting of the Waters«.

Wir bewegen uns weiter auf den Spuren Leopold Blooms durch die Westmoreland Street, vorbei an Bolton's Westmoreland House (William Bolton and Company, Wein-, Tee- und Spirituosenhändler, 35-36 Westmoreland Street; heute Allied Irish Bank) und am *Irish Times*-Gebäude (Nr. 31; heute Educational Building Society). C. P. Curran, einst Kommilitone von Joyce am University College Dublin, schrieb in *James Joyce Remembered*: »Bewley's in der Westmoreland Street war unser Lieblingscafé.« Das Café (Nr. 11-12) war eine Dubliner Institution. In der Filiale traf sich jung und alt zum Frühstück oder zum Nachmittagstee. Der selbstgeröstete Kaffee war einer der besten in der Stadt. Harrison's Restaurant (Nr. 29) – »Heißer Mockturtle-Dampf und der Dunst frischgebackner Marmeladenpuffer drang bei Harrison nach draußen« – ist unter dem gleichen Namen wiedererstanden.

Zuvor hatte Bloom gesehen, daß der Zeitball auf dem Ballast Office (heute Ballast House) sich herabgesenkt hatte. »Nach eins schon. [...] Dunsink-Zeit.« Der Zeitball ist Teil der Uhr (früher an der Ost-, heute an der Nordseite des Gebäudes), von der Stephen in Joyces *Stephen Hero* behauptet, sie sei einer Epiphanie fähig. Die Uhr wurde vom Observatorium in Dunsink in der Nähe des Phoenix Park aus gesteuert und galt den Dublinern als zuverlässigste der Stadt. Der an einer Stange befestigte Zeitball fiel zu einer bestimmten Stunde nach der Greenwich-Zeit und war für Seeleute bestimmt. Die vom Observatorium an die Uhr übermittelte Zeit galt bis 1914 für ganz Irland, wo es 25 Minuten früher war als im weiter östlich gelegenen Greenwich.

Wir überqueren die O'Connell Bridge, auf der Bloom einen Federball aus Rauch von der Brüstung aufpuffen sieht. »Brauereischute mit Export-Stout. England. Von Seeluft wird's sauer, hab ich mal gehört.« Auch die Guinness-Schuten gehören längst nicht mehr zum Stadtbild Dublins. »Ananasbonbons, Zitronenzöpfe, Buttertoffee. Ein zuckerklebriges Mädchen, schubweise Sahnebonbons schaufelnd für einen von den Christian Brothers. Irgendeine Festivität auf der Penne. Schlecht für ihre Bäuchlein. Bonbon- und Konfektlieferant Seiner Majestät des Königs. Gott. Schütze. Unsern. Hockt auf seinem Thron und lutscht rote Jujuben weiß.« Von Grahams Bonbon- und Konfektladen (49 Lower O'Connell Street) ist lediglich ein unvollständiger Schriftzug an der Fassade geblieben: »E Confectioner Hal est. 1842«.

Links von der O'Connell Street geht die Middle Abbey Street ab. Das Haus Nr. 78 beherbergt The Oval. In diese Kneipe gehen Ned Lambert und Simon Dedalus einen heben, nachdem sie die Räume des *Evening Telegraph* sowie des *Freeman's Journal* (in der Princes Street; nicht mehr existent), für die Bloom als Anzeigenakquisiteur arbeitet, verlassen haben. The Oval – auch Samuel Beckett erwähnt den Pub in seinem Prosaband *Mehr Prügel als Flügel* – wurde während des Osteraufstandes von 1916 zerstört und in den frühen 1920er Jahren wiederaufgebaut. Der Pub ist mit alten Uhren, Zeitungsausschnitten, Karikaturen und anderem Krimskrams dekoriert und dient den Journalisten des *Irish Independent* als verlängerte Redaktionsstube. Vermutlich sind sie hier auf die Idee verfallen, »Mister Bloom« am 16. Juni 2004 auf der Titelseite »Happy Birthday« zu wünschen. Nicht Bloom wurde hundert Jahre alt, sondern der Tag, an dem er durch die irische Kapitale mäandert.

»In welche spezielle Schnapsdestille soll's gehen? ... Mein ausschlaggebendes Votum lautet: Mooney's!« Stephen Dedalus und weitere Romanfiguren begeben sich von der Zeitungsredaktion in Mooney's Pub, der sich im zweiten Haus auf der Nordseite der Lower Abbey Street (auf der anderen Seite der O'Connell Street) befand. Das »Mooney *en ville*« existiert nicht mehr, nur die Fassade erinnert noch an den Pub.

»Vor der Nelson-Säule verlangsamten die Trambahnen ihre Geschwindigkeit, liefen auf Weiche, legten die Stromnehmerstange um und setzten sich wieder in Bewegung, nach Blackrock, Kingstown und Dalkey, Clonskea, Rathgar und Terenure, Palmerston Park und Upper Rathmines, Sandymount Green, Rathmines, Ringsend und Sandymount Tower, Harold's Cross. [...] Rechts und links parallel fuhren klirrend klingend ein Doppeldecker und ein Einfachdeck aus ihren Schienenköpfen, schwenkten auf die Linie stadtauswärts ein, glitten parallel dahin.« An der Nelsonsäule befand sich der innerstädtische Knotenpunkt des Dubliner Trambahnnetzes. Die Elektrischen fuhren bis 1949, nur die Bahn nach Howth war zehn Jahre länger in Betrieb. Ausgerechnet im Jahr des 100. Bloomsdays wurde letzte Hand an ein neues Straßenbahnsystem namens Luas gelegt. Dublin hat zwei Linien erhalten, die jedoch nicht miteinander verbunden sind. Sandyfort ist vom St. Stephen's Green aus zu erreichen und Tallaght von der Connolly Station aus.

Joyce läßt Bloom in Tracht und Kette eines Alderman sagen: »Wähler von Arran Quay, Inns Quay, Rotunda, Mountjoy und North Dock, ich sage euch, es wäre besser, daß man eine Tram-Linie legte vom Viehmarkt zum Flusse. Das ist die Zukunftsmusik.« Der Viehmarkt wurde seit 1541 auf Smithfield Market abgehalten. Einmal im Monat werden dort auch heute noch Pferde zum Verkauf angeboten. Die Zierde von Smithfield Market ist der gläserne Aufzug, der am Schornstein der 1970 geschlossenen Whiskey-Destille John Jameson hinauf zu einer Aussichtsplattform führt.

Anläßlich des 50. Jahrestages des Osteraufstandes von 1916 wurde die Nelsonsäule von irischen Republikanern in die Luft gesprengt; Nelsons roter Sandsteinkopf wird im Dubliner Civic Museum aufbewahrt. Anstelle der Nelsonsäule steht auf dem Mittelstreifen der O'Connell Street seit Anfang 2003 das 120 Meter hohe Monument of Light, eine sich nach oben verjüngende silbern glänzende Stahlspitze, die besonders bei Sonnenuntergang sehr hübsch anzusehen ist und bei Nacht durch 11 650 Löcher von innen erleuchtet wird. Vor diesem modernen Menhir oder Obelisk reckt der Arbeiterführer Jim Larkin ratlos die Arme in die Höhe. Während die offizielle Namensfindung für das neue Wahrzeichen noch nicht abgeschlossen ist – als Taufpate steht der gälische Dichter und Osterkonspirateur Patrick Pearse hoch im Kurs –, spricht der Volksmund längst vom ›Pointless Point‹, vom ›Spire in the Mire‹ oder vom ›Stiletto in the Ghetto‹.

Im Zuge der Neugestaltung der O'Connell Street mußte auch ein geschmackliches Verbrechen erster Ordnung weichen, ein Brunnen mit einer weiblichen Figur, die James Joyce zu Ehren Anna Livia Plurabelle symbolisieren sollte, im Volksmund aber abfällig nur ›Floozy in the Jacuzzi‹ (›Flittchen im Sprudelbad‹) hieß. Sie bekam einen weniger prominenten Platz in der Nähe der Guinness-Brauerei zugewiesen.

Wir gehen zurück zur Liffey und biegen nach rechts ab. An der Halfpenny Bridge befinden sich die Geschäftsräume von Dublin Woollen Mills (41 Lower Ormond Quay). Valentine Roche gründete das noch immer im Familienbesitz befindliche Unternehmen einst unter dem Namen Dublin Woollen Company. Joyce unterhielt geschäftliche (wenn auch wenig erfolgreiche) Beziehungen zu dem Wollbetrieb und brüstete sich einmal, er sei der erste gewesen, der irischen Tweed nach Österreich exportiert habe. Gegenüber seinem Biographen Herbert Gorman beharrte er darauf, einige seiner italienischen Schüler in Triest mit irischem Tweed eingekleidet zu haben.

Wir überqueren erneut die Liffey, von der Joyce einmal sagte, sie habe die Farbe von Tee ohne Milch, und deren menschliche Verkörperung in *Finnegans Wake* besagte Anna Livia Plurabelle ist. Auf der Südseite der »Eisenbrücke« stößt man auf den Merchant's Arch: »Sie gingen die Stufen hinauf und traten unter den Merchant's Arch. Eine dunkelrückige Gestalt stöberte in den Büchern auf dem Karren des fliegenden Händlers.

– Das ist er, sagte Lenihan.

– Was der wohl wieder kauft, sagte M'Coy und sah sich um.

– *Leopoldo oder Wenn's Bloomelein im Kornfeld blüht*, sagte Lenehan.

– Also der hat einen irren Riecher bei so Gelegenheitskäufen.«

Halfpenny Bridge, Fußgängerbrücke über die Liffey
(früher gegen eine Maut von einem halben Penny)

Bloom kauft am Ende aber wohl doch kein Buch bei dem fliegenden Händler, sondern leiht – im Bewußtsein von Mollys Stelldichein mit Boylan – bei Francis Fitzgerald (heute The Merchant Barber), Ecke Merchant's Arch und Temple Bar, für seine Frau den Schmöker *Süße der Sünde* aus.

Im Kapitel »Sirenen« erfahren wir, wie Bloom vom Merchant's Arch zum Ormond Hotel gelangt: über den Wellington Quay und die Essex Bridge (heute Grattan Bridge). Das Kapitel »Sirenen« ist vollgepackt mit Liedern und musikalischen Bezügen, von Leslie Stuarts Operette *Floradora* über Franz Liszts *Rhapsodien* bis zu Felix Mendelssohns *Liedern ohne Worte*. In dem polyphonen Erzählfluß trillert, klingelingt, rappelt, zischt, flötet, tiriliert, klapperdiklappt es in einem fort. Joyce hat die Episode in der musikalischen Form einer *fuga per canonem* geschrieben. Das Kapitel beginnt mit einer Art Ouvertüre, die die verschiedenen Themen vorwegnimmt. Der Laut hat Vorrang. In den Worten »in Musik auszufließen, in Lustverlangen« werden Musik und das Motiv der Verführung durch die Sirenen zusammengebracht, so wie Joyce selbstironisch seinen Gedichtband *Chamber Music* in Bezug setzt zu dem »Gesetz vom fallenden Wasser«: »Leere Pötte machen den meisten Lärm.«

Das musikalische Kapitel ist im Ormond Hotel (8 Upper Ormond Quay) an der Liffey angesiedelt. Das Hotel brannte in den dreißiger Jahren aus, wurde verändert wiederaufgebaut und trägt heute den Namen Ormond Quay Hotel. Die repräsentativen Konferenzräume heißen Joyce Room oder Buck Mulligan Room. Die moderne »Sirenen-Suite« im Design der 1960er Jahre findet sich links von der Eingangshalle. Hier war früher der Speisesaal, in dem Bloom aß, während er durch die geöffnete Tür der Musik aus der Bar lauschte, die sich dort befand, wo heute die Hotelrezeption ist. Nicht mehr lange wohl, denn dem Dublin City Council wurde just zur 100. Wiederkehr des Bloomsday ein Genehmigungsantrag zum Abriß des Hotels vorgelegt.

Wir verlassen die »Sirenen«-Suite und gehen nach links bis zur Capel Street, der wir folgen, bis wir linker Hand zur Little Britain Street gelangen. Hier befand sich einst Barney Kiernan's Pub (8-10 Little Britain Street). An dessen Stelle trifft man heute auf Überbleibsel eines Friseursalons, dessen Schaufenster-Werbung und rotgetünchte Fassade schon längst verblichen sind. In Barney Kiernan's Pub kriegt sich Bloom mit dem Bürger (einer Romanfigur, die auf Michael Cusack [1847-1907], dem Gründer der Gaelic Athletic Association, basiert), wegen der United Irishmen und Wolfe Tone und des Todes fürs Vaterland, wegen der jüdischen Religion – die antisemitischen Äußerungen gegen Bloom reflektieren die antijüdische Stimmung im Irland des Jahres 1904 –, aber auch darüber in die Haare, ob Bloom die nächste Runde spendiert.

Ist *Ulysses* auch ein Buch der geschichtlichen Spannungen Irlands, die heute noch im Norden des Landes nachwirken, so wird doch der Joycesche Spott über simple Versatzstücke nationalistischer Ideologie in diesem Kapitel augenfällig. Der Bürger jagt Bloom aus dem Pub und wirft ihm eine leere Keksbüchse nach. Die auf der Straße klappernde Büchse löst eine »seismische Störung« aus. Sie entspricht derjenigen, die die Veröffentlichung des *Ulysses* in der Weltliteratur auslöste und deren Erschütterungen nach wie vor spürbar sind.

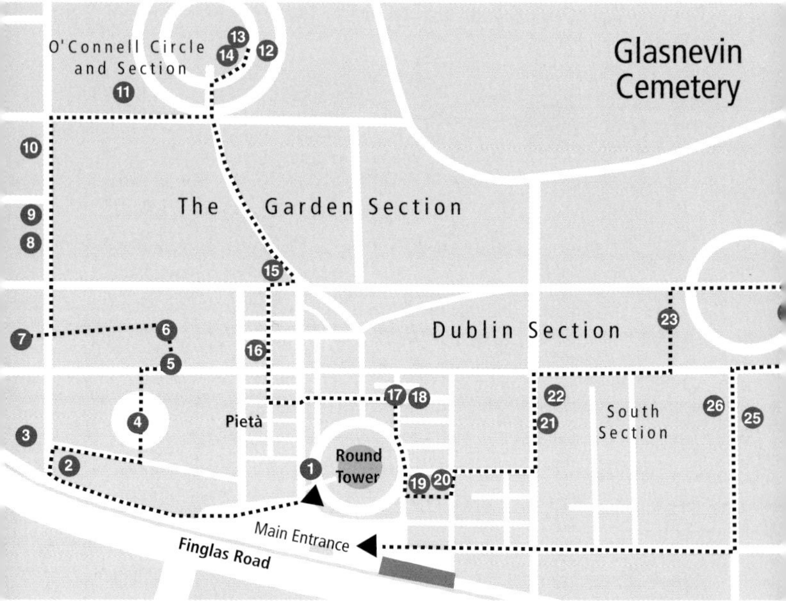

1. Barry Sullivan | 2. John Keegan | 3. Gerard Manley Hopkins 4. Charles Stewart Parnell | 5. John Stanislaus und Mary Jane Joyce 6. Michael Moran | 7. Canon John O'Hanlon | 8. Patricia Lynch 9. Patrick Dinneen | 10. Kate Cruise O'Brien | 11. Ernest Blythe 12. Dora Sigerson Shorter | 13. George Sigerson | 14. John O'Donovan | 15. John D'Alton | 16. Maura Laverty | 17. Margaret Burke Sheridan | 18. Éamonn Mac Thomás | 19. Alfred Chester Beatty 20. Eugene O'Curry | 21. Patrick Weston Joyce | 22. John Keegan Casey | 23. James Clarence Mangan | 24. Denis Florence MacCarthy 25. Brendan Behan | 26. Francis Sheehy Skeffington

Sechster Spaziergang
Der Friedhof von Glasnevin

Unter den mehr als zweihundert Friedhöfen Dublins und seiner näheren Umgebung kann die Begräbnisstätte im Stadtteil Glasnevin, Prospect Cemetery, für sich in Anspruch nehmen, nicht nur der größte Friedhof des Landes zu sein, sondern auch eine Art irischer Nationalfriedhof. Über eine Million Menschen liegen hier begraben; Dublin selbst weist kaum mehr Einwohner auf. Hier, auf einem Areal von einer halben Million Quadratmeter, liegen sie, zu Staub und Asche zerfallen, friedlich vereint, darunter auch viele, die die politische und kulturelle Entwicklung Irlands zu vollständiger staatlicher Selbstbestimmung mit Wort und Tat, Waffe und Pamphlet entscheidend beeinflußt haben.

So weitflächig ist die moderne Nekropole, daß sie in ganze ›Stadtteile‹ oder Abschnitte untergliedert ist, die das Auffinden der Grabstellen erleichtern sollen. Teils sind sie nach Heiligen benannt: St. Brigid's, St. Patrick's und, auf der anderen Straßenseite, St. Paul's; teils heißen sie nüchterner Dublin Section, Garden Section, South Section, O'Connell Circle & Section, Chapel Circle oder Curran's Square; die meisten nach Himmelsrichtungen unterteilt.

Wo ist die Weisheit zu finden, fragt Hiob, »im Lande der Lebendigen« oder nicht vielmehr im Lande der Toten? Der irischsprachige Schriftsteller Máirtín Ó Cadhain (1907-1970) war da unentschiedener Ansicht. In seinem komischen Roman *Cré na Cille* (›Friedhofserde‹, 1949), der zwar nicht in Glasnevin spielt, sondern in einem Kirchhof in Connemara in der Grafschaft Galway, läßt er die toten Seelen sprechen: Unter der Erde unterhält sich die irische Matriarchin Caitríona Pháidín mit ihren Mitverstorbenen über die Belange der Oberwelt, die Fehden und Eifersüchteleien der Hinterbliebenen, ohne von deren Engherzigkeit frei zu sein: Neuankömmlinge werden nach den neuesten Skandalen ausgehorcht; der irdische Streit geht weiter. Wie dieser magische Realismus beweist, ist es offenbar doch nicht weit her mit dem friedvollen Beieinander der Toten im Jenseits, und mit der romantischen Vorstellung einer von sozialen Konflikten ungetrübten ländlichen Idylle im Westen Irlands schon gar nicht. Gleich der erste gesprochene Satz des Romans lautet: »Ní mé an ar Áit an Phuint nó na Cúig Déag atá mé curtha?« (›Ich frage mich, bin ich in einer Pfund- oder in einer Fünfzehn-Shilling-Grabstelle beerdigt?‹)

In Irland war es durchaus kein unüblicher Zeitvertreib, auf Friedhöfen Picknicks zu veranstalten. In seiner frühen Erzählung *Erste Liebe* (veröffentlicht 1970) schildert Beckett sein Verhältnis zu seinem in Greystones, Co. Wicklow, begrabenen Vater, zu Totenäckern und zu den Möglichkeiten morbider Freizeitgestaltung, die sie bieten: »Ich bin vor nicht sehr langer Zeit zum Grab meines Vaters gegangen, das weiß ich, und ich habe das Datum seines Ablebens abgelesen, nur das seines Ablebens, denn das seiner Geburt war mir einerlei, an jenem Tag. Ich ging morgens weg und kam abends zurück, nachdem ich auf dem Friedhof gevespert hatte. Aber ein paar Tage später, als ich wissen wollte, in welchem Alter er gestorben war, mußte ich mich wieder zu seinem Grab begeben, um das Datum seiner Geburt abzulesen. [...].

Ich persönlich habe nichts gegen Friedhöfe, ich gehe da recht gern spazieren, lieber da als anderswo, glaube ich, wenn ich schon ausgehen muß. Der Geruch der Leichen, den ich unverkennbar unter dem des Grases und des Mutterbodens herausrieche, ist mir nicht unangenehm. Etwas süßlich vielleicht und zu Kopf steigend, aber wieviel erträglicher als der Geruch der Lebenden, der Achselhöhlen, der Füße, der Gesäße, der wachsigen Präputien und der frustrierten Ovula. [...] Mein Butterbrot, um nicht von meiner Banane zu sprechen, verzehre ich mit mehr Appetit, wenn ich auf einem Grabe sitze [...]. Und mit ein wenig Glück stößt man auf eine richtige Beerdigung mit trauernden Lebenden und zuweilen einer Witwe, die sich ins Grab stürzen will [...].«

In *Warten auf Godot* zieht Pozzo eine ontologisch schwermütigere Bilanz: »Irgendeines Tages ist er stumm geworden, eines Tages bin ich blind geworden, eines Tages werden wir taub, eines Tages wurden wir geboren, eines Tages sterben wir, am selben Tag, im selben Augenblick, genügt Ihnen das nicht? *Bedächtiger* Sie gebären rittlings über dem Grabe, der Tag erglänzt einen Augenblick und dann von neuem die Nacht.« James Joyces Leopold Bloom führt den Gedanken des makabren Zeitvertreibs fort; vom unschuldigen Picknick bis zum phantasierten Geschlechtsakt ist es nur ein Gedankensprung: »Könnte hier eine junge Witwe anhauen. Männer mögen das. Liebe zwischen den Grabsteinen. Romeo. Ist die Würze der Lust.«

Wir selbst nähern uns dem irischen Pantheon mit einem anderen Vorhaben, wollen wir doch dem Club der toten Dichter unsere Aufwartung machen; die Verbeugung vor ihrer sterblichen Hülle ist die einzig akzeptable Form der Nekrophilie.

Der Friedhof von Glasnevin liegt an der Finglas Road, der nördlichen Ausfallstraße N2 in Richtung Derry. Von der Innenstadt (Parnell Square) verkehren die Buslinien 40, 40A, 40B und 40C/D. Unser Rundgang durch ein Labyrinth von schmalen Pfaden beginnt hinter dem Haupttor rechter Hand, wo im Blumenladen ein *Walk Around Guide* erhältlich ist. Zu diesem Tor bewegt sich im »Hades«-Kapitel des *Ulysses* der aus nur drei Pferdedroschken bestehende Leichenzug für Paddy Dignam mit Leopold Bloom und anderen Trauergästen: »Die hohen Gitter des Prospect-Friedhofs rippelten an ihrem Blick vorbei. Dunkle Pappeln, gelegentliche weiße Formen. Formen dann häufiger, weiße Gestalten gedrängt inmitten der Bäume, weiße Formen und Fragmente stumm vorüberströmend, mit leer erstarrten Gesten in der Luft.«

Beherrscht wird die Friedhofsanlage von der weithin sichtbaren Monumentalgrabstätte Daniel O'Connells (1775-1847), einem 51 Meter hohen, schlanken Rundturm von schmutziggrauer Farbe mit kreuzgeschmücktem Kuppeldach, der, in Anlehnung an die mittelalterlichen Rundtürme, einem eigenständigen Beitrag Irlands zur Sakralarchitektur, von George Petrie (1790-1866) entworfen wurde. Die Gründung der Totenstadt selbst geht auf O'Connell, den ›Befreier‹, und die Zeit der ›katholischen Emanzipation‹ sowie des politischen Widerstands gegen die Union mit Großbritannien zurück. Im frühen 19. Jahrhundert hatte die römische Kirche begonnen, sich von den erlittenen Verfolgungen des vergangenen Jahrhunderts zu erholen. O'Connell nutzte seine Stellung als katholischer Advokat, um mit Hilfe einer demokratischen Massenbewegung den Kampf für die Gleichberechtigung der Katholiken voranzutreiben. Durch seine Absage an revolutionäre Gewalt zur Durchsetzung katholischer Interessen erwarb sich der ›König der Bettler‹, der sich primär auf die örtlichen Catholic Associations stützte, die Sympathien des Klerus. Den Katholiken war nicht nur das Wahlrecht vorenthalten worden; selbst im Tode noch blieben sie diskriminiert, durfte ihnen doch kein ordentliches Begräbnis zuteil werden. Als

1823 der protestantische Erzbischof Dr. Magee dem katholischen Erzdiakon Blake während einer Beerdigung die Grabgebete untersagen ließ, brandete eine Welle der Empörung auf. 1828 erwarb die Catholic Association ein Stück Land in Inchicore, auf dem der Golden Bridge Cemetery entstand. Golden Bridge lag jedoch direkt neben der Richmond Militärkaserne. Den Militärs waren die Leichenprozessionen ein Dorn im Auge, und dreißig Jahre später setzten sie die Schließung des Friedhofs durch.

Unterdessen war auf Initative O'Connells der Friedhof in Glasnevin für Katholiken freigegeben worden. Am 21. Februar 1832 wurde er eingeweiht; das erste Begräbnis war das des vierjährigen Michael Carey (Grabstelle O 43 Curran's Square) aus der Francis Street, der einen Tag später beigesetzt wurde. Über O'Connell selbst heißt es bei Joyce: »Er hat Ruhe gefunden, sagte er [Mr. Power], inmitten seines Volkes, der alte Dan O'. Aber sein Herz ist in Rom begraben. Wie viele gebrochene Herzen sind hier beerdigt, Simon!« In der Tat könnte man meinen, daß O'Connell, der sich 1847 auf einer Pilgerfahrt nach Rom befand, in Genua an gebrochenem Herzen starb: Gorta Mór, der Große Hunger, der seine politischen Bestrebungen zunichte zu machen drohte, hatte seinen grimmen Höhepunkt erreicht. Dem gläubigen Katholiken blieb die Ankunft am ersehnten Reiseziel versagt. Wie es O'Connells Letztem Willen entsprach, wurde sein Herz in die Ewige Stadt entsandt und in Dublin nur der übrige Leichnam beigesetzt, zunächst im sogenannten O'Connell Circle, 1869 dann in der Gruft unter dem Rundturm.

Nun beschleicht Leopold Bloom angesichts der zahllosen Verblichenen doch ein Gruselgefühl: »Vorn schimmerten die Tore: offen noch. Zurück in die Welt, dem Leben wiedergegeben. Für diesmal reichts einem wieder. Bringt einen jedesmal ein Stückchen näher. [...] Da kann man doch die Gänsehaut kriegen. Ich werd dir erscheinen nach dem Tode. Du wirst meinen Geist sehen nach dem Tode. Mein Geist wird dich heimsuchen nach dem Tode. Es gibt eine andere Welt nach dem Tode, die Hölle heißt. Ich mag nichts von den andern Welten wissen, hat sie geschrieben. Ich gleichfalls nicht.«

Wie alle anderen Gottesäcker dieser Zeit wurde auch Glasnevin Cemetery von sogenannten *sack-'em-up gentlemen*, *body snatchers* oder *resurrection men* heimgesucht, von Grabschändern, in deren Reihen häufig auch frevelhafte Medizinstudenten zu finden waren. Leichen wurden gefleddert, kostbare Ringe von den Fingern gezogen; ihr größtes Geschäft jedoch machten die Übeltäter mit dem Verkauf der nächtens bei Laternenlicht aus den Armengräbern gezerrten Leichname an Anatomen in Dublin, London und Edinburgh, oftmals im Winter, wenn die frisch Bestatteten kältestarr waren. Die von Wachtposten bemannten Türme an der vier Meter hohen Friedhofsmauer wurden eigens wegen dieser Leichenräuber errichtet, auf die bis 1853 innerhalb des Friedhofsareals kubanische Bluthunde warteten. Nachdem ein Gesetz von 1832 Ärzten und Medizinstudenten gestattete, nicht reklamierte Leichen zu sezieren, hatte es mit der Dieberei allmählich ein Ende. Gegen den Widerstand der Kirche wurden schließlich auch freiwillige Körperspenden legalisiert.

»Müssen ja so zwanzig bis dreißig Beerdigungen sein jeden Tag. Und dann noch der Mount Jerome für die Protestanten. Begräbnisse überall auf der ganzen Welt, in jeder Minute. Fuderweise unter die Erde geschaufelt, im Eiltempo. Tausende jede Sekunde. Zu viele auf der Welt.« So wundert sich Leopold Bloom, als Paddy Dignams Sarg vom Leichenwagen gehievt wird. Der Friedhof in Glasnevin war zwar nicht konfessionsgebunden, sondern stand allen Bekenntnissen, Nationalitäten und politischen Zugehörigkeiten offen, doch wurde er letzten Endes eher von Katholiken in Anspruch genommen. Während hier im Jahre 1900 rund viertausend Katholiken ein – bezahltes – Begräbnis erhielten und rund dreitausend Paupers im General Poor Ground ihre letzte Ruhe fanden, wurden im selben Zeitraum auf dem exklusiveren Mount Jerome Cemetery im Süden Dublins etwa tausend Protestanten bestattet – Zahlen, in denen sich die bis ins 20. Jahrhundert anhaltende konfessionelle Spaltung Dublins widerspiegelt. Unter den 300 000 Toten des Friedhofs am Harold's Cross befinden sich zahlreiche Wissenschaftler, Ingenieure und Künstler anglo-irischer Provenienz, aber auch einige gefeierte Schriftsteller: Joseph Sheridan Le Fanu, George William Russell (Æ), Máirtín Ó Cadhain, Lord und Lady Longford, Oscar Wildes Vater Sir William Wilde, John Millington Synge, George Fitzmaurice, Thomas Davis, Verfasser der patriotischen Ballade »A Nation One Again«, sowie William Carleton.

Ein Besuch des Friedhofs von Glasnevin hingegen ist zunächst einmal ein Gang durch die politische Geschichte Irlands der letzten hundertfünfzig Jahre, »vorbei an trüb trauernden Engeln, Kreuzen, zerbrochenen Säulen, Familiengrüften, steinernen Hoffnungen, die beteten mit aufwärts gerichteten Augen, Old Irlands Herzen und Hände« (*Ulysses*). Da liegen sie, die Heroen und Märtyrer eines insgesamt Jahrhunderte währenden Befreiungskampfes, der in immer neuen Wellen über Irland hinwegbrandete, unter prunkvoll und üppig geschmückten viktorianischen und edwardianischen Monumenten und Mausoleen, unter Madonnenskulpturen, Heilandsfiguren und Engelsgestalten, unter efeuumrankten keltischen Hochkreuzen, unter schlichten moosbewachsenen Grabplatten: Anführer und Aktivisten separatistischer Geheimbünde, demokratischer Massenorganisationen, nationalistischer Parteien, sozialistischer Milizen und republikanischer Armeen, Freischärler und Freistaatler, aufmüpfige Rebellen und spätere Staatsmänner. Sie bilden den Endpunkt einer bald heftigeren, bald erlahmenden Widerstandsbewegung.

Außer dem Friedhofsgründer Daniel O'Connell könnten wir etwa folgende historische Persönlichkeiten aufsuchen: gleich vor dem Rundturm den ›Hochverräter‹ Sir Roger Casement (1864-1916, A 16 & 17), der am 3. August 1916 im Gefängnis von Pentonville gehängt und am 1. März 1965 an dieser Stelle beigesetzt wurde; neben ihm das junge IRA-Mitglied Kevin Barry (1902-1920), der im Unabhängigkeitskrieg operierte und dem im Oktober 2001 zusammen mit seinen Kampfgefährten ein nachträgliches Staatsbegräbnis zuteil wurde; den Vertreter des ›Jungen Irland‹ und späteren Premierminister von Victoria, Charles Gavan Duffy (1816-1902, A 41); O'Connells Adjutanten Tom Steele (1788-1848); oder den republikanischen Verschwörer Jeremiah O'Donovan Rossa (1831-1915). In seiner berühmten Grabrede auf diesen Fenier (im Norden noch heute als antikatholisches Schimpfwort gebraucht) reichte Patrick Pearse, ein begnadeter Orator, die Fackel der erfolglosen Aufstandsbewegungen von 1798, 1803, 1848 und 1867 weiter. Seine flammende Ansprache enthielt die drei wesentlichen Bausteine seiner kleinbürgerlichen Ideologie: Katholizismus, Keltizismus, Nationalismus. Die wirkungsvollen Schlußworte seiner Ansprache lauteten: »Das Leben entspringt dem Tode; und den Gräbern patriotischer Männer und Frauen entspringen lebendige Nationen. Die Verteidiger dieses Königreichs haben, heimlich und offen, gute Arbeit geleistet. Sie glauben, eine

Grabkreuze, darunter keltische mit dem Sonnenring, auf dem Prospect Cemetery, Glasnevin

Hälfte von uns gekauft und die andere eingeschüchtert zu haben. Sie glauben, alles vorhergesehen zu haben, gegen alles Vorsorge getroffen zu haben; doch die Narren, die Narren, die Narren! – sie haben uns unsere toten Fenier gelassen, und solange Irland solche Gräber aufweist, wird Irland, unfrei, keinen Frieden geben.« (»Ireland unfree shall never be at peace.«)

Am Rande des Republican Plot rechts hinter dem Rundturm, gegenüber dem Mahnmal der Hungerstreikenden, finden wir das Grab Michael Joseph Rahillys (1875-1916) des Mitbegründers der Irish Volunteers, der sich gegen die Durchführung des Osteraufstands ausgesprochen hatte und dennoch an ihm teilnahm mit der Begründung »Because I helped to wind the clock / I come to hear it strike«, ein Ausspruch, den W. B. Yeats in sein Gedicht »The O'Rahilly« aufnahm. Neben ihm liegt der »größte der Fenier«, John Devoy (1842-1928), bestattet. Der Republican Plot selbst birgt die Gebeine des Osteraufständischen Cathal Brugha (1874-1922); der pistoletragenden Gräfin Constance Markievicz (1868-1927, SD 36 Snc), an deren Sarg 100 000 Menschen vorbeidefilierten; des Sinn Féiners Harry Boland (1887-1922); des Waffenschmugglers Erskine Childers (1870-1922); des Republikaners Thomas Ashe (1885-1917), des Anstreichers Peadar Kearney (Peadar Ó Cearnaig, 1883-1942), Onkel des Schriftstellers Brendan Behan und Dichter der irischen Nationalhymne »The Soldier's Song«; des Feniers John O'Leary (1830-1907, TD 38), von dem W. B. Yeats in seinem Gedicht »September 1913« vorausschauend sagte: »Romantic Ireland's dead and gone, / It's with O'Leary in the grave«; sowie seines Zeit- und Kampfgenossen James Stephens (1824-1901, RD40 South New Chapel), nicht zu verwechseln mit dem Autor James Stephens.

Auf dem Pfad, der vom Rundturm zum alten O'Connell Circle führt, liegen als nächstes der Friedensnobel- und Leninpreisträger Seán MacBride (1904-1988, TD 24 All 25 1/2 Snc) nebst seiner Mutter, der von Yeats ebenso stürmisch wie erfolglos umworbenen schönen Maud Gonne (1865-1953), und seinem Sohn, dem Filmregisseur Tiernan MacBride (1932-95). Linker Hand steht der Grabstein des eloquenten Gewerkschafters und zeitweiligen Kommunisten James ›Big Jim‹ Larkin (1876-1947, VD 25 South New Chapel), auf dessen Transportarbeiterstreik 1913 die ›Arbeitgeber‹ mit einer verheerenden Massenaussperrung reagierten, anschaulich geschildert in James Plunketts Roman *Manche, sagt man, sind verdammt* (1972). Danach die Grabstätte von Frank Ryan (1902-1944, TD RD 22 All South), Keltologe, Journalist und IRA-Führer, der seine im irischen und im Spanischen Bürgerkrieg gewonnene republikanisch-sozialistische Glaubwürdigkeit durch eine Allianz mit Nazi-Deutschland kompromittierte; die Feministin Charlotte Despard (1844-1939) mit ihrem Wahlspruch »I slept and dreamt that life was beauty / I woke and found that life was duty«; der siebenfache Premier und zweifache Präsident Irlands Éamon de Valera (1882-1975, YD 11 & 12 Snc) zusammen mit seiner Frau Sinéad (1878-1975), Folkloristin, Dramatikerin und Lyrikerin; Seán MacEntee (1889-1984), Gründungsmitglied der politischen Partei Fianna Fáil und mehrfacher Minister; Timothy Michael ›Tim‹ Healy (1855-1931), erster Generalgouverneur des Irischen Freistaats; Arthur Griffith (1872-1922), Gründer von Sinn Féin und erster Präsident des Freistaats; Michael Cusack (1847-1906), Organisator der einflußreichen Gaelic Athletic Association, der Hüterin der spezifisch irischen Mannschaftssportarten Hurling und Gaelic Football; sowie Kevin O'Higgins (1892-1927, BH 205 & 206), zu brutalen Lösungen neigender Justizminister des Irischen Freistaats von 1922 bis 1927. Seine Ermordung durch IRA-Kämpfer gab Liam O'Flaherty Anlaß zu seinem Roman *Der Mörder* (1928). Ferner Sean T. O'Kelly (Seán T. Ó Ceallaigh, 1882-1966, AH 64 & 65 St. Brigid's), Mitbegründer von Sinn Féin und Fianna Fáil, zweiter irischer Staatspräsident von 1945 bis 1959; der 1848er John Blake Dillon (1816-1866); Alfie Byrne (1882-1956, GD 57 Sth), langjähriger und beliebter Oberbürgermeister von Dublin; der Polizeichef und Anführer der faschistoiden ›Blueshirts‹, Eoin O'Duffy (1892-1944, GD 68 & 69 1/2 Snc); Michael Collins (1890-1922, GD 82 All South New Chapel), der fähigste der IRA-Führer, je nach Sicht der Dinge kluger oder verräterischer Unterzeichner des Anglo-Irischen Vertrages von 1921 und Vorsitzender der Provisorischen Regierung des Irischen Freistaats, der am 22. August 1922 in Béal na Bláth einem Hinterhalt seiner ehemaligen Mitkämpfer zum Opfer fiel; Ernie O'Malley (1898-1957), Divisionskommandeur der IRA, der seine Erlebnisse als irischer Freiheitskämpfer in der lesenswerten Autobiographie *Rebellen in Irland* (1936) aufzeichnete; Anne Devlin (1780-1851, TD 39 & 40), getreue und tapfere Haushälterin des noblen, aber eher ineffektiven Rebellenführers Robert Emmet (über den Verbleib seiner Leiche nach seiner Hinrichtung 1803 ist nichts bekannt); James Fintan Lalor (1809-1949), Fürsprecher der irischen Kleinbauern und Theoretiker einer Form von Agrarsozialismus.

Die Liste bedeutender Namen ließe sich beliebig fortsetzen. Wer an den erwähnten Grabmälern interessiert ist, möge den Lageplan und einschlägige Friedhofsführer zu Rate ziehen. Auch sind die politischen Haupt- und Staatsgräber, denen wir unterwegs begegnen werden, kaum zu verfehlen; meist gelangten sie in den Genuß einer Grabpflege »in alle Ewigkeit« (*perpetual care*). Obwohl auch dies nicht viel besagen will: Wer den gemähten Rasen, die liebevollen Blumenarrangements, die pedantische Ordnung deutscher Friedhöfe gewohnt ist, wird sich über das vertrocknete Gras, die umgestürzten Kreuze, die verrutschten und zerschmetterten Grabplatten, die verwitterten Epitaphe und den dürftigen Grabschmuck wundern. Oft ist der Erdboden unter den Gräbern tief eingesunken.

Die Vernachlässigung der mitunter überwucherten Grabstellen hat vielleicht auch damit zu tun, daß die Totenwache mit Leichentrunk und Leichenschmaus, Tanz, Musik, Gesang und Schnurren den Iren traditionell wichtiger war als christliche Kulthandlungen, die Beisetzung wichtiger als die letzte Ruhestatt selbst: »Die alte Frau, die voller Erinnerungen steckt, und auf einem Stuhl neben der aufgebahrten Leiche sitzt und den Anwesenden Geschichten erzählt, hat mehr Autorität als ein Bischof, der sich von der Kanzel herab an die Gemeinde wendet.« (Seumas O'Kelly) Noch heute gibt es den Sozialtypus des *sochraideach*, der Leichenbegängnissen gewohnheitsmäßig beiwohnt. Je besser ein Begräbnis besucht ist, desto größer die Ehre, die dem Hingeschiedenen widerfährt. Mit der Bestattung im engsten Familienkreis bescheidet sich hier niemand; »he got a great send-off« ist ein vielgehörtes Kompliment. Trotz des säkularen Trends zur Verbannung des Todes aus der Gesellschaft, trotz zunehmender Kommerzialisierung und Professionalisierung der Rituale begegnet man mitunter selbst heute noch Leichenzügen alten Stils. Hunderte von Menschen geben dem Toten das letzte Geleit, und die Passanten bekreuzigen sich, wenn der geschulterte Sarg an ihnen vorübergetragen wird.

Zum Tod haben die Iren ein besonderes Verhältnis, das sowohl ernster als auch unbefangener ist als das der

Deutschen, und dies nicht erst, seit die von der Kartoffelfäule ausgelöste Hungersnot Mitte des vergangenen Jahrhunderts mehr als eine Million Menschen dahinraffte und weitere zwei Millionen in die Emigration zwang – ein historischer Einschnitt von ungeheuren Dimensionen, ein Trauma, das den Tod im kollektiven Unbewußten der Iren zum ständigen Begleiter machte. Die Wurzeln der sakralen Trauerkultur reichen wesentlich tiefer, gehen sie doch auf prähistorische Formen keltischer und vorkeltischer Totenkulte zurück. Einige der heidnischen Praktiken sind im irischen Wortschatz treu aufbewahrt. So ist ein *buarach bháis* (wörtlich ›Fußfessel des Todes‹) laut Wörterbuch »ein fortlaufender Streifen Haut, der unter Gesängen von der Schulter bis zur Fußsohle den ganzen Leib hinab aus einem Leichnam herausgetrennt, in ein Stück Seide von der Farbe des Regenbogens eingewickelt und als Fußfessel verwendet wird, mit der die Beine einer Person zusammengebunden werden, um mittels Zauberkraft gewisse Wirkungen hervorzurufen«. Demnach scheint der Tod vor allem als ein Phänomen wahrgenommen worden zu sein, welches ein Band zwischen den Überlebenden stiftet und den Übergang des Mana vom Toten auf die Lebenden ermöglicht ...

Unser Hauptaugenmerk gilt jedoch den Schriftstellern und Kulturschaffenden, und diesen suchen wir uns zwischen den Gräbern jetzt anzunähern – eine Form literarischen Eingedenkens wie zugleich eine Besichtigung der irischen Sepulkralkultur. Vom Haupteingang bewegen wir uns linkerseits an O'Connells Rundturm vorbei, wo wir sogleich auf ein von Thomas Farrell geschaffenes Marmorstandbild treffen, das den gefeierten Schauspieler Barry Sullivan (1821-1891, RE 32st & 33) in der Rolle des Hamlet zeigt, angetan mit einem Wams und Yoricks Schädel in der Hand haltend. Der Grabsockel ist mit einem Zitat aus Shakespeares *Macbeth* versehen: »After life's fitful fever / He sleeps well.« Wir kehren um und laufen am Krematorium vorbei die Einfriedung entlang, bis wir auf dem Rasenstück zur Rechten gegenüber dem Wachturm das Grab des Lyrikers und Erzählers John Keegan (1809-1849, Zg 248) aus der Grafschaft Laois erblicken. Der Autodidakt, der populärste unter den sogenannten ›Bauerndichtern‹, fiel der Choleraepidemie zur Zeit der Hungersnot zum Opfer. Wie sehr die Cholera allein in Dublin wütete, läßt sich daran ermessen, daß in Keegans Todesjahr 11 357 Menschen bestattet wurden, die höchste Zahl an Beerdigungen, die Glasnevin je zu verzeichnen hatte.

Ein Lyriker ganz anderen Schlages ist der zum Katholizismus übergetretene englische Ordensgeistliche Gerard Manley Hopkins (1844-1889), in seinen mystisch-expressiven Natur- und Gott-Sonetten ein wahrer Magier des Worts, ein Lautmaler. Man lausche seinem »Erntejubel« in der Übertragung von Arnfrid Astel:

Sommer geht hin; nun, barbarisch in Schönheit,
die Garben stehn
Rings auf; oben hoch, welch Windgang! welch lieblich
Gebaren
Von Seid-Sack-Wolken! Ward wildere,
willendurchwogtere
Mehldrift über Himmel gemodelt je und geschmolzen?

Der aus Stratford in Essex gebürtige Autor des 35strophigen Gedichts »The Wreck of the *Deutschland*« (1875) starb in Dublin, wo er die letzten fünf Jahre seines Lebens im Newman House Griechisch und Lateinisch gelehrt hatte – seinem Tagebuch hatte er anvertraut: »Fünf vergeudete, in Irland verbrachte Jahre ... Da wünsche ich mir den Tod.« Der Tod ereilte ihn in Gestalt des Typhus. Als Angehöriger der Societas Jesu, Asket und Ästhet in einem, wurde er in dem umzäunten Gemeinschaftsgrab der Jesuiten (AH-GH 30-40 5) beigesetzt. Die Gedenktafel vermerkt neben zweihundert weiteren Namen direkt unter dem Kreuz auch den seinen: »P. GERARDUS HOPKINS OBIIT JUN. 8 1889 ÆTAT. AN. 44.« Sein Biograph Robert Bernard Martin kommentierte: »Die Grabstelle ist wie eine mächtige, aus aufeinandergeschichteten Leichen geschaffene religiöse Gemeinschaft. Auf seltsame Weise scheint dies zu Hopkins zu passen, der sich in seinem Leben so unbedingt privat gab, während er es zugleich für seine Pflicht hielt, Teil der Gemeinschaft zu sein: Man kann sich leicht vorstellen, daß er die Ewigkeit damit zubringt, die unwürdige Abneigung dagegen zu unterdrükken, seine letzte Ruhestätte teilen zu müssen, als wäre sie die Große Bettstatt der Waren.«

Um zum Grab von James Joyces Eltern zu gelangen, laufen wir um das große Rondell, das Charles Stewart Parnell (1846-1891) gewidmet ist, als Führer der Irish Parliamentary Party und unermüdlicher Verfechter von Home Rule und Landreform der ›ungekrönte König Irlands‹. Parnell kam über einer Ehebruchaffäre mit Kitty O'Shea zu Fall, mußte von seinem Posten zurücktreten und starb kurz darauf in Brighton. Nach der bis heute größten Leichenprozession der irischen Geschichte an einer 150 000 Menschen zählenden Volksmenge vorbei wurde Parnells hier unter einem Granitfels mit seinem Namenszug bestattet. Der Todestag des ›Häuptlings‹ am 6. Oktober wird als ›Efeutag‹ begangen; in *Dubliner* (1914) widmete James Joyce, der Parnell schätzte und die heuchlerische Kampagne gegen ihn verabscheute, dem Gegenstand die Erzählung »Efeutag im Sitzungszimmer«.

Vom Rondell aus laufen wir acht Gräber nach rechts und stehen nun, drei Reihen vom Weg entfernt, vor dem Grab von John Stanislaus und Mary Jane Joyce, geb. Murray (XF 6 1/2 & 7 Dublin Section W). Nach der Eheschließung 1880 richtete Joyces Vater, Sohn eines ›Gentleman‹ aus Cork und dem Segeln, Singen und Saufen zugetan, »seinen Tatendrang mit demselben Eifer auf das Zeugen von Kindern und das Verpfänden der ihm vererbten Grundstücke« (Richard Ellmann). Seine Frau brachte dreizehn Kinder zur Welt, von denen James der älteste überlebende Sohn war; elf Häuser wurden veräußert; sechzehnmal mußte die Familie umziehen, da es mit dem Einkommen des Vaters unaufhaltsam bergab ging. Als sich James Joyce in Paris aufhielt, ursprünglich um Medizin zu studieren, erreichte ihn ein Telegramm des Vaters: »MOTHER DYING STOP COME HOME STOP FATHER STOP.« Zwar reiste Joyce unverzüglich nach Dublin, doch verweigerte er der Mutter auf dem Totenbett Beichte und Gebete – eine Entscheidung, die ihm noch lange nachgehen sollte und die seinen Stephen Dedalus in *Ein Porträt des Künstlers als junger Mann* umtreibt.

Wenn wir uns anschließend zwölf Reihen tief auf die Mitte der Rasenfläche begeben, begegnen wir dem Geist des Dubliner Straßensängers Michael Moran (1794-1846, AG 30 Dublin Section W), der sich nach dem armenfreundlichen heiligen Zosimus von Syrakus ›Zozimus‹ nannte. Eine stadtbekannte Erscheinung, verbreitete er, stets in einen knöchellangen Umhang gekleidet, auf Fliegenden Blättern jene von ihm gedichteten Balladen, die er vor einem Stand auf der O'Connell Bridge vortrug. In »The Last Gleeman« schrieb Yeats über den von Kind an blinden Barden: »[...] frei von den Ablenkungen des Augenlichts, wurde sein Geist zum vollkommenen Hallraum, dem jede Regung des Tages und jeder Wechsel der öffentlichen Leidenschaft einen Reim oder einen wunderlichen Ausspruch einflüsterte. Als er zum Manne herangewachsen war, wurde er der anerkannte Spiritus rector aller Balladenhändler der Liberties.« Der in den Liberties geborene Moran war zunächst in ein Armengrab hinabgesenkt worden; erst 1988 wurde ein Stein zu seinem Gedächtnis errichtet, obwohl er verfügt hatte: »Ich werde nicht dulden, daß über mir ein Grabstein aufgestellt wird.«

Von Zozimus geht es nach links über den Rasen hinweg zum nächsten Querweg und über diesen hinaus zu einem Pfad, der nach fünf Gräberreihen rechter Hand den Blick auf ein keltisches Kreuz freigibt. Canon John O'Hanlon (1821-1905, Eh 19), der im »Nausikaa«-Kapitel des *Ulysses* figuriert, ist berühmter für seine monumentale Hagiographie *The Lives of Irish Saints* (1875-1903) in neun Bänden, an der er dreißig Jahre lang arbeitete. Auf 8500 Seiten erzählt O'Hanlon die Viten von 3500 Heiligen nach. In diesem Standardwerk stehen zahlreiche jener Legenden verzeichnet, die im Leben frommer Iren eine wichtige Rolle spielten. Neben eigenen Sammlungen gab O'Hanlon auch die *Legends and Poems* (1907) des bereits erwähnten John Keegan heraus.

Wieder auf dem Querweg, sehen wir zur Linken nach sieben Gräbern auch das der erfolgreichen Kinderbuchautorin Patricia Lynch (1898-1972), aus deren Feder mehr als fünfzig in viele Sprachen übersetzte Bücher stammen, darunter *Das Mädchen mit der Geige* (1945), *Seefahrer und Heilige* (1946), *Die verrückten O'Haras* (1948) und *Die Zaubermelodie* (1952). Als junge Journalistin verfaßte Lynch für die Feministin Sylvia Pankhurst den ersten Augenzeugenbericht über den Osteraufstand 1916 aus irischer Sicht.

Sieben Grabstellen weiter in der dritten Reihe liegt der Lexikograph und Herausgeber irischsprachiger Dichtung Patrick Dinneen (Pádraig Ua Duinnín, 1860-1934, CH 83 1/2 84), dem die Liebhaber der irischen Sprache das klassische, heute noch nicht übertroffene irisch-englische Wörterbuch von 1904/1934 verdanken. Er schuf im Alleingang, was heutige Sprachkomitees nicht zuwege bringen: ein wissenschaftlich verläßliches, literarisch inspiriertes Werkzeug für den täglichen Umgang mit der irischen Sprache.

An demselben Weg, ebenfalls auf der linken Seite, verweist ein neueres Grab auf die Schriftstellerin und Verlegerin Kate Cruise O'Brien (1948-1998), Tochter des erratischen Politikers, UN-Diplomaten, Essayisten und Biographen Conor Cruise O'Brien und Stieftochter der irischsprachigen Lyrikerin Máire Mhac an tSaoi.

Wenn wir an der nächsten Wegkreuzung rechts abbiegen, in Richtung O'Connell Circle, kommen wir linker Hand an dem Grabplatz des nordirischen Protestanten Ernest Blythe (Earnán de Blaghd, 1889-1975, GG 138 1/2 Garden) vorbei, häufig inhaftierter Irish Volunteer, mehrfacher Minister, Gründer der staatlichen irischsprachigen Verlagsanstalt An Gúm und von 1941 bis 1967 Direktor des Abbey Theatre. Wer heute vom irischen Theater spricht, für den ist dieses meist noch immer synonym mit dem Abbey Theatre, und ausländische Besucher lenken ihre Schritte zunächst einmal dorthin. Unter Blythes Ägide führte das Abbey Theatre die von den drei Gründungsautoren W. B. Yeats, Lady Gregory und Edward Martyn gestiftete Tradition fort: eine Form des Sprechtheaters mit entschiedener Betonung des gesprochenen Worts. War dies zunächst das gesprochene Wort einer lyrisch-deklamatorischen Darstellungskunst, so wich es im Laufe der Jahre dem gesprochenen Wort des Straßenstücks und der ›Küchenkomödie‹.

Noch 1985 verkündete ein späterer Theatervorstand jenes ästhetische Credo, das zum Beweis einer ungebrochenen Kontinuität der Aufführungspraxis einen regelrechten Ursprungsmythos bemüht: »Der Vorstand glaubt, daß dieser Stil, den man ›poetischer Realismus‹ nennen könnte und der sich aus den naturalistischen und lyrischen Einflüssen herleitet, welche den Kurs des Abbey in seiner Frühzeit bestimmten, von Schauspieler zu Schauspieler weitergereicht worden ist, von der frühen Theatergesellschaft bis zum heutigen Tage.«

Natürlich hat sich in den letzten eineinhalb Dekaden unter dem Eindruck der beschleunigten Modernisierung Irlands auch am Abbey Theatre einiges verändert; doch kann man sich mitunter des Eindrucks nicht erwehren, daß sich die Bühne in erster Linie als Gralshüterin einer überlebten Inszenierungsweise, des ›Abbey-Stils‹, versteht: von der Stückauswahl über Akzent und Kostüme bis hin zur immer gleichen Kulisse.

Über eine Brücke betreten wir den O'Connell Circle, dessen Souterrain, einer Festungsanlage gleich, mit durchnumerierten Familiengrüften bestückt ist, als handele es sich um Wohnhäuser mit rostigen Eisentüren, und wenden uns nach rechts, wo wir nach wenigen Schritten auf das Grab der republikanischen Bildhauerin und Dichterin Dora Sigerson Shorter (1866-1918, F 34) stoßen. Sigerson schuf das christlich-nationalistische Denkmal für die anfänglichen Verlierer und späteren Sieger des Aufstands von 1916 in der Nähe des Grabes von Parnell: eine Pietà, die indes nicht Maria und Christus, sondern – als allegorische Personifikation Irlands – Hibernia und den von ihr betrauerten Patrick Pearse vorstellt.

Der Dichterin des ›keltischen Zwielichts‹ gegenüber, auf der linken Seite des Rundwegs, liegt ihr Vater George

Sigerson (1836-1925), verdienstvoller Geograph, Historiker und Übersetzer (*The Bards of the Gael and the Gall*, 1897). John O'Donovan (1809-1861), der unter einem horizontalen keltischen Kreuz schräg hinter ihm ruht, war einer jener unermüdlichen Vorarbeiter gälischer Erneuerung, die den Grundstein für die Kombination von kulturellem Gedächtnis und politischem Aufbegehren legten: Selber nur Absolvent einer sogenannten ›Heckenschule‹, erforschte er Bedeutung und Herkunft von 62 000 irischen Ortsnamen, veröffentlichte eine irische Grammatik (1845), wurde Professor für Irische Geschichte und Archäologie und übersetzte sowohl die *Annals of the Four Masters* (6 Bde., 1848-1851) als auch die *Ancient Laws of Ireland* (6 Bde., 1865-1901).

Wir verlassen jetzt den O'Connell Circle und wählen den geschwungenen Weg, der uns wieder in Richtung Rundturm führt. An der Ecke der nächsten Wegkreuzung steht das mit einer Abendmahlsszene verzierte Grab des Historikers John D'Alton (1792-1867, YE 56 1/2 57). Wir biegen rechts ein, nehmen die nächste Abzweigung links und passieren zwei Querwege. Gleich darauf erblicken wir rechts das Grab der Romanschriftstellerin und Bühnenautorin Maura Laverty, geb. Kelly (1907-1966, EF 24 All Dnc.), von der auf deutsch die Romane *Geliebtes Leben* (1942) und *Irische Kindheit* (1946) erschienen sind. Die aus der Grafschaft Kildare stammende Autorin ging 1925 als katholische Gouvernante nach Spanien, wo sie anschließend Sekretärin der Prinzessin Bibesco wurde und als Journalistin arbeitete; 1928 kehrte sie nach Irland zurück und veröffentlichte in den vierziger Jahren in rascher Folge autobiographisch gefärbte Romane, gefolgt von Kinder- und Kochbüchern.

Eine weitere Bühnengröße ist die aus Castlebar, Co.

Mayo, stammende Sopranistin Margaret Burke Sheridan (1889-1958, XD 16 & 17 1/2 Sth), von Giacomo Puccini als ideale Madame Butterfly gerühmt; ihr Grab erreichen wir, wenn wir uns links vom Republican Plot halten. Auf der anderen Seite des Querpfades liegt Éamonn Mac Thomás (1927-2002), Schriftsteller und Stadthistoriker, der lange Jahre Führungen durch sein geliebtes Dublin veranstaltete. Von dort geht es zu dem amerikanischen Bergbauingenieur Alfred Chester Beatty (1875-1968, SD 53 All Snc), der 1950 nach Irland übersiedelte und seinem Gastland die größte Privatsammlung orientalischer Manuskripte und Bücher in der Welt vermachte. Die Früchte seiner Sammlertätigkeit sind in der Chester Beatty Library im Dublin Castle zu besichtigen.

An der nächsten Wegkreuzung liegt John O'Donovans Kollege und Schwager Eugene O'Curry (1794-1862) bestattet, auch er Sprachwissenschaftler, Historiker und Archäologe. O'Curry ist der Hauptverantwortliche für die Systematik der irischen Sagenkreise und für die Beantwortung der Frage nach dem Verhältnis von Literatur und Geschichte, heidnischer und christlicher Überlieferung, gälischer Zivilisation und mönchischer Tradition.

Vorbei an dem Grab von Patrick Weston Joyce (1827-1914, NC 20 South, hinter dem Obelisk für Morgan), dem Sammler irischer Musik und irischer Ortsnamen, promenieren wir um die Ecke zu dem reichverzierten Grab des Dichters John Keegan Casey (1846-70, NC 7 South Section E), dem Dichter der aufsässigen Fenier und Verfasser der bekannten Ballade »The Rising of the Moon« über die Rebellion von 1798. Seine letzten Worte galten der Befreiung seines Landes, und die 50 000 Trauergäste, die ihm das letzte Geleit gaben, brachten seine auch heute noch oft gesungene Ballade zu Gehör.

In demselben Jahr wie John Keegan starb Irlands Nationaldichter James Clarence Mangan (1803-49, JB 34 Dublin Section E). Der von Halluzinationen geplagte Mann beendete seine kurze, unglückliche Existenz im Meath Hospital, in das er halbnackt, vom Fieber geschüttelt, eingeliefert wurde, indirekt ein Opfer der Hungersnot. Unmittelbare Todesursache war jedoch die Cholera, auch wenn zerrüttete Gesundheit, mangelnde Ernährung, Opiumgenuß und Trunksucht seinen Tod beschleunigt haben dürften. Mangan starb völlig mittellos; in seinen Taschen fand man einige Münzen und einen zerlesenen deutschen Gedichtband. Sein übergroßer Hut, die flachsblonde Perücke, sein künstliches Gebiß und die grüne Brille hatten ihn zu Lebzeiten zum Gespött der Leute gemacht. Nur drei Trauernde folgten seinem Sarg.

Nahe dem Hauptweg liegt auch der Journalist, Übersetzer und ›Dichter des Mai‹ Denis Florence MacCarthy (1817-1882) begraben. Als letztes kommen wir zu dem in Deutschland bekanntesten Autor des heutigen Rundgangs, dem Stückeschreiber Brendan Behan (Breandán Ó Beachaín, 1923-64, VA 21 South). Eine in einen Granitblock eingelassene Bronzescheibe charakterisiert seine Persönlichkeit in alliterierendem Irisch: »FILE, FIÁIN, FEARÚIL, FEADÁNACH« (Dichter, ungestüm, mannhaft, pfiffig). Daß er gälischsprachiger Lyriker war, wenn auch mit nur einem Dutzend Gedichten nicht eben produktiv, wissen die wenigsten. Bekannter sind seine immer wieder aufgeführten Bühnenstücke *Der Spaßvogel* (1954), *Die Geisel* (1958) und *Richards Korkbein* (1972).

Das vordringlichste Anliegen des Autors, der von sich bekannte, Atheist bei Tage und Katholik bei Nacht zu sein, war unzweifelhaft der Tod. Zwar berichtete der Journalist Alan Brien von einer Krankenhausvisite: »›Brendan, denken Sie eigentlich nie über den Tod nach?‹ Er setzte sich auf wie ein riesiger Pooh-Bär, mit einem Laken als Toga. ›Über den Tod nachdenken?‹ rief er. ›Bei Gott, lieber tot sein, als über den Tod nachdenken!‹« Aber auch wenn Behan über ihn nicht nachdachte, so schrieb er doch über nichts anderes, ob es sich nun um die Vollstreckung eines Todesurteils handelt oder um die Hinrichtung eines IRA-Mitglieds durch seine Genossen, um das Leichenbegängnis eines Dubliner Arbeiters oder die Totenwache für eine Freundin, eine vergnügte Kutschfahrt ins Sterbeasyl, eine Untermieterin, die Totenhemden schneidert, oder die Abtreibung der Leibesfrucht. *Richards Korkbein. Eine irische Unterhaltung* spielt gar von Anfang bis Ende auf einem irischen Friedhof.

Womöglich rührt Behans Obsession für den düsteren Thanatos von der eigenen Todeserwartung her, mit der er zu kämpfen hatte, als er 1944 wegen versuchten Polizistenmordes vor Gericht stand und nur mit knapper Not der Todesstrafe entging. In *Bekenntnisse eines irischen Rebellen* (1965) schreibt er: »[...] am Ostersonntag 1942 ging ich zum Friedhof von Glasnevin, aber nicht um ein Grab zu graben. Ich war mit der Irisch Republikanischen Armee dort, oder dem, was von ihr noch übrig war, um an der Gedächtnisfeier für den Osteraufstand teilzunehmen, die am Grab der Männer stattfindet, die 1916 für die Freiheit Irland gefallen sind. [...] Das Handgemenge brach auf dem Rückweg vom Friedhof aus.« Worauf eine ausführliche Schilderung des Vorfalls folgt.

Behan trank sich zu Tode. Nach mehreren physischen Zusammenbrüchen ging er an Diabetes, Gelbsucht und Alkoholvergiftung zugrunde. Seamus de Burca hält die Sterbeszene fest: »Als er starb, bahrten ihn die Krankenschwestern in einem Zimmer auf, ganz für sich allein, als wäre es ein Schlafzimmer in seinem Haus; und sie stellten bei seinem Kopf zwei brennende Kerzen auf; und seine Freunde kamen herbei, um ihm die letzte Ehre zu erweisen oder Totenwache zu halten. Ich sah den Borstal Boy zusammen mit meiner Mutter. Wir küßten ihn beide. Und nachdem wir niedergekniet waren, um für seine teure Seele zu beten, äußerte sich meine Mutter über seine schönen Gesichtszüge und den außergewöhnlichen braungelockten Haarschopf. James Power nahm seine Totenmaske ab.« Trotz seiner respektlosen Kritik an einem ideologisch ausgehöhlten Republikanismus, namentlich in *Die Geisel*, bereitete ihm die IRA, in deren Jugendorganisation er gedient hatte, ein militärisches Begräbnis mit Ehrengarde und Ehrensalve, dem Tausende von Trauergästen aus allen Schichten der Bevölkerung beiwohnten.

Gegenüber Brendan Behan ruhen der Pazifist Francis Sheehy Skeffington (1878-1916, LA 18 South), der am 26. April 1916 in Portobello Barracks standrechtlich erschossen wurde, und seine Frau, die Suffragette und Feministin Hanna Sheehy Skeffington (1877-1946, LA 18 South). Ihre 1908 ins Leben gerufene Irish Women's Franchise League hatte Erfolg: Irland war nicht nur das erste Land Europas, in dem den Frauen das volle Wahlrecht zugestanden wurde, sondern auch das erste, in dem eine Frau ein Ministerium leitete: 1919 wählte die revolutionäre separatistische Abgeordnetenversammlung Dáil Éireann (so heute noch der Name der ersten irischen Parlamentskammer) Constance Markievicz zur Arbeitsministerin.

Während wir uns zum Ausgang bewegen, sei nur rasch erwähnt, daß in dem Friedhofsabschnitt St. Paul's auf der gegenüberliegenden Straßenseite drei weitere Gräber von Interesse zu finden sind. Dort liegen der spastisch gelähmte Schriftsteller Christy Brown (1932-1981, IF 50), dessen mit dem Fuß geschriebene Autobiographie *Mein linker Fuß* (1954) besonders in der Verfilmung durch Jim Sheridan weltweite Berühmtheit erlangte, und der Musiker Luke Kelly (1940-1984, LE 39), Mitglied der legendären Folkgruppe The Dubliners, ebenso der Journalist und Erzähler Seumas O'Kelly (?1875-1918, NB 48).

Edward Martyn (1859-1924), Dramatiker und Mitbegründer des Abbey Theatre, liegt in einem nicht näher gekennzeichneten Grab im sogenannten General Poor Ground im Nordosten des Friedhofs in der Nähe des Violet Hill. Als sein Leichnam in die Tiefe gesenkt wurde, sang der 1899 von ihm begründete und heute noch bestehende Palestrina Choir das Benedictus.

Andere Unbekannte ruhen im südlichen Zipfel des Friedhofs; ihre Gräber sind mit keinem jener Wachsblumenbouquets geziert, die nach kurzer Zeit in ihren käseglockenartigen Plastikhauben ausbleichen und sich farblich an das Grau der Kreuze und Steine anpassen. Die Wachsblumenkultur hat längst die Immortellen verdrängt: »Rostige Kränze, auf Haken gehängt, Girlanden aus Bronzeblech. Da hat man mehr für sein Geld. Aber Blumen sind natürlich poetischer. Das andere wird ziemlich langweilig bald, wo es doch nie welkt. Drückt gar nichts aus. Immortellen.« (*Ulysses*)

Bei den Gräbern der »Unbekannten« grenzt der Friedhof direkt an die Außenmauer von John Kavanagh's Pub (1-2 Prospect Square). Bis 1879 befand sich hier das Haupttor zum Friedhof (Inschrift: BEATI MORTUI QUI IN DOMINO MORIUNTUR) und sorgte für rege Kundschaft. Der Pub, seit 1833 in der sechsten Generation im Familienbesitz und kaum verändert, ist besser unter dem makabren Spitznamen The Gravediggers bekannt. Angeblich brauchten die Totengräber, wenn sie nach getaner Arbeit der

Durst überfiel, bloß mit der Schaufel an die Wand zu klopfen, und schon erhielten sie ihr Stout durch eine Maueröffnung gereicht.

Über den Grabhügeln und Wellen, die der Boden aufwirft, durch das Blattwerk der knorrigen Bäume zeichnen sich im Nordosten jenseits der Friedhofsmauer Palmenhäuser ab. Im *Ulysses* läßt James Joyce seinen Leopold Bloom sagen: »Der Botanische Garten ist gleich da drüben. Es ist das Blut, das in die Erde sickert, das gibt neues Leben. [...] Also ich möchte ja sagen, der Boden wird unbedingt fett bei Leichendüngung: Knochen, Fleisch, Nägel, Beinhäuser. Grauenhaft. [...] Natürlich leben die Zellen weiter, oder was sie sonst sind. Verwandeln sich bloß. Praktisch das ewige Leben. Keine Nahrung mehr, nähren sich von sich selbst.«

Der Botanische Garten war 1795 von der Royal Dublin Society gegründet worden, der die irische Hauptstadt auch das Nationalmuseum, die Nationalbibliothek und die Nationalgalerie verdankt. Alle diese ehrwürdigen Institutionen wurden von kulturell ambitionierten protestantischen Anglo-Iren zu einem Zeitpunkt gestiftet, als von einer irischen Nation im politischen Sinne noch keine Rede sein konnte, auch wenn es gegen Ende des 18. Jahrhunderts Bestrebungen gab, den englischen Herren gegenüber selbstbewußter aufzutreten. Wer mag, kann hinüberlaufen, um unseren Totengedenktag mit dem Anblick neuen Lebens, und sei es nur das grünender Pflanzen, zu beschließen.

North Earl Street Ecke O'Connell Street mit Lichtmonument

Siebenter Spaziergang
Die nördliche Innenstadt

»Keine Stadt vernachlässigt ihren Fluß so wie Dublin. Auf dem Liffey von Butt Bridge bis Lucan gibt es kein einziges Vergnügungsboot. Wären Fluß und Stadt in England, gäbe es Wassergärten, Bootshäuser und Leute, die sich der Annehmlichkeiten des Wassers erfreuen würden.« So beschwerte sich Oliver St. John Gogarty 1937. Immerhin ist der Öde mittlerweile wenigstens mit einer auf Holzplanken errichteten Uferpromenade abgeholfen worden, und wenn sich beim alljährlichen Liffey Swim beherzte Schwimmer in seine schmutzig-braunen Fluten stürzen, gibt sich der Fluß fast den Anschein eines Vergnügungsplanschbekkens. Aber *der* Liffey? Ein griechischer Gast, der Romancier Aris Marangopoulos (geb. 1948), schreibt: »Ich habe viele bekannte Städte besucht, die von einem Fluß durchschnitten werden; in keiner von ihnen besitzt der Fluß denselben versteckten Charme, dasselbe aufregende Verhältnis zu seiner Umgebung wie *die* Liffey. [...] Auf die Seele der Passanten, die ihre Brücken überqueren, übt die Liffey eine besänftigende Wirkung aus, wie die zarte Liebkosung einer Frau.« – In der Tat, der Fluß ist weiblich, benannt nach Life, der Ebene im Westen der Stadt. Joyce, der die Liffey zum »Ganges der literarischen Welt« gemacht hat, widmete ihr ein ganzes Kapitel seines *Finnegans Wake* (1939): »O / erzähl mir alles von / Anna Livia! Ich will alles hören / von Anna Livia. Ach, du kennst Anna Livia? Ja doch, klar, wir alle kennen Anna Livia. Erzähl mir alles. Erzähl's mir jetzt.« Eavan Bolands Preisgedicht »Anna Liffey« erläutert die Geschichte des Namens *abhainn Life* (›Fluß [der Ebene] Liffey‹) genauer:

Life, so heißt es,
War Cannans Tochter
Und kam zur Ebene von Kildare.
Sie liebte das flache Land mit seinen Wassergräben
Und dem unerreichbaren Horizont
Und bat, man möge ihm ihren Namen geben.
Der Fluß empfing seinen Namen vom Land.
Das Land empfing seinen Namen von einer Frau.

Eine Frau in der Türe eines Hauses.
Ein Fluß in der Stadt ihrer Geburt.

Dort über meinem Haus in den Bergen
Entspringt der Fluß Liffey, ist eine Quelle.
Er entspringt zwischen Schilf und Heidekraut
Aus schwarzem Torf und Farngestrüpp und sammelt seine Kräfte
Die Stadt in Besitz zu nehmen, deren Erzähler er ist.
Schwäne. Reißende Wasserfälle. Kleine Städte.
Die verwischte Luft und die Brücken Dublins.

Zu unserem vorletzten Spaziergang stehen wir mitten auf der O'Connell Bridge, von der die Dubliner nicht ohne Stolz behaupten, sie sei breiter als lang, und lassen die verbindende und zugleich trennende Flußlandschaft auf uns wirken. Dann aber gehen wir, am 1882 erbauten Denkmal für Daniel O'Connell vorbei, auf das neu errichtete Lichtmonument zu. Mit Gogarty blicken wir die O'Connell Street oder, wie sie früher hieß, die Sackville Street hinauf. Der Boulevard verdankt seine Geräumigkeit den Wide Street Commissioners, die Ende des 18. Jahrhunderts darangingen, das georgianische Dublin mit seinen regelmäßigen Straßenfluchten, großzügigen Platzanlagen und einheitlichen Häuserfassaden zu errichten. »Das Großartigste, was wir in Dublin haben«, schreibt Gogarty, »die große dorische Säule, auf der sich das Standbild des Admirals erhebt, wird von fliegenden Nebeln verdunkelt. Sie kommen und gehen wie Schlachtendampf. Hoch oben im Licht, silbrig wie der Mondschein der Legende, blickt die Statue aus weißem Stein für alle Zeiten nach Süden, in Richtung auf Trafalgar und den Nil. Diese Säule markiert das Ende einer Zivilisation, den Höhepunkt der großen Periode Dublins im 19. Jahrhundert [...]«. Aber die O'Connell Street ist auch heute mit Säulen und Siegeszeichen aufs beste bestückt: O'Connell, Parnell, Smith O'Brien, Larkin, Father Theobald Mathew, Sir John Gray – sie alle thronen über unseren Häuptern. Nur der britische Admiral Nelson blickt nicht mehr »für alle Zeiten« auf uns nieder: 1966, zum 50. Jahrestag des Osteraufstands, wurde das Monument von einer Einheit der IRA in die Luft gesprengt. In der Tat hat es es lange gedauert, bis 2003 ein – höchst umstrittener – Ersatz geschaffen wurde: die schlanke Silbernadel des Lichtmonuments, die den Dublinern freilich keine Aussichtsplattform mehr bietet.

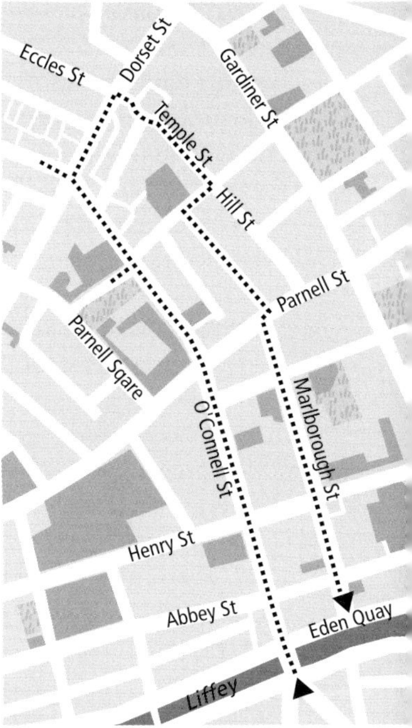

Der Osteraufstand! Inzwischen stehen wir vor dem General Post Office, während der legendären Osterwoche

1916 das heftig umkämpfte Hauptquartier der Aufrührer, »mehr Gelehrte als Denker, und mehr Denker als Männer der Tat« (James Stephens). Noch heute beginnt oder endet jede zweite politische Demonstration vor der Hauptpost, die im Herzen der Dubliner einen besonderen Platz einnimmt. Kein Wunder, daß der 1818 fertiggestellte Bau auch in der irischen Literatur, und nicht nur in dieser, eine gewichtige Rolle spielt. Man vergleiche vier Schilderungen des Osteraufstands, die die folgenreiche Proklamation der Irischen Republik wiedergeben:

»Die irische Flagge wehte über der Hausnummer 43, dem Sitz des Zentralkomitees der Nationalen Liga, wehte über dem Rathaus, wehte über dem Hauptpostamt. Etwas weiter weg ragte Nelson, auf seiner fünfzig Meter hohen Säule stehend, immer noch in einen feuchten Himmel.

Passanten, Gaffer, Neugierige, Besorgte, Touristen zeigten sich kaum mehr. Irgendein Aufständischer oder irgendwelche Aufständische liefen hin und wieder über die Straße, das Gewehr oder den Revolver in der Hand. Immer noch keine britische Reaktion.

Gallager lächelte und ging an seinen Posten zurück.

– Alles in Ordnung? fragte Kelleher.

– Die Flagge Erins weht über allen wichtigen Dächern der O'Connell Street, antwortete Gallager.

Natürlich sagte er nie Sackville Street.

– Finnegans wake! schrien sie im Chor und schwenkten ihre Flinten überm Kopf.

Einige Sympathisanten schrien zurück, aber Gaffer entfernten sich.

Caffrey begann die Fenster zu schließen.« (Raymond Queneau, *Man ist immer gut zu den Frauen*, 1961)

»Das Postamt hatte ein befremdliches Ansehen. Sämtliche Fensterscheiben waren zerbrochen und die Öffnun-

Das Dubliner Hauptpostamt, 1916 Hauptquartier der Osteraufständischen

gen mit allen möglichen Möbeln verbarrikadiert. Schon hatte das Gebäude etwas Geducktes, Belagertes, die unheimliche Erscheinung einer Festung. An der Fassade hing ein großes Transparent mit der Aufschrift: *Hauptquartier der Provisorischen Regierung der Irischen Republik*. Während hoch oben anstelle des Union Jack straff und hell eine grüne Fahne wehte, auf der in weißen Lettern die Worte *Irische Republik* geschrieben waren. Der Szene haftete etwas Spielzeugmäßiges, Amateurhaftes, Unwahrscheinliches an, so als sei stümperhaft und fast blindlings die Grenze zwischen Traum und Wirklichkeit überschritten worden.

Während sie zusahen, die Menge war inzwischen fast ganz verstummt, trat unter dem Portikus des Postamts eine Gestalt hervor und begann zu sprechen. Von einem Stück Papier, das in seiner Hand flatterte, las der Mann der leeren Straße vor. Als der Klang der Stimme, zu weit entfernt, um verstanden zu werden, dünn durch die klare, sonnige Luft hallte, sagte ein Mann neben Andrew, der einen Feldstecher bei sich hatte: ›Das ist Patrick Pearse.‹ Andrew konnte Pearses Worte nicht hören; später jedoch, als sie nächtens auf Anschlägen in der ganzen Stadt auftauchten, las er sie viele Male und an vielen Tagen. ›Iren und Irinnen. Im Namen Gottes und der toten Generationen, von denen es seine alte Tradition nationaler Souveränität empfängt, ruft Irland, durch uns, seine Kinder zu seiner Fahne und bricht eine Lanze für seine Freiheit ...‹

Inzwischen war die Gestalt wieder im Portikus des Postamts verschwunden, und in der Sonne wirkte die verlassene Straße still, fast verschlafen. Die Menge begann sich wieder gedämpft zu unterhalten. Eine verwirrte, schmerzliche Erregung durchlief sie wie ein Gefühl der Schuld.« (Iris Murdoch, *The Red and the Green*, 1965)

»Wir hörten Beifallrufe: Die Schaulustigen gegenüber sahen, wie am Fahnenmast über uns die grün-weiß-orangefarbene Fahne der Republik gehißt wurde. Sie klatschten und riefen Hurra. Ich stellte mir vor, wie die Fahne vom Wind erfaßt wurde und sich öffnete – eine Farbe nach der anderen. Auch die Tagesdecke der Gräfin Markievicz wehte da oben, mit der gold- und mostrichfarbenen Schrift: Irische Republik. Ich jubelte mit. Ich konnte nicht anders.

Connolly, Pearse und Clarke gingen raus. Ich konnte sie jetzt nicht mehr sehen, aber sehr bald hörte ich Pearse.

– Er liest, flüsterte ich.

– Was liest er denn?

– Na was wohl? *Den Boten vom heiligen Herzen*, sagte Paddy Swanzy.

– Ruhe im Glied!

Wir erklären feierlich das Recht des irischen Volkes, dieses Land selbst zu besitzen und die uneingeschränkte Kontrolle über seine Geschicke souverän auszuüben. Es gab Buhrufe, Gelächter, dünn pladdernden Applaus, aber ab und zu blieb es, wenn er las, totenstill. Und er las leise; seine Stimme trieb fast körperlos in der Hitze dahin. Die Männer um mich rum hörten die Proklamation zum erstenmal. Ich guckte mir die Gesichter an, als die Worte zu ihnen hochstiegen. Ich sah Stolz und Erregung darin. Ich sah Augen, die leuchteten und feucht wurden ... *wir proklamieren hiermit die Irische Republik als einen souveränen, unabhängigen Staat, und wir verpfänden unser Leben und das Leben unserer Waffenbrüder für die Sache ihrer Freiheit.*

Paddy hatte eine ganze Minute den Mund gehalten.

– Klingt mächtig kämpferisch, sagte er jetzt.

– *Die Republik garantiert religiöse und bürgerliche Freiheit* –

– Geht nach Hause!

– Geht selber nach Hause. Laßt den Mann reden.

– *und erklärt feierlich ihre Entschlossenheit, nach Glück und Wohlstand für die ganze Nation und all ihre Teile zu streben und allen Kindern der Nation die gleiche Fürsorge zuteil werden zu lassen* –« (Roddy Doyle, *Henry der Held*, 1999)

»Auf der anderen Straßenseite, wo die Menge sich lichtete, befand sich das Hauptpostamt. Es war in der Hand der Sinn Féiner. Von den Sinn Féinern konnte er nur die Gewehrläufe sehen, die aus den Fenstern herausragten, und kauernde Gestalten hinter der Brüstung auf dem Dach. Über ihnen flatterte die gleiche merkwürdige, unerklärliche Fahne, Grün, Weiß und Orange. Was zum Teufel wollten die Sinn Féiner nur mit einem Postamt? Es ging ihm durch den Sinn, daß sie, genau wie es ihm zuvor passiert war, das Gebäude mit einer Bank verwechselt hatten.

Überall waren Handzettel angeschlagen. Hastig erstellte Dokumente mit ungleichem Zeilenabstand und schlampig gedruckten Buchstaben. Irgend etwas auf ersisch. Dann irgendein Mumpitz auf englisch. Die Provisorische Regierung der Irischen Republik. An das irische Volk. Unterschrieben von einem Schwall von Namen, von denen weder er noch sonst irgend jemand je gehört hatte.« (Jamie O'Neill, *Im Meer, zwei Jungen*, 2001)

Der Sozialist Sean O'Casey (1880-1964) stellte sich aus politischen, strategischen und militärtaktischen Gründen gegen den Aufstand, doch selbst er erkannte die Größe der Stunde, den Todesmut der Freiwilligen und der Bürgerwehr. Ohne Augenzeuge gewesen sein, schildert er den Augenblick der Kapitulation: »Da kommt Paudrig [sic!] Pearse die stille Straße herab, zwei elegante britische Offiziere erwarten ihn. Er geht gemessenen Schritts, gar nicht hastig, unverzagt dorthin, wo die beiden eleganten britischen Offiziere auf ihn warten. Seine Männer sind besiegt, der Flammenring hat ihre letzte schwache Hoffnung zunichte gemacht. ›Der Kampf ist vorbei, unsere Jungen geschlagen und Irland umgeben von Schweigen und Nacht‹, die alte Ballade klingt ihm in den Ohren. Er trägt einen Mantel, denn die Ostersonne sank im Westen, und ein schneidend kalter Wind hat sich erhoben. Es ist ein Todeswind, der scharf in das reine Gesicht dieses tapferen Mannes bläst. Die Augen wollen ihm sinken, denn er hat seit Tagen nicht geschlafen. Nun ist er niedergesunken, aber nicht zum Schlaf. Bald wird er lange und tief schlafen. Er fühlt, es ist keine Niederlage; denn sich in Waffen gegen die Unterdrücker erhoben zu haben, ist schon ein Sieg für Irland. So steht er schweigend da und hört auf die Worte der eleganten britischen Offiziere, die bedingungslose Übergabe verlangen. Die Narren, die Narren! So stimmt er denn zu und überreicht seinen Degen, verbeugt sich, um zurückzugehen und seine Männer für die endgültige Übergabe aufzustellen.«

Gegenüber dem Hauptpostamt, in der North Earl Street, lehnt sich ein keck aussehender bronzener James Joyce auf seinen Gehstock – auf seine Art ein Dandy. Das Stand- oder eher Stehbild von Marjorie Fitzgibbon wurde am Bloomsday 1990 enthüllt.

Wir verlassen Joyce und laufen die O'Connell Street hinauf, vorbei am Gresham Hotel, in dem Gabriel und Gretta aus seiner Erzählung »Die Toten« zu einem »neuen Abenteuer« absteigen, zum Parnell Square. Auf der Ostseite des Platzes, links von uns, liegen das Ambassador und das Gate Theatre. Letzteres wurde 1928 von dem Schauspieler- und Impresariopaar Micheál MacLiammóir (1899-1978) und Hilton Edwards (1903-1982) gegründet und bringt auch heute noch Stücke von Autoren wie Wilde, Shaw, Johnston, Beckett, Pinter oder Ibsen zur Aufführung, die im ästhetisch konservativeren Abbey keine Heimat fanden. Auf seinen Brettern stand unter anderem der sechzehnjährige Orson Welles, bevor er in Hollywood Karriere machte. Am 18. Januar 1922, kurz vor Ausbruch des irischen Bürgerkriegs, besetzte der Schriftsteller Liam O'Flaherty (1896-1984), Mitbegründer der Kommunistischen Partei Irlands, als Vorsitzender eines Arbeitslosensowjets mit zweihundert Kameraden vier Tage lang den Konzertsaal (heute das Ambassador) des von Richard Cassels entworfenen Rotunda-Krankenhauses, der ersten Entbindungsklinik der Welt, und hißte auf dem Dach die rote Fahne – seine politischen Ziele standen quer zu den nationalen Unabhängigkeitsbestrebungen, die der sozialen Frage keine Beachtung schenkten. In demselben Konzertsaal hatte Charles Dickens 1858 und 1867 vor Hunderten von Dublinern aus seinen Werken gelesen. 1778 diente die Rotunde, »der schönste Saal Irlands« (Sir Jonah Barrington), den irischen Freiwilligen als Versammlungsstätte.

Während wir unsere Schritte zum Garden of Remembrance lenken, erblicken wir auf der gegenüberliegenden Straßenseite das rotgeziegelte Geburtshaus von Oliver St. John Gogarty (1878-1957), Nr. 5 Parnell Square East (früher Rutland Square). Hier, mitten unter Grafen und anderen Granden, betrieb sein Vater Henry eine florierende Arztpraxis. Die Gedenkstätte selbst ist den irischen Widerstandskämpfern aller Jahrhunderte geweiht. Hauptstück der Anlage ist die Bronzeskulptur The Children of Lir von Oisín Kelly. Der Sage nach wurden die Kinder König Lears von ihrer bösen Stiefmutter Aoife in Schwäne verwandelt und mußten dreimal dreihundert Jahre auf Gewässern zubringen (Lough Derravaragh, Strait of Moyle und Atlantik), ehe sie wieder Menschengestalt erlangten. Die Zahl symbolisiert zugleich die annähernd neun Jahrhunderte irischer Unterdrückung durch England und das Schicksal der Iren in der Verbannung.

Auf der Nordseite des Platzes steht das 1991 eröffnete Dublin Writers Museum, lange Zeit das einzige Literaturmuseum der Innenstadt. Die elegant restaurierten Räumlichkeiten des 1769 vollendeten georgianischen Gebäudes 18 Parnell Square, die an ein rühriges Haus für Gegenwartsliteratur, das Irish Writers' Centre, grenzen, beherbergen eine Dauerausstellung zum reichen literarischen Fundus der Stadt und der Insel insgesamt. In den Vitrinen finden sich Memorabilien wie Schreibmaschinen, Brillengestelle und Mitgliedsausweise sowie Büsten, Porträts, Fotos, Briefe, Manuskripte und Erstausgaben mehrerer Generationen von Schriftstellern, die auf zweiunddreißig Texttafeln in einen literaturgeschichtlichen Kontext eingeordnet werden. Daneben werden Sonderausstellungen, Vorträge, Lesungen und andere Veranstaltungen geboten. Der komplizierten Beziehung Samuel Becketts zu seinem Herkunftsland ist eine eigene Ausstellung gewidmet. Architektonisch besonders sehenswert ist der prunkvolle Salon des Hauses im ersten Stock mit Lüstern, Kolonnade, Stukkaturen, goldenem Fries und bemalten Türpaneelen in ornamentalem Art-Nouveau-Stil.

Nachdem wir uns ausgiebig umgeschaut haben (auch die Hugh Lane Municipal Gallery of Modern Art wenige Häuser weiter ist einen Besuch wert), begeben wir uns die North Frederick Street hinauf, nicht ohne einen Blick auf Nr. 2 Great Denmark Street geworfen zu haben, wo der dreizehnjährige Charles Lever (1896-1872), Autor Dutzender vergessener Romane, fechten und tanzen lernte. An der Ecke zur Hardwicke Street (in dem inzwischen abgerissenen Haus Nr. 29 lebte Anfang 1893 die Familie Joyce) steht das Waverly House (Nr. 4), von dem es in Joyces Erzählung »Die Pension« heißt: »Alle Fenster der Pension waren offen, und die Spitzengardinen bauschten sich unter den hochgeschobenen Fensterrahmen sanft zur Straße hin. Vom Glockenturm der George's Church kam ununterbrochenes Geläute, und die Kirchgänger überquerten einzeln oder in Gruppen den kleinen runden Platz vor der Kirche. Sie ließen ihr Vorhaben sowohl durch ihr reserviertes Gebaren wie durch die Büchlein in ihren behandschuhten Händen erkennen. In der Pension war das Frühstück vorüber, und der Tisch des Frühstückszimmers stand voller Teller mit gelben Spuren von Ei und mit Stückchen vom Schinkenfett oder Speckschwarte darauf.«

Wir queren die nächste Parallelstraße zur Hardwicke Street, die Dorset Street, und pilgern zur Blessington Street 59, in der die Schriftstellerin Iris Murdoch (1919-1999) geboren wurde, bevor sie im zarten Alter von einem Jahr nach London verpflanzt wurde. In diesem Haus, von Murdoch als düster und modrig empfunden, mit einer »Atmosphäre von der Farbe starken Tees«, war schon ihre Mutter Irene Richardson aufgewachsen. In *The Red and the Green* gibt die Autorin folgende Beschreibung: »Das Haus der Dumays stand am oberen Ende der Blessington Street, einer breiten trüben, schmutzigen Straße genau nördlich der Säule, die den Hügel hinaufkroch und am Geländer eines melancholischen kleinen Parks endete. Unter dem blassen, hellen Himmel verbreitete sie eine eigene stille Atmosphäre des Verfalls, eine Straße, die nirgendwohin führte, stets voll streunender Hunde und offener Haustüren. In ihrer Anlage jedoch ähnelte sie stark den anderen großen georgianischen Verkehrsadern Dublins, mit ihrer stattlichen fortlaufenden Fassade düsterer, geschwärzter roter Ziegelsteine, die das ewig regnerische Licht eher aufzusaugen schienen, als daß sie von ihm geoffenbart wurden. [...]

Indessen war die Straße von einem Geist belebt, der über solche Dinge erhaben war, und am Abend, wenn der Laternenanzünder seine Runden drehte, oder an gewissen Regentagen, wenn die Sonne durch die Wolken schien und alles so scharf umriß wie auf einem Druck, sah die Straße wunderschön aus – jene ausgeprägt traurige, resignierte, geordnete Schönheit Dublins. Jene rechtwinkligen, klippengleichen, geschwärzten Dubliner Straßen, die sich endlos dehnten, gaben noch immer eine ungefähre Vorstellung von Vollkommenheit, selbst wenn die Reihenhäuser mitunter wie Warenlager wirkten, ja zu Warenlagern geworden waren oder in den ärmeren Straßen statt Fenstern und Türen klaffende Lücken aufwiesen. Selbst dann schienen sie zu wissen, daß sie noch in ihrem verdüsterten Zustand die schönsten Wohnhäuser repräsentierten, ja waren, die sich die Menschheit je ausgedacht hatte.«

Bei ihren Besuchen in Irland – »dämonische Insel, so reizend und so verrückt« – muß die Autorin das irische Ambiente aufgesogen haben wie die Ziegelsteine das Licht. Noch als die fast Achtzigjährige unter der Alzheimerschen Krankheit litt, gab sie des öfteren auf die selbstgestellte Frage »Wer bin ich?« die entwaffnende Antwort: »Jedenfalls bin ich Irin, das ist doch ein Anfang.«

Wir kehren um und biegen links in die Lower Dorset Street. Wieder sehen wir uns damit konfrontiert, daß das von uns gesuchte Geburtshaus eines bedeutenden Dubliner Schriftstellers, Nr. 85, nicht mehr steht. An der Filiale der Bank of Ireland erinnert nur noch eine Gedenktafel an den Arbeiterdichter Sean O'Casey, der hier zur Welt kam.

Der kleine Junge, mit Taufnamen John Casey, war der dreizehnte Sprößling (»das letzte Tröpfken«) eines verarmten protestantischen Angestellten, der mit Frau und fünf überlebenden Kindern in einer der viktorianischen Mietskasernen Nord-Dublins hauste, zu denen die Prachtbauten des begüterten Adels im 19. Jahrhundert verkommen waren. Wo einst ein vornehmes Geschlecht residiert hatte, darin waren jetzt oft bis zu dreißig Familien eingepfercht. Fast alle dieser Elendsquartiere sind inzwischen abgerissen. Die von den Ärmsten der Armen bewohnten Slumviertel waren Schauplatz der vielgespielten Abbey-Trilogie von Tragikomödien, mit der O'Caseys Dubliner Theaterlaufbahn begann und mit der sie auch endete: *Der Schatten eines Rebellen* (1923), *Juno und der Pfau* (1924) und *Der Pflug und die Sterne* (1926).

Aufgrund einer schmerzhaften Granulose der Bindehaut ging O'Casey nur unregelmäßig zur Schule (St. Mary's Infants School, ein georgianischer Bau mit prächtigen Stukkaturen in 20 Lower Dominick Street, ist heute Hauptquartier der National Youth Federation) und war zum größten Teil Autodidakt. So lernte O'Casey, der in seinen Stücken mit furiosem Wortwitz glänzen sollte, auch erst mit dreizehn Jahren lesen, war dann aber ein um so besessenerer Büchernarr. Von 1894 bis 1926, also noch weit über seine ersten Anfänge als Bühnenautor hinaus, war er in den verschiedensten Branchen als Hilfsarbeiter tätig.

Zwar empfing er entscheidende Impulse für sein späteres Schaffen auch von der Gälischen Liga und der Irish Republican Brotherhood, doch besonders stark beeindruckte ihn der Arbeiterführer Jim Larkin, in dessen Transportarbeitergewerkschaft ITGWU er 1911 eintrat und dessen irische Spielart von Sozialismus er übernahm (»das Himmelreich in der Natur Jedermanns«). 1914 wurde er Erster Sekretär der von dem Marxisten James Connolly gegründeten Irish Citizen Army. Im Rahmen seines politischen und gewerkschaftlichen Engagements brachte er seine ersten Artikel, Pamphlete und Sketche zu Papier. Am Osteraufstand und am Unabhängigkeitskrieg, mit deren kritischer Durchleuchtung er die Nationalisten gegen sich aufbrachte, beteiligte er sich hingegen nicht, und seine kritische Geschichte der Bürgerwehr rief Unwillen hervor. Der katholische Republikanismus Pearsescher Prägung war dem überzeugten Sozialisten zu mystisch und zu religiös, der Nationalismus der Umstürzler beruhte für ihn auf ideellen Abstraktionen und rhetorischen Kunstgriffen, statt in der politischen Realität der materiellen Bedürfnisse des Volkes zu wurzeln. So mögen zwar in seinen Stücken hinter der Bühne bewaffnete Kämpfe toben, doch am Leben der unterdrückten Slumbewohner selbst ändert sich nichts.

Protegiert von W. B. Yeats und Lady Gregory, fand der bibelfeste O'Casey in seinen »drei flammenden Meisterwerken« zu einer eigenen, aus Dubliner Slang und Bibelzitaten bestehenden farbigen Bühnensprache, die der pragmatischen Lebensauffassung Dubliner Arbeiter und Arbeiterinnen ebenso Ausdruck verlieh wie der umwerfenden Vulgarität ihrer Umgangsformen. Hier finden wir die für O'Casey typische Charakterzeichnung und Figurenkonstellation: zwischen Tücke und Rührseligkeit schwankende männliche Maulhelden, Tagträumer und Müßiggänger neben resoluten, tapfer leidenden, stoischen Frauengestalten aus dem einfachen Volk.

Fanden die beiden ersten Stücke trotz der ironischen Behandlung liebgewordener politischer Positionen beim Publikum noch begeisterte Aufnahme, so kam es bei der Uraufführung des satirischen Dramas *Der Pflug und die Sterne* zum Eklat; Dublin erlebte seinen dritten großen

Theaterskandal. Eine revolutionäre Fahne im Wirtshaus und der Auftritt einer Prostituierten entfachten einen Sturm der Entrüstung. Am 8. Februar 1926, dem vierten Spielabend, brachen Krawalle aus. Nationalistischer Stolz und katholische Prüderie verbanden sich in der feindseligen Abwehr des »Gassenkinds aus den Slums«. Wie schon einmal im Jahr 1907 mußte Yeats zur Verteidigung eines Hausautors vor den Vorhang treten: »Wieder habt ihr Schande über euch gebracht! Soll das die immer wiederkehrende Feier zur Ankunft eines irischen Genius sein? Erst Synge, dann O'Casey? Die Nachricht von den Vorfällen der letzten paar Minuten wird von Land zu Land eilen. Erneut hat Dublin an der Wiege eines Genies gestanden. Von einer solchen Szene in diesem Theater ist Synges Ruhm ausgegangen. Ebenso wurde heute der Ruhm O'Caseys hier geboren. Dies ist seine Apotheose.«

Nach den heftigen Protesten gegen sein drittes Bühnenstück verblieb der Autor, der sich im März 1926 zur Entgegennahme des Hawthornden-Preises in London aufhielt, im selbstgewählten Exil. In seinem siebenundvierzigsten Lebensjahr heiratete er dort die irische Schauspielerin Eileen Carey. War er in der Emigration von seiner Heimat nunmehr abgeschnitten, so gelang ihm doch zugleich der Schritt von der melodramatischen »Küchenkomödie« zum revolutionären poetischen Drama, von der naturalistischen Gestaltungsweise zum modernen, experimentellen Theater.

1938 zogen die O'Caseys nach Totnes (Devon), 1954 nach Torquay, wo der Vierundachtzigjährige »mit dem bunten Käppi« (vgl. den Titel des Essaybandes *Under a Coloured Cap*, 1963) einem Herzinfarkt erlag. Seine Asche wurde im Garden of Remembrance im Golders Green Crematorium von Finchley, London, verstreut. Was bleibt, sind die drei Evergreens des aufsässigen Stückeschreibers.

Das irische Bürgertum, das sich längst selber vom national-revolutionären Impetus abgewendet hat, kann O'Caseys Absage an die Anfänge des Staates inzwischen goutieren, nicht hingegen die Dramen des Sozialisten und Kommunisten O'Casey, der sein antifaschistisches Agitationsstück *Der Stern wird rot* (1940) »den Männern und Frauen, die im Jahr Neunzehnhundertdreizehn den großen Dubliner Ausstand durchfochten«, widmete.

Über die North Temple Street gelangen wir zur Great Denmark Street, wo wir auf das 1786 erbaute Belvedere House stoßen. Hier gingen nicht nur die später hingerichteten Dichter-Rebellen Donagh MacDonagh (1878-1916) und Joseph Plunkett (1887-1916) zur Schule, sondern auch der Lyriker Austin Clarke (1896-1974), der sich in seinen Versen ebensosehr mit Dublin identifizierte, wie James Joyce es in seiner Prosa tat. Berühmtester Zögling des Jesuiten-Colleges ist zweifellos Joyce selbst, der von 1893 bis 1898 hier eingeschrieben war und die berühmte »Höllenfeuer«-Predigt seines Stephen Dedalus über sich ergehen lassen mußte. Sein Biograph Richard Ellmann schreibt: »Belvedere College ist eines der schönsten Bauwerke Dublins aus dem 18. Jahrhundert. Seine Säle waren von Michael Stapleton mit Wandbildern geschmückt und nach Venus, Diana und Apollo benannt worden, Gottheiten, die nun zwar verdrängt, aber mit Ausnahme der Venus nicht übermalt wurden, als die Jesuiten das Haus 1841 kauften.«

Die North Great Georges Street, die vor dem College nach Süden abzweigt, hält wieder einige Gedenktafeln für uns bereit. In Nr. 2 wohnte John Dillon (1851-1927), der einflußreichste nationalistische Politiker zwischen Charles Stewart Parnell und Éamon de Valera, in Nr. 38 Sir John Pentland Mahaffy (1839-1919), Lehrer Oscar Wildes und Oliver St. John Gogartys am Trinity College Dublin. In

Nr. 20 verbrachte der aus Nordirland stammende Dichter und Folklorist Sir Samuel Ferguson (1810-1886) die Hälfte seines Lebens; hier gab er seine unter anderem von Lady Morgan, Joseph Sheridan Le Fanu und Charles Lever frequentierten literarischen Soireen. Und auf der anderen Straßenseite befindet sich das 1994 eröffnete James Joyce Cultural Centre, das zu einer Besichtigung seiner Säle und zu Vorträgen einlädt. In jüngerer Zeit wohnte in dieser Straße auch die Schriftstellerin Anne Enright (geb. 1962), die mit ihrem Roman *So Fern Engel Sehen* (1995) für Furore sorgte.

Wir bewegen uns die Marlborough Street hinunter (zur Rechten erhebt sich die katholische Pro-Cathedral, vgl. 4. Spaziergang), bis wir zur Lower Abbey Street kommen. Auch wenn es sich bei dem heutigen Abbey Theatre in der Marlborough Street nicht um den ehrwürdigen Originalbau handelt – der fiel 1951 einer von Austin Clarke in mehreren Gedichten festgehaltenen Feuersbrunst zum Opfer –, auch wenn nur noch selten aufregende Inszenierungen geboten werden, sollte man sich einen abendlichen Besuch des 1966 neu eingeweihten Theaters nicht entgehen lassen – man vergegenwärtige sich nur die lange Reihe illustrer Persönlichkeiten, die hier als Autoren, Direktoren und Schauspieler Karriere gemacht haben: die Brüder Fay, Yeats, Lady Gregory, Synge, Máire O'Neill, F. R. Higgins. Vielleicht wird ja gerade auch ein Stück von Sean O'Casey gegeben. Im Jahre 2004 konnte das Abbey Theatre seinen 100. Geburtstag feiern. Wenige Schritte nur noch – und wir sind wieder an der Liffey angelangt.

Achter Spaziergang
Nordöstlich von Dublin

»[...] die Sonne die scheint für dich allein hat er damals gesagt an dem Tag wo wir unter den Rhododendren lagen oben auf dem Howth in dem grauen Tweedanzug und mit dem Strohhut an dem Tag wo ich ihn so weit kriegte daß er mir den Antrag gemacht hat ja zuerst hab ich ihm ein bißchen von dem Mohnkuchen aus meinem Mund gegeben und es war Schaltjahr wie jetzt ja vor 16 Jahren mein Gott nach dem langen Kuß ist mir fast die Luft ausgegangen ja er sagte ich wäre eine Blume des Berges ja das sind wir alle Blumen ein Frauenkörper ja da hat er wirklich mal was Wahres gesagt in seinem Leben und die Sonne die scheint für dich allein heute ja deswegen hab ich ihn auch gemocht weil ich gesehn hab er versteht oder kann nachfühlen was eine Frau ist und ich hab auch gewußt ich kann ihn immer um den Finger wickeln und da hab ich ihm die ganze Lust gegeben die ich konnte und hab ihn so weit gebracht daß er mich gebeten hat ja zu sagen und zuerst hab ich gar keine Antwort gegeben hab bloß so rausgeschaut aufs Meer und über den Himmel ich mußte an so viele Sachen denken von denen er gar nichts wußte Mulvey und Mr Stanhope und Hester und Vater und der alte Captain Groves und die Matrosen die alle Vögel fliegen hoch [...] und Ronda mit den alten Fenstern der posadas hinterm Gitter zweier Augen Glanz für ihren Liebhaber daß er das Eisen küßt und die Weinhandlungen die immer halb offen hatten nachts und die Kastagnetten und an dem Abend wo wir das Fährschiff in Algeciras verpaßt hatten der Wächter wie er so heiter und alles in Ordnung herumging mit seiner Laterne und oh der reißend tiefe

Strom oh und das Meer das Meer glührot manchmal wie Feuer und die herrlichen Sonnenuntergänge und die Feigenbäume in den Alamedagärten ja und die ganzen komischen kleinen Straßen und Gäßchen und rosa und blauen und gelben Häuser und die Rosengärten und der Jasmin und die Geranien und Kaktusse und Gibraltar als kleines Mädchen wo ich eine Blume des Berges war ja wie ich mir die Rose ins Haar gesteckt hab wie die andalusischen Mädchen immer machten oder soll ich eine rote tragen ja und wie er mich geküßt hat unter der maurischen Mauer und ich hab gedacht na schön er so gut wie jeder andere und hab ihn mit den Augen gebeten er soll doch nochmal fragen ja und dann hat er mich gefragt ob ich will ja sag ja meine Bergblume und ich hab ihm zuerst die Arme um den Hals gelegt und ihn zu mir niedergezogen daß er meine Brüste fühlen konnte wie sie dufteten ja und das Herz ging ihm wie verrückt und ich hab ja gesagt ja ich will Ja.«

So, mit einem vielfach hervorgepreßten lebens-, liebe- und ehebejahenden Stoßseufzer, vermutlich eine Wiederaufnahme des Ein-Wort-Telegramms »*Si*« von Nora Barnacle an James Joyce, klingt die träumerische Soliloquie Molly Blooms aus und schließt zugleich jene Welttagsepopöe *Ulysses* ab, die am anderen Ende der Dubliner Bucht begonnen hatte. Wo also endet sie? Auf dem Hügel von Howth (altnordisch *hoved*, ›Kopf‹), der zweiten Schildwache vor der Einfahrt zur Dubliner Bucht. Howth gehört zum Territorium von Dublin, ist jedoch weit außerhalb gelegen und mit der Stadt nur über einen schmalen Isthmus verbunden. Der gleiche DART, der im Süden bis nach Greystones fährt, befördert uns auch nach Howth, einem mit Heide und Stechginster bewachsenen Vorgebirge aus 500 Millionen Jahre altem Quarzit, das weit in die Irische See hinausragt.

Auf seiner Weltkarte aus dem Jahre 140 erwähnt der alexandrinische Naturforscher Ptolemäus die Halbinsel unter dem altgriechischen Namen Edrou Heremos (lateinisch Edri Deserta, ›Einöde des Edros‹), gibt sie allerdings als Insel aus. In seiner *Natural History of Ireland* (1652) erwähnt Gerard Boate Howths Ähnlichkeit mit einer Insel: »Hoath [sic!] ein großer, hoher Berg, am Fuße von drei oder vier Meilen Umfang und zu allen Seiten von Meer umgeben außer an der Westseite, wo er über einem schmalen, länglichen Hals mit dem Land verbunden ist, über welchen Hals, da er flach ist, man von beiden Seiten das Meer sehen kann; so daß es von weitem den Anschein hat, als wäre er eine Insel. Auf See ist dieser Kopf schon aus weiter Entfernung zu sehen, denn selbst vom Land aus kann man ihn sehr gut erkennen, nicht nur von der Sandbank von Dublin, die sechs Meilen entfernt ist, sondern noch neun oder zehn Meilen weiter westlich.«

Hier nun die nämliche Szene aus der Perspektive des längst gehörnten Ehemannes Leopold Bloom: »Versteckt unter wilden Farnen auf dem Howth. Unter uns die Bucht, schlafend, der Himmel. Kein Laut. Der Himmel. Die Bucht wie aus Purpur am Lion's Head. Grün bei Drumleck. Gelbgrün gegen Sutton. Unterseeische Gründe, die Umrisse schwachbraun in Gras, versunkene Städte. Auf meinen Rock gebettet hatte sie ihr Haar, Ohrwürmer im Heidekraut, meine Hand unter ihrem Nacken, du bringst mich noch ganz durcheinander. O Wunder! Kühlweich von Salben berührte mich ihre Hand, liebkoste: ihr Blick war auf mir, wandte sich nicht ab. Entzückt lag ich über ihr, volle Lippen voll offen, küßte ihren Mund. Njmm. Sanft gab sie mir in den Mund den Mohnkuchen, warm und gekaut. Widerlichen Brei, gemummelt von ihr, süß und sauer von Speichel. Freude: ich aß ihn: Freude. Junges Leben, ihre Lippen, die es mir gaben, spitzten sich schwellend. Weich, warm, klebrige gummigallertige Lippen. Blumen warn ihre Augen, nimm mich, willige Augen. Kiesel fielen. Sie lag ganz still. Eine Ziege. Niemand. Hoch auf dem Ben Howth Rhododendren, ein Zicklein, lief sicherfüßig dahin, ließ Köttelchen fallen. Beschirmt unter Farnen lachte sie, warmumarmt. Wild lag ich auf ihr, küßte sie: Augen, ihre Lippen, ihren gestreckten Nacken, das Pulsen, Frauenbrüste voll in ihrer Bluse aus Nonnenschleier, pralle hartaufgerichtete Nippel. Heiß zungte ich sie. Sie küßte mich wieder. Ich wurde geküßt. Ganz hingegeben wuschelte sie mein Haar. Geküßt, küßte sie mich. Mich. Und ich jetzt.«

Leopold Blooms Erinnerung an jenen denkwürdigen Maitag im Jahre 1888, als er der kapriziösen »Blume des Berges« einen Heiratsantrag machte, geht mit einem wehmütigen ›Und schaut mich jetzt an‹ zu Ende. Auf irisch trägt Howth den Namen Binn Éadair (›Edars Gipfel‹), und dies ist die Bezeichnung, unter der Howth in einem der frühesten Gedichte in der Geschichte der irischen Literatur, der ältesten nachklassischen Literatur Europas, figuriert. Nach der blutigen ›Schlacht der Bücher‹, die nach der unrechtmäßigen Abschrift eines Psalters entbrannte, sollte der aus Donegal gebürtige heilige Colm Cille (›Taube der Kirche‹, 521-597) 561 von einer Synode in Tailtiu exkommuniziert werden. Dieser Kirchenstrafe entging er zwar, mußte jedoch ins schottische Exil auf Iona ausweichen, von wo aus er die heidnischen Pikten missionierte (daher sein Beiname ›Apostel der Schotten‹). Columba, so der lateinische Name des Fürstensohnes Crimhthann, zog sich, bereits von Heimweh erfüllt, noch einmal in die Moor- und Klippenlandschaft von Binn Éadair zurück, bevor er, christusgleich, mit zwölf Gefährten von Derry aus in die Verbannung aufbrach:

Delightful to be on Ben Edar
Before going o'er the white sea
Delightful the dashing of the wave against its face
The bareness of its shore and border.

Weshalb war Colm Cille nicht von Howth aus in See gestochen? Der Sage nach lag in Ben Edar stets ein Schiff zur Abfahrt in die Anderwelt bereit: »Mein Rat lautet«, so der Barde Fergus an Fionn mac Cumhaill, den Anführer der Fianna, gewandt, »daß wir uns geradenwegs nach Ben Edar begeben, wo wir ein segelfertiges Schiff vorfinden werden. Denn unsere Vorväter, als sie den begabten, hellhäutigen Dé Dananns das Land entrissen, verpflichteten diese feierlich, als eine der Vergünstigungen von Ben Edar für immer ein solches Schiff bereitzuhalten, ausgerüstet mit allem, was man für eine Seereise benötigt, bis hin zum kleinsten Gegenstand; so daß, falls einer der edlen Söhne unseres Stammvaters irgendwann aus Erin in ferne Länder zu segeln wünschte, er im Hafen ein Schiff zur Hand haben würde, um seine Reise anzutreten.«

Von der Endstation Howth begeben wir uns direkt zum heutigen Hafen, der von 1807 bis 1818 angelegt wurde, jedoch so rasch versandete und verschlammte, daß man, noch während die Bauarbeiten vonstatten gingen, für die Fährverbindung mit Holyhead Ersatz in Kingstown (Dún Laoghaire) schaffen mußte. Am 26. Juli 1914, nur wenige Tage vor Kriegsausbruch, war Howth Schauplatz eines berühmt-berüchtigten Waffenschmuggels. Man stelle sich eine stolze Privatjacht vor, die unter dem Jubel der Zuschauer mit geblähten Segeln in den Hafen einläuft. An Bord der schwerbeladenen *Asgard* befinden sich Gewehre – 900 deutsche Mausergewehre mit 25 000 Schuß Munition. Das Boot gehört dem in London gebürtigen und deshalb

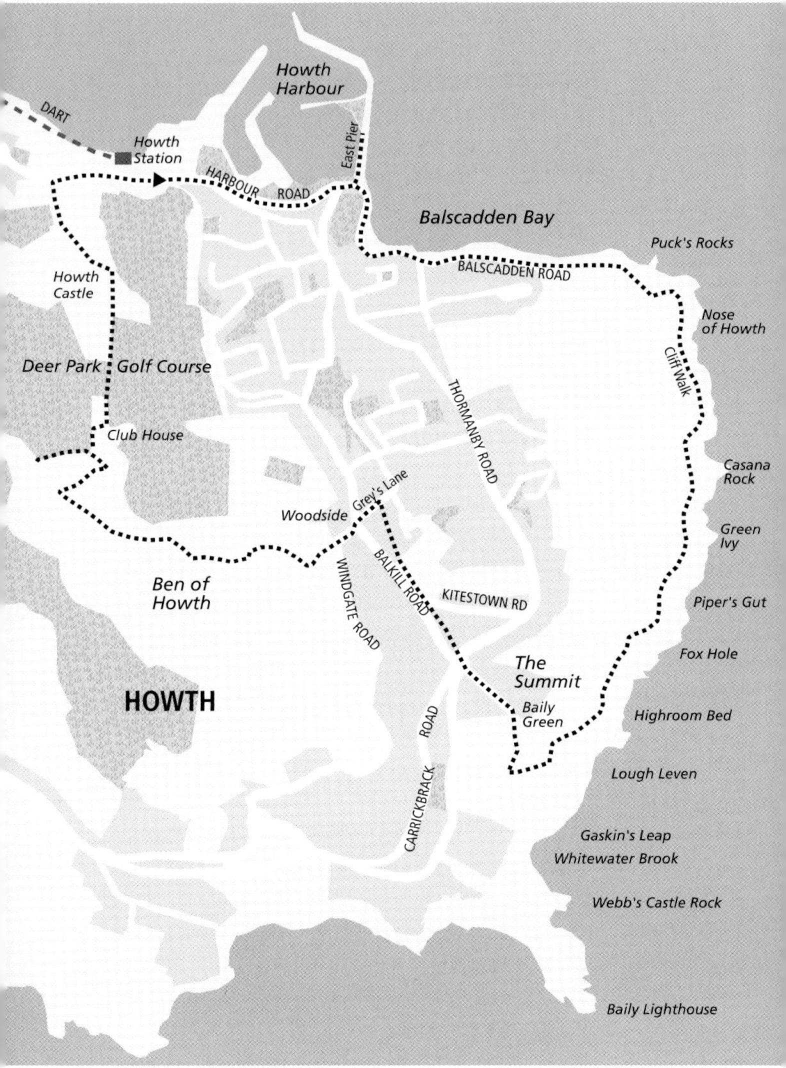
Howth Harbour
DART
Howth Station
East Pier
HARBOUR ROAD
Balscadden Bay
Puck's Rocks
BALSCADDEN ROAD
Howth Castle
Nose of Howth
Cliff Walk
Deer Park
Golf Course
THORMANBY ROAD
Club House
Casana Rock
Grey's Lane
Woodside
Green Ivy
BALKILL ROAD
WINDGATE ROAD
KITESTOWN RD
Piper's Gut
Ben of Howth
Fox Hole
The Summit
HOWTH
Baily Green
Highroom Bed
ROAD
CARRICKBRACK
Lough Leven
Gaskin's Leap
Whitewater Brook
Webb's Castle Rock
Baily Lighthouse

von xenophobischen Republikanern auch oft als »verdammter Engländer« oder gar *agent provocateur* verleumdeten Anglo-Iren Erskine Childers (1870-1922), der sich seit 1908 die irische Sache zu eigen macht, zunächst als ›Home Ruler‹, der mindestens Dominion-Status verlangt (vgl. *The Framework of Home Rule*, 1911), später als kompromißloser Republikaner, dem derselbe Dominion-Status längst nicht mehr genügt: »Niemand stirbt für Home Rule. Das, wofür Männer sterben, heißt Freiheit, und diese ist nichts, was mit Phrasen verhüllt oder von der Einbildung zurechtgeschnitzt werden kann.« Oder präziser und hellsichtiger: »Eine Revolution, die auf dem Aufstand von 1916 basiert, ist unausweichlich und notwendig.«

Mit der von Sir Roger Casement angeregten Aktion soll ein Gegengewicht zu der ebenfalls mit deutscher Hilfe erfolgten Bewaffnung der loyalistischen Ulster Volunteer Force von Edward Carson geschaffen werden, die sich jeglichen Selbstverwaltungsplänen bis zur Aufkündigung ihrer vermeintlichen Loyalität entgegenstemmen. Die nationalistischen Freiwilligen erhalten jeder ein Gewehr und verstauen den Rest in Droschken, daraufhin bewegt sich die Karawane in Richtung Dublin. Sie wird von britischen Soldaten aufgehalten, darf aber, weil die Gewehre nicht scharf geladen sind, weiterziehen; ohnehin hat die Aktion eher symbolischen Charakter. Am Liffey-Ufer werden die Soldaten mit Steinen, Büchsen und Flaschen beworfen und feuern Salven in die Menschenmenge – drei Tote, achtunddreißig Verletzte.

Der enigmatische Childers ist, auch wenn er sich in der Hauptsache als Politiker, Militärhistoriker und -theoretiker betätigte, vor allem für seinen spannenden Thriller *Das Rätsel der Sandbank. Ein Bericht des Geheimdienstes* (1903) bekannt, in dem er hellsichtig den kommenden

Weltkrieg vorwegnahm. Die Ich-Erzählung von den Abenteuern des Beamten Carruthers auf der Jacht Dulcibella ist der erste moderne Spionageroman der Literaturgeschichte und kann sich durchaus mit den Hervorbringungen eines John Buchan oder Eric Ambler messen.

Mit dem fiktiven Bericht von einer bevorstehenden deutschen Invasion Großbritanniens wollte Childers auf den von Staatssekretär Alfred von Tirpitz betriebenen Ausbau der kaiserlichen Kriegsmarine sowie das Wettringen und -rüsten der Seemächte England und Deutschland aufmerksam machen. Das Anschauungsmaterial für seinen geographisch detaillierten Roman konnte der erfahrene Segler auf seinen häufigen Fahrten im Ärmelkanal und in der Nord- und Ostsee sammeln, die er in den Semesterferien des Trinity College Dublin unternahm, bevor er sein Studium 1893 mit dem B.A. beendete. Childers politische und militärische Laufbahn bezeugt, daß er zu den imperialistischen Mächten ein zwiespältiges und widersprüchliches Verhältnis hatte: 1895-1910 war er als Schreiber im britischen Unterhaus tätig; im Burenkrieg kämpfte er, obwohl die Sympathien vieler Iren den holländischen Siedlern gehörten, auf britischer Seite; 1914 bis 1918 arbeitete er als hochrangiger und hochdekorierter Offizier im Geheimdienst der britischen Marine gegen die nämlichen Deutschen, von denen er seine Waffen bezogen hatte.

1917 hingegen hatte er die Leitung des Sekretariats der Irish Convention inne und nahm 1919 als Mitglied von Sinn Féin zusammen mit Arthur Griffith an der Versailler Friedenskonferenz teil, um den Siegermächten das irische Anliegen vorzutragen. In der revolutionären Gegenregierung 1919 bis 1921 war er für die Öffentlichkeitsarbeit verantwortlich und gab zusammen mit Frank Gallagher das republikanische Organ *Poblacht na h-Éireann* heraus. Bei den Londoner Waffenstillstandsverhandlungen 1921 in der Position eines Chefsekretärs der irischen Delegation, mußte er erleben, wie seine Kollegen Arthur Griffith, Michael Collins, Eamon Duggan, George Gavan Duffy und Robert Barton die von Großbritannien unter Androhung »sofortigen, schrecklichen Krieges« aufgezwungenen Bedingungen unterzeichneten. Er selbst votierte gegen den Vertrag, der Irland zum Freistaat mit begrenzter Souveränität, britischen Militärstützpunkten, britischer Staatsbürgerschaft, britischem Generalgouverneur, britischem Treueeid erklärte und Ulster vom Rest der Insel abtrennte – daß die weiblichen Dáil-Abgeordneten ebenfalls geschlossen gegen den Vertrag stimmten, trug ihnen gemeinsam den Spottnamen ›the Women and Childers Party‹ ein. Während des erbittert geführten Bürgerkriegs schlug er sich folgerichtig auf die Seite der republikanischen Freischärler.

Am 10. November 1922 wurde Childers wegen illegalen Waffenbesitzes verhaftet (in seinem Haus fand sich eine Pistole, die sein ehemaliger Mitstreiter Michael Collins ihm zum Geschenk gemacht hatte), von einem Kriegsgericht des Freistaats zum Tode verurteilt und am 24. November, noch während sein Berufungsantrag geprüft wurde, in der Militärkaserne Portobello Barracks von einem Exekutionskommando standrechtlich erschossen. Éamon de Valeras Sekretärin notierte in ihr Tagebuch: »Childers hingerichtet. O Gott! Wie können wir jemals wieder unsere Häupter erheben. Oh, die Schande, erschossen von Iren. Der arme Childers, der sich im Dienst an Irland aufgerieben hat.« Ironischerweise wurde der Sohn des Mannes, mit dem seine ehemaligen Kameraden kurzen Prozeß gemacht hatten, Erskine Hamilton Childers (1905-1974), gegen Ende seines Lebens kurzfristig vierter Präsident der Republik Irland (1973-1974).

Rund vier Jahrhunderte vor Childers war der mit Sir Philip Sydney und Sir Walter Raleigh befreundete elisabethanische Dichter Edmund Spenser (1552-1599), Befürworter und Nutznießer der britischen Kolonialherrschaft, in Howth an Land gegangen. In Irland, wo er als Angehöriger der Kolonialverwaltung von der gewaltsamen Landnahme der Besatzungsarmee profitierte, wegen der »wylde Irishe«, die sich seinem Ideal der »sweet civilitie« nicht fügen wollten, allerdings nie heimisch wurde, verfaßte er sein Hauptwerk, das großangelegte arturische Versepos *The Faerie Queene* (1590-1596). Die eigenwillige Strophenform der Dichtung ist als »Spenserstrophe« in die Literaturgeschichte eingegangen. Drei Jahre nach Beendigung des ambitionierten Werkes wurde Spensers Familiensitz Kilcolman Castle in Doneraile, Co. Cork, von denselben ›wilden Iren‹, die er enteignet hatte, in Brand gesteckt.

Zwei Kilometer nördlich von Howth liegt die malerische kleine Felseninsel Ireland's Eye. Der Name ist eine Verballhornung der altnordischen Endung *ø* (›Insel‹), nach der irischen Bezeichnung Inis Éireann (›Insel Érius‹, neben Banba und Fódla einer der drei göttlichen Verkörperungen Irlands). Im 7. Jahrhundert errichteten drei Brüder hier die Einsiedelei Kilmacnessan (›Kirche der Söhne Nessans‹, eines Prinzen des Königshauses von Leinster), die jedoch 1235, nach Überfällen durch Piraten und Wikinger, aufgegeben werden mußte. Unter dem lateinischen Namen Insula Filiorum Nessani fand die Insel 1179 in einer Bulle von Papst Alexander III. an den Dubliner Erzbischof St. Laurence O'Toole Erwähnung. Hier entstand *The Garland of Howth*, ein illuminiertes Evangeliar aus dem 9. Jahrhundert, das heute in der Trinity College Library aufbewahrt wird.

Vom Hafengelände aus bewegen wir uns in östlicher

Richtung die Balscadden Road entlang. Auf der linken Seite liegt ein langgestrecktes weißes Cottage mit Blick über die Balscadden Bay auf die Vogelschutzgebiete Ireland's Eye und Lambay. Die Gedenktafel informiert uns, daß hier von 1880 bis 1883 der bedeutendste Lyriker Irlands, William Butler Yeats (1865-1939), wohnte. Die Tafel hält zwei seiner berühmtesten Verszeilen fest, aus dem Gedicht »He Wishes of the Cloths of Heaven«: »I have spread my dreams under your feet; / Tread softly because you tread on my dreams.«

In Wahrheit hatte sein Vater, der Maler John Butler Yeats, Balscadden House nur für ein Jahr angemietet. Von Howth aus fuhren Vater und Sohn täglich in die Stadt, John in sein Atelier, William zur Schule in der Harcourt Street. In seinen *Autobiographien* (1955) schildert Yeats das gefährdete Idyll: »Unser erstes Haus, das wir ungefähr ein Jahr lang bewohnten, stand hoch oben auf einer Klippe, so daß bei stürmischem Wetter die Gischt in der Nacht mein Bett durchnäßte, denn ich hatte die Scheibe samt Rahmen und allem aus dem Fenster genommen. Meine literarische Passion für frische Luft hielt ein paar Jahre an. Dann hatten wir für ein weiteres Jahr oder zwei ein Haus mit Blick auf den Hafen, wo das Aus- und Einlaufen der Fischereiflotte die einzige große Sehenswürdigkeit war.«

In das Haus am Hafen, Island View in der Harbour Road, war die Familie der Mutter zuliebe umgezogen, da sie »den Betrieb in einem Fischerdorf« liebte. Howth ist heute noch einer der fünf wichtigsten Fischereihäfen Irlands. Am Westpier kann man den Netzeflickern bei der Arbeit zuschauen; hier befinden sich die Fischereibedarfsläden und zahlreiche Fischgeschäfte. Yeats selbst bevorzugte einsame nächtliche Spaziergänge auf dem Klippenpfad und die Verstecke, die dieser bot: »Ein Hirte hatte mir etwa hundertfünfzig Fuß unterhalb des Klippenpfads und zweihundert Fuß über dem Meer eine Höhle gezeigt [...] Hier bewahrte ich eine Büchse Kakao und etwas Gebäck auf, und anstatt zu Bett zu gehen, schlüpfte ich in warmen Nächten unter dem Vorwand, daß ich Nachtfalter fing, hinaus und schlief in der Höhle [...] Andere Male schlief ich zwischen Rhododendren und Felsen im verwilderten Teil der Anlagen der Burg von Howth.«

In diesen traf Yeats sich mit der beharrlich von ihm umworbenen Maud Gonne (1866-1953), einer radikalen Separatistin, die Teile ihrer Kindheit ebenfalls in Howth verbracht hatte: »Kein Ort ist mir je so lieblich vorgekommen, wie Howth es damals war. Manchmal war die See so blau wie Mamas Türkisringe, von einem noch bemerkenswerteren Blau als selbst das Mittelmeer, da graue Nebel es so oft unsichtbar und geheimnisvoll machten. [...] In die Nähe der Klippen durften wir uns nie allein vorwagen, doch auf der anderen Seite des Hauses, den heidebedeckten Hügel zu Großmutters Hütte hinauf, stand es uns frei, nach Belieben zu wandern und zu spielen. Die Heide dort wuchs so hoch und kräftig, daß wir winzige Verstecke anlegen konnten, wo wir ganz und gar verborgen, ganz und gar warm und vor dem starken Wind geschützt waren, der über den Head of Howth weht. Als ich erwachsen war, habe ich oft die ganze Nacht in dieser freundlichen Heide geschlafen. Sie ist so elastisch wie die feinste Sprungfedermatratze und, wenn man den Ort gut wählt, ebenso behaglich, geschützt und still. Von tief drinnen schaut man in wunderbarer Geborgenheit zu den Sternen auf, schläft ein und wacht erst von dem Ruf der Meeresvögel auf, die ihr Frühstück suchen.«

Für Yeats, den Dichter, war Howth von ebenso entscheidender Bedeutung wie für Yeats, den Liebenden. Ein Dikkicht, in dem er sich verkroch, gab dem jungen Poeten ein ausgefeiltes ästhetisches Programm ein: »Jenes Dickicht verhalf mir zu einer ersten Vorstellung davon, was ein Langgedicht leisten sollte; ich stellte es mir als eine Region vor, in die man sich von den Sorgen des Lebens zurückzog. Die Figuren sollten auch nicht wirklicher sein als die Schatten, die das Dickicht auf Howth bevölkerten. Ihre Aufgabe bestand darin, die Einsamkeit zu lindern, ohne seine Ruhe zu stören.«

Yeats hatte Maud Gonne, die »klassische Verkörperung des Frühlings« und eine treibende Kraft der nationalistischen Bewegung, am 30. Januar 1889 kennengelernt und sich Hals über Kopf in die schöne und energische Frau verliebt. In seinen Augen und nach Ansicht anderer Zeitgenossen besaß die englische Offizierstochter das »Antlitz einer griechischen Statue«, und ihr Leib schien »wie das Meisterwerk langen mühseligen Denkens«. Im Juli 1891 schrieb sie ihm von einem Traum, in dem sie beide, ein Geschwisterpaar, nach Arabien in die Sklaverei verkauft worden seien. Umgehend eilte er in ihr Hotel und trug ihr die Ehe an. Da sie sich innerlich bereits an einen anderen gebunden fühlte, schlug sie seinen Antrag aus, ersuchte ihn jedoch um seine Freundschaft. Gemeinsam fuhren sie nach Howth, wo sie Mauds alte Kinderfrau besuchten und auf den Klippen umherspazierten.

Das sich über Jahrzehnte hinziehende, zwischen unerwiderter Liebe und fragiler Freundschaft schwankende Verhältnis von Yeats zu Maud Gonne geht in seiner historischen Bedeutung über eine folgenlose Romanze zwischen zwei Privatindividuen weit hinaus – zu repräsentativ sind der Dichterfürst und die politische Agitatorin, der ›Celtic Revivalist‹ und die militante Republikanerin, der Schriftsteller und die Oratorin, als daß man über Yeats' »Qualen unerfüllten Werbens« (vier abschlägig beschiedene Heiratsanträge und eine sich in Träumen vollziehende »spirituelle Ehe« ihrer »Astralleiber«) hinweggehen könnte. Im näheren Umfeld Maud Gonnes, ›Irlands Jeanne d'Arc‹, finden wir ihren Ehemann, den nach dem Osteraufstand hingerichteten John MacBride, ihren Sohn, den Friedensnobel- und Leninpreisträger Seán MacBride, den Romancier Francis Stuart *(Der weiße Hase*, 1936), der ihre uneheliche Tochter Iseult heiratete, nachdem auch diese 1917 Yeats' Hand ausgeschlagen hatte, und Brendan Behans Mutter Kathleen, die der Freiheitskämpferin den Haushalt führte.

Yeats und Maud Gonne teilten ihr Interesse am Magischen, Esoterischen und Okkulten, das von Yeats (Spitzname: ›Willie the Spooks‹) zu einer Privatreligion ausgebaut wurde. Aus diesen obskuren Quellen speiste sich, zumindest teilweise, der kulturelle Nationalismus des einen wie der politische Patriotismus der anderen. Ihre letztlich divergierenden Lebenspläne, die Schaffung einer irischen Nationalliteratur beziehungsweise die Gewinnung des unabhängigen Nationalstaats durch die gewaltsame Erhebung, kreuzten sich nur gelegentlich, etwa in dem Drama *Cathleen Ni Houlihan* (1902), das Yeats für Maud Gonne, die Schauspielerin, schrieb. Das Stück, in dem Maud Gonne das um seine Befreiung kämpfende Irland verkörperte (»eine junge Maid, mit dem Gang einer Königin«), fand in der nationalistischen Bewegung einen solchen Widerhall, daß Yeats sich eine gewisse Verantwortung an dem nachfolgenden Geschehen, dem Osteraufstand 1916, zuschrieb.

Begleiten wir den jungen Yeats auf seinem Klippengang. Nach der Nose of Howth mit ihren steilen Felszinnen wenden wir uns, umtost von der Kakophonie der Seevögel, südwärts und folgen der Biegung des Pfades bis zu dem Ab-

Küstenstrich der Halbinsel Howth mit Baily Lighthouse

zweig, der auf den Parkplatz The Summit führt. Würden wir auf das Baily Lighthouse zuhalten, das geradeaus vor uns liegt, und den Klippenpfad auch darüber hinaus begehen, stießen wir auf die Spuren Oscar Wildes: Im Sommer 1874 korrigierte dieser als junger Student in ›Earlscliffe‹, dem Haus seines Tutors und Mentors John Pentland Mahaffy (1839-1919) mit prächtiger Gartenanlage am Ende der Ceanchor Road, die Druckfahnen von *Social Life in Greece from Homer to Menander*, einem von achtzehn Büchern seines Professors zur Geschichte des klassischen Altertums. 1876 schrieb Oscar Wilde an William Ward: »Ich bin jeden Tag bei dem lieben Mahaffy. Er hat hier ein reizendes Haus am Meer, an einem Ort namens Hügel von Howth (einem der sichelförmigen Vorgebirge, die die Bucht von Dublin einschließen), dem einzigen Ort nahe der Stadt mit Feldern gelben Stechginsters und Flächen wilder Myrte, roten Heide- und Farnkrauts.«

Wir steigen rechts den Hang hinauf, auf ein pastellgelbes Cottage zu. Vom Parkplatz gelangt man zu Gaffney's Summit Inn und nimmt anschließend den gegenüberliegenden Tramline Path, jenen Weg, auf dem früher, parallel zur Balkill Road, die Geleise der alten Head of Howth Tramway verliefen. Von 1901 bis 1959 verkehrte hier in einer Schleife von Sutton Station über The Summit bis Howth Station eine Breitspurbahn mit offenem Oberdeck, die letzte in Irland betriebene Straßenbahn. Erst im Jahre 2004 sollte Dublin wieder zwei Trambahnlinien erhalten, das sogenannte *Luas*. An der Grey's Lane biegen wir links ab und laufen ein Stück weit die Windgate Road entlang, bis wir rechts hinter der Hausnummer 18-20 (›Woodside‹) den Pfad erreichen, der uns zu dem Gelände unterhalb des 170 Meter hohen Ben of Howth bringt und damit zu dem von Bloom und Yeats erwähnten zauberhaften

Rhododendrenhain von Howth Castle, einem Gewirr lauschiger Winkel und verwunschener, nicht immer trittfester Pfade. Es gibt hier keinerlei Hinweisschilder, und um nicht die Orientierung zu verlieren, sollte man stets die allgemeine Gehrichtung im Sinn behalten: zum Klubhaus des Golfplatzes Deer Park, dessen weite Grünflächen und Baumbestände man hinter den Gipfeln der hohen Sträucher erspähen kann.

Im Mai und Juni stehen die Rhododendren, die ab 1850 um die Steilhänge des Muck Rock südlich des Schlosses gepflanzt wurden, in voller Blüte, die Azaleen verströmen ihren betäubenden Duft. Die windgeschützte Lage und die Feuchtigkeit der Meeresluft schaffen Bedingungen, die denen des Himalaya ähnlich sind. Von dort wurden um 1900 zahlreiche Exemplare der Spezies *Rhododendron Edgworthi* angepflanzt. In dem 12 Hektar großen Areal finden sich mehr als 2000 verschiedene Rhododendron-Arten, die im Frühsommer in allen erdenklichen Rot-, Lila- und Orangetönen blühen. In einem Leserbrief an die *Irish Times* schrieb ein amerikanischer Besucher 1902: »Es ist das Märchenland der Kindheit, das sich kurz und in aller Schönheit entfaltet. Ich habe fast die ganze Welt bereist, aber nichts gleicht den hängenden Gärten auf Howth an phantastischer und überwältigender Schönheit.« In seinem Roman *Joan and Peter. The Story of an Education* (1918) verlieh auch der englische Schriftsteller H. G. Wells (1866-1946) seiner Bewunderung Ausdruck: »[Sie] gingen weiter, zwischen hohen Hecken gestutzer Buchen hindurch und einen steilen, gewundenen Pfad hinan, unter großen blühenden Rhododendronsträuchern zu dem grauen Felsen und der Heide des Gipfels. Sie standen vor einem der schönsten Ausblicke der Welt. Nach Norden blickten sie über Ireland's Eye und Lambay zu den blauen Mourne

Mountains in weiter Ferne; im Westen lag das satte Grün von Meath, im Süden die weitausgreifende Bucht, die sich an Dublin vorbei bis nach Dalkey hinzog, im Hintergrund weitere blaue Berge, die nach Westen bis zum Sugar Loaf verliefen. Zu ihren Füßen duckte sich das blasse Schloß inmitten seiner üppigen Grünanlagen, und im Osten trug die glatte blaue See ein einziges sonnenbeschienenes Segel.«

Und doch ist Howth weniger ein Ort der Literatur als ein Ort der Mythologie. In einem Waldstück zwischen zwei Teilen des Golfplatzes, zu dem wir jetzt hinunterlaufen, befindet sich ein prähistorischer Dolmen, der den Namen Aideen's Grave trägt. Kurz bevor wir das Klubhaus erreichen, laufen wir am linken Rand des Pitch & Putt entlang und folgen dem Pfeil zum vierten Abschlag (*4th tee*). Schon erblicken wir im Schatten der Bäume das nach Südosten ausgerichtete Großsteinmonument. Ursprünglich ruhte auf acht senkrecht stehenden Tragsteinen ein 75 Tonnen schwerer Felsblock, mit den Maßen 5 × 4,5 × 1,8 Metern der zweitgrößte in Irland; unter der Last der riesigen Deckplatte aus Quarzit ist die mächtige, zweieinhalb Meter hohe Konstruktion vor langer Zeit eingestürzt. Aideen, Tochter des Angus von Ben Edar, starb – so die irische Legende – aus Gram um ihren Gatten Oscar, Sohn Oisíns (Ossian) und Enkel Fionn mac Cumhaills (Finn McCool), der zusammen mit anderen Kriegern seiner Miliz im Jahre 284 in der letzten Schlacht der Fianna bei Gabhra den Tod fand. Oisín bereitete seiner Schwiegertochter eine fürstliche Grablege. Mit seinem 43 Strophen umfassenden Gedicht *The Cromlech on Howth (Aideen's Grave)* hat Sir Samuel Ferguson (1810-1886) der keltischen Sagengestalt ein literarisches Denkmal gesetzt.

1848 hatte der 1810 in Belfast geborene Ferguson die

Protestant Repeal Association gegründet und das Junge Irland unterstützt, dessen unbeholfener Aufstandsversuch in einem Fiasko endete. Nach der Niederlage wandte er sich von der Politik ab und widmete sich der Erforschung der indigenen Literatur und Mythologie – eine kulturelle Strategie der Aneignung vergangener Kulturprodukte als Ansatzpunkt für eine Union von Protestanten und Katholiken, Anglo-Iren und gälischen Iren.

Erste Frucht seiner Bemühungen um eine Wiederentdekkung der vielfach verschütteten irischen Vergangenheit – Sprache, Schrift, Literatur, Annalen, Mythen, Musik, Baudenkmäler – war die Sammlung *Lays of the Western Gael* (1865), in der er die mythischen Gestalten und Begebenheiten künstlerisch ansprechend in eigenen, leicht verständlichen Versen wiederauferstehen ließ und irischsprachige Lieder und Gedichte in ein mitunter etwas gestelzt wirkendes Englisch übersetzte. Mit dem heroischen Versepos *Congal. A Poem in Five Books* (1872) über eine Schlacht des 7. Jahrhunderts führte er seine Versuche fort, es folgten *Poems* (1880) und *The Forging of the Anchor* (1883).

Der Schriftsteller Padraic Colum, der in St. Fintan's Burial Ground begraben liegt (man nehme den Weg vom zweiten, südlichen Tor in Richtung Sportplatz, es ist das viertletzte Grab linkerseits), sagte über Ferguson: »Er hat sich die Mühe gemacht, Irisch zu erlernen, und als er die Worte irischer Folklore passend zu der Musik, zu der sie gesungen wurden, übertrug, schuf er ein Halbdutzend Gedichte, die eine rassische Eigenart besitzen.« Mit dem belasteten Begriff »rassisch« ist hier die kulturelle Besonderheit der Kelten gegenüber den Angelsachsen gemeint, das Nationalbewußtsein eines geknebelten Volkes, das eines Ursprungsmythos bedurfte. Allgemein gilt, daß viele intellektuelle Wortführer der Unabhängigkeitsbewegung von

Patrick Pearse bis Daniel Corkery den historisch gewachsenen nationalen Minderwertigkeitskomplex der Iren mit der Behauptung »rassischer« Superiorität zu kompensieren trachteten und einen objektiv antiimperialistischen Kampf mit chauvinistischer Rhetorik kompromittierten.

Zusammen mit Standish James O'Grady (1846-1928) machte Ferguson mit seiner sachverständigen Sammler- und Kärrnertätigkeit die Irische Literarische Renaissance der nachfolgenden Generation allererst möglich. W. B. Yeats nannte ihn denn auch dankbar, obschon übertreibend, den »größten Dichter, den Irland hervorgebracht hat«, »verzehrt von einem fesselnden Ziel, von dem Ziel, eine irische Schule der Dichtkunst zu schaffen«.

Ferguson liebte Howth: »Ich kenne während der Sommermonate keinen gesünderen oder angenehmeren Ort.« Sein letztes Lebensjahr verbrachte er im ›Strand Lodge‹ in der Claremont Road westlich vom Hafen, wo er auch starb. 1887 gab seine Witwe, die unter dem Titel *Ferguson in the Ireland of His Day* (2 Bde., 1896) seine Biographie verfaßt hatte, die Prosasammlung *Hibernian Nights' Entertainments* heraus, die die bedeutendste aller keltischen Liebesgeschichten enthält: *Deirdre of the Sorrows* (ein 1880 bereits als Einakter bearbeiteter Stoff). Sowohl Yeats als auch sein Protégé John Millington Synge widmeten der klassischen Legende ein Theaterstück (1907 und 1910). Deirdre flieht mit ihrem Geliebten Naoise vor den Nachstellungen König Conchobars nach Howth und von dort aus weiter nach Schottland.

So wie die Sage aus einem Dolmen (irisch: *cromlech*) der um vieles älteren Megalithkultur die letzte Behausung einer keltischen Stammesfürstin macht (oder gar den Wurfring, den Finn MacCool vom Bog of Allen aus geschleudert haben soll!), so identifiziert ein *dinnseanchas*, eines jener gälischen Gedichte, die Ort und Wort, Landschaft und Legende, Topographie und Mythologie verknüpfen, die Halbinsel Howth nach ihrer physischen Beschaffenheit mit dem jungen Krieger Edar, einem Stammesführer der Tuatha Dé Danann. Edar war unglücklich in die Tochter des Meeresgottes Manannán mac Lir verliebt und starb an gebrochenem Herzen. Howth soll der Kopf Edars sein, der sich den Wogen entgegenwirft.

Neben Rathlin Island, dem Vogelparadies vor der Nordostküste Irlands, war Ben Edar einer der ersten Orte, die von den dänischen Wikingern heimgesucht wurden. In den von Franziskanermönchen Mitte des 17. Jahrhunderts erstellten Annalen *Annála Ríoghachta Éireann* heißt es für das Jahr 819: »Plünderung von Etar durch Fremde, die viele Frauen als Beute mit sich nahmen.« Nach der Karfreitagsschlacht von Clontarf 1014, in der der irische Hochkönig Brian Boru über die Nordmänner siegte, bot Howth den fremden Eindringlingen letzte Zuflucht.

Nun geht es aber zurück zum Klubhaus, zum Deerpark Hotel und von dort weiter zum Howth Castle. Am 29. Oktober 1828 suchte Fürst Pückler-Muskau das Schloß auf: »Das schöne Wetter lockte mich hinaus ins Freie. Ich ritt den ganzen Tag umher und sah ein paar merkwürdige Schlösser, Malahide und Howth Castle. Beide haben eine seltne Eigenschaft. Sie sind nämlich seit neunhundert [sic!] Jahren immer im Besitz derselben Familien geblieben, wes sich, soviel ich weiß, kein einziger Wohnsitz des englischen hohen Adels rühmen kann. [...] Howth Castle, der Familie St. Lawrence gehörig und von Lord Howth bewohnt (der kein Absentée ist, sondern wohltätig seine Einkünfte im Lande verzehrt), ist mehr im Laufe der Zeiten modernisiert worden, und zwar nicht glücklich, da ein griechisches Portal sich sonderbar zu den kleinen gotischen Fenstern und hohen Zinnen in Trèfleform ausnimmt.« Zwar irrt sich Pückler in seiner Jahresangabe, aber über die weibliche Linie befindet sich das Schloß tatsächlich noch immer im Besitz derselben Familie, ist jedoch, da privat bewohnt, der Öffentlichkeit nicht zugänglich.

Unter Heinrich II. war Sir Almeric Tristram, ein Heerführer im anglo-normannischen Eroberungszug, nach Irland gelangt und hatte am 10. August 1177 die Bewohner der Halbinsel Howth, »eine übriggebliebene Horde von Dänen« (John D'Alton, *History of Dublin*, 1838), in der Schlacht von Evora besiegt. Der Überlieferung zufolge übernahm Sir Almeric den Namen St. Lawrence zu Ehren des Heiligen, an dessen Festtag er in der Schlacht den Sieg davongetragen hatte. Ein Nachfahre von Sir Almeric begann 1564 mit dem Bau des heutigen Schlosses, das den Lawrences bis zum Tode des 31. und letzten Herrn von Howth, Lord William of Howth, im Jahre 1909 als Familiensitz diente. Erste Anbauten wurden 1738 vorgenommen, zusätzliche Erweiterungen erfolgten im frühen 19. und im 20. Jahrhundert.

Das Schloß ist sagenumwoben. Im Jahre 1575 soll die irische Piratenkönigin Granuaile (Grace O'Malley, ?1530-?1603) auf dem Rückweg von einer Audienz bei Königin Elisabeth I. in Howth an Land gegangen sein. Sie begab sich zum Schloß, fand es jedoch verschlossen vor, da die Bewohner gerade ihr abendliches Mahl zu sich nahmen. Verärgert über diese Ungastlichkeit entführte Granuaile auf dem Rückweg zu ihrem Schiff den jungen Erbfolger der Lawrences und nahm ihn als Geisel mit zu ihrem Sitz auf Clare Island vor der Küste der Grafschaft Mayo. Erst als der stolzen Stammesfürstin ausdrücklich zugesichert worden war, Howth Castle werde zur Essenszeit nie mehr verriegelt sein, durfte der junge St. Lawrence zu seinen Lordschaften zurückkehren. Seither steht an der Tafel stets ein zusätzlicher Stuhl bereit.

Doch im Speisesaal von Howth Castle ist noch ein weiterer Stuhl von Bedeutung: Swift's Chair, auf dem der Satiriker Jonathan Swift Platz nahm, wenn er in Howth Castle zu Gast weilte. Auf diesem Stuhl saß er im Sommer 1735 dem Maler-Architekten Francis Bindon zweieinhalb Stunden lang Modell. Das Ganzkörperbildnis des Dichters und Dekans von St. Patrick's Cathedral in Dublin ziert das Schloß heute noch, ebenso ein Gemälde, das die Geiselnahme durch Granuaile zeigt. Prunkstück des herrschaftlichen Hauses ist das zweihändige Schwert, mit dem Sir Almeric Tristram Howth einst erobert haben soll. Weihnachten 1737 ließ Swifts »blauäugige Nymphe« Lady Howth dem »sehr armen Tuchhändler« (so sein Pseudonym) Wildenten, Rebhühner, Regenpfeifer und einen Rehrücken zukommen.

Neben Howth Castle befindet sich das vernachlässigt wirkende Transport Museum, in dem unter anderem Traktoren, alte Omnibusse, ein von Pferden gezogenes Löschfahrzeug und ein Exemplar der bereits erwähnten Trambahn zu sehen sind. An der St. Mary's Church vorbei kehren wir jetzt zur Bahnstation zurück. Falls wir noch die Familiengruft der Lords of Howth aufsuchen möchten: diese befindet sich auf dem Grund der St. Mary's Abbey (14. Jahrhundert) oberhalb des Hafens. Sehenswert ist das Grab Christopher St. Lawrences, des 13. Barons von Howth, der 1462 starb, und seiner Gemahlin Anna Plunkett aus Ratoath. Die Vorgängerabtei wurde noch von dem Wikingerkönig Sitric (Sigtrygg) gegründet, im Jahre 1042.

Am 15. Dezember 1828 reiste Seine Durchlaucht, Fürst Pückler-Muskau, von Howth ab. Seiner Ehefrau Lucie,

Reichsgräfin von Pappenheim, geb. Hardenberg, schrieb er: »Gestern abends um elf Uhr verließ ich Dublin in einer Postchaise, bei einer schönen hellen Mondnacht; die Luft war lau und milde wie im Sommer. Ich rekapitulierte ein wenig die vergangenen zwei Jahre und ließ alles von neuem die Revue passieren. Das Resultat mißfiel mir nicht. Ich habe zwar hie und da geirrt, aber finde mich im ganzen fester und klarer geworden. Im einzelnen habe ich auch einiges gewonnen und gelernt, meine physische Maschine dabei nicht verschlechtert und endlich im Lebensatlas eine Menge interessanter Erinnerungsbilder niedergelegt. Frischen Mut und Lebenslust aber fühle ich zehnfach gekräftigt, gegen den schwächlichen Seelenzustand gehalten, in dem ich Dich verließ, und da dies mehr wert ist als äußere Dinge, so sah ich, nach vollendetem Selbstverhör, der unbekannten Zukunft heiter entgegen und ergötzte mich sogleich behaglich an der Gegenwart. Diese bestand vorderhand in dem vollsten Jagen des halbbetrunkenen Postillons; denn einem hohen Meerdamme entlang, im blassen Mondenlicht, ging's ›hopp, hopp, hopp, dahin im sausenden Galopp‹, bis wir einen sehr eleganten Gasthof in Howth erreichten, wo ich die Nacht schlief.«

Hoffen wir, daß auch die Leser dieses Büchleins »im Lebensatlas eine Menge interessanter Erinnerungsbilder niedergelegt« haben und wohlbehalten wieder nach Hause zurückkehren. Doch wer weiß, vielleicht wird Irland uns ja nicht mehr loslassen, so wie es Paul Murray (geb. 1976) am Ende seines Romans *An Evening of Long Goodbyes* (2003) insinuiert: »Der Wind wehte; das Wasser wogte. Die Vorgebirge im Osten und Westen schlangen ihre Arme ums Meer, als suchten sie etwas festzuhalten, das unbedingt fortwollte.«

Anhang

Kulturadressen

Literarische Adressen

- Abbey Theatre, 26 Lower Abbey Street, Dublin 1, Tel. 8 87 22 23 · Führungen Do 11
- Bram Stoker Heritage Centre, West Wood Club, Clontarf Road, Clontarf, Dublin 3, Tel. 0 86-2 36 48 29 · Fr-So 12-22
- Dublin Writers Museum, 18 Parnell Square North, Dublin 1, Tel. 8 72 20 77 · Mo-Sa 10-17, So 11-17
- Francis Ledwidge Museum, Slane, Co. Meath, Tel. 0 41-2 42 85 · Mo-So 9-13, 14-18
- James Joyce Cultural Centre, 35 North Great Georges Street, Dublin 1, Tel. 8 78 85 47 · Mo-Sa 9.30-17, So 12.30-17
- James Joyce House of »The Dead«, 15 Usher's Island, Dublin 8, Tel. 0 86-1 63 52 85 (Schauplatz der Erzählung »Die Toten« aus James Joyces *Dubliner*) · Sa 14 (Februar), Do-So 14 (März), Mi-So 14 (April), Mo-So 14 (Mai-September)
- James Joyce Museum, James Joyce Tower, Sandycove, Co. Dublin, Tel. 2 80 92 65/8 72 20 77 · Mo-Sa 10-13, 14-17, So 14-18 (Februar-Oktober)
- Oscar Wilde House, American College Dublin, 1 Merrion Square, Dublin 2, Tel. 6 76 89 39 · Mo-Di, Do 10.15 und 11.15
- Pearse Museum, St. Enda's Park, Grange Road, Rathfarnham, Dublin 16, Tel. 4 93 42 08 · Mo-So 10-13, 14-16 (November-Januar), 10-13, 14-17 (Februar-April), 10-13, 14-17.30 (Mai-August), 10-13, 14-17 (September-Oktober)
- Shaw Birthplace, 33 Synge Street, Dublin 8, Tel. 4 75 08 54 · Mo-Di, Do-Fr 10-13, 14-17, Sa-So 14-17 (Mai-September)

Bibliotheken und Archive

- Irish Film Archive, Irish Film Centre, 6 Eustace Street, Temple Bar, Dublin 2, Tel. 6 79 57 44 · Mo-Fr 10-18
- Marsh's Library, St. Patrick's Close, Dublin 8, Tel. 4 54 35 11 · Mo, Mi-Fr 10-12.45, 14-17, Sa 10.30-12.45
- National Archives, Bishop Street, Dublin 8, Tel. 4 07 23 00 · Mo-Fr 10-17
- National Irish Visual Arts Library, National College of Art and Design, 100 Thomas Street, Dublin 8, Tel. 6 36 42 00 · Mo-Mi, Fr 10-13, 14-16.30, Do 10-13 (Juni-September) · Mo 14-20.30, Di-Mi, Fr 9.30-13, 14-17.30, Do 9.30-13 (Oktober-Mai)
- National Library of Ireland, Kildare Street, Dublin 2, Tel. 6 03 02 00 · Mo-Mi 10-21, Do-Fr 10-17, Sa 10-13
- National Photographic Archive, Meeting House Square, Temple Bar, Dublin 2, Tel. 6 03 02 00 · Mo-Fr 10-17, Sa 10-14
- Old Library, Trinity College Dublin, College Green, Dublin 2, Tel. 6 08 23 20 (*The Book of Kells*) · Mo-Sa 9.30-17, So 12-16.30 (Juni-September 9.30-16.30)
- Royal Dublin Society Library, Ballsbridge, Dublin 4, Tel. 2 40 72 54 · Di, Fr 10-17, Mi-Do 10-19, Sa 11-17
- Royal Irish Academy Library, Academy House, 19 Dawson Street, Dublin 2, Tel. 6 76 42 22 · Mo-Fr 9.30-17.30 (Sept.-Juli)

Museen und Galerien

- Bank of Ireland Arts Centre, Foster Place, Dublin 2, Tel. 6 71 14 88/6 70 75 55 · Di-Fr 10-16
- Broadcasting Museum, Lower Rathmines Road, Dublin 6, Tel. 93 27 89 · Di-Sa (telefonische Anmeldung)
- Chester Beatty Library, Clock Tower Building, Dublin Castle, Dame Street, Dublin 2, Tel. 4 07 07 50 · Mo-Fr 10-17 (Oktober-April Di-Fr 10-17), Sa 11-17, So 13-17
- Classical Museum, Faculty of Arts & Celtic Studies, University College Dublin, Belfield, Dublin 4, Tel. 7 16 85 76 · Di, Fr 10-13, Do 14.30-17 (im Semester, telefonische Anmeldung)

- Douglas Hyde Gallery, Trinity College Dublin, Nassau Street, Dublin 2, Tel. 6 08 11 16 · Mo-Fr 11-18 (Do 11-19), Sa 11-16.45
- Dublin Brewing Company, 141-146 North King Street, Smithfield, Dublin 7, Tel. 8 72 86 22 · Mo-Fr 10-17
- Dublin Civic Museum, City Assembly House, 58 South William Street, Dublin 2, Tel. 6 79 42 60 · Di-Sa 10-18, So 11-14
- Dublinia, Medieval Heritage Centre, Synod Hall, St. Michael's Hill, Dublin 8, Tel. 6 79 46 11 (The Story of Medieval Dublin) · Mo-So 10-17 (Oktober-März 11-16)
- Fire Brigade Museum, Dublin Fire Brigade Training Centre, Malahide Road, Marino, Dublin 3, Tel. 8 33 83 13 · telefonische Anmeldung
- Freemasons' Hall, Masonic Grand Lodge, 17 Molesworth Street, Dublin 2, Tel. 6 76 13 37 · telefonische Anmeldung, Führungen 14.30 (Juni-August)
- Fry Model Railway Museum, Malahide Castle Desmesne, Malahide, Co. Dublin, Tel. 8 46 37 79 · Mo-Sa 10-13, 14-17, So 14-18 (April-September) · Sa, So 14-17 (Oktober-März)
- Gaelic Athletic Association Museum, St. Joseph's Avenue, Croke Park, Dublin 3, Tel. 8 19 23 23 · Mo-So 10-17 (Mai-September), Di-So 10-17 (Oktober-April)
- Gallery of Photography, Meeting House Square, Temple Bar, Dublin 2, Tel. 6 71 46 54/6 70 92 93 · Mo-Sa 11-18
- Garda Museum, Record Tower, Dublin Castle, Dame Street, Dublin 2, Tel. 6 66 99 99 · Mo-Fr 9.30-16.30
- Guinness Storehouse, St. James's Gate, Dublin 8, Tel. 4 08 48 00 · Mo-So 9.30-17
- Heraldic Museum and Genealogical Office, 2 Kildare Street, Dublin 2, Tel. 6 03 02 00 · Mo-Fr 10-12.30, 14.30-16.30
- Hugh Lane Municipal Gallery of Modern Art, Charlemont House, Parnell Square North, Dublin 1, Tel. 8 74 19 03 · Di-Do 9.30-18, Fr-Sa 9.30-17, So 11-17
- Irish Architectural Archive, 73 Merrion Square, Dublin 2, Tel. 6 76 34 30 · Di-Fr 10-13, 14-17

- Irish Jewish Museum, 3 Walworth Road, South Circular Road, Portobello, Dublin 8, Tel. 4 53 17 97 · So 11-15.30
- Irish Labour History Museum, Beggar's Bush Barracks, Haddington Road, Ballsbridge, Dulin 4, Tel. 6 68 10 71/6 60 30 21 · Mo-Fr 10-13
- Irish Museum of Modern Art, Royal Hospital Kilmainham, Military Road, Kilmainham, Dublin 8, Tel. 6 12 99 00 · Di-Sa 10-17.30, So 12-17.30
- Irish National Stud, Tully, Co. Kildare, Tel. 0 45-52 16 17/0 45-52 29 63 · Mo-So 9.30-17 (12. Februar-12. November)
- Kilmainham Gaol, Inchicore Road, Kilmainham, Dublin 8, Tel. 4 53 59 84 · Mo-So 9.30-17 (April-September), Mo-Sa 9.30-16, So 10-17 (Oktober-März)
- National Gallery of Ireland, Merrion Square West, Dublin 2, Tel. 6 61 51 33 · Mo-Sa 9.30-17.30 (Do 9.30-20.30), So 12-17.30
- National Maritime Museum, The Mariners' Church, Haigh Terrace, Dún Laoghaire, Co. Dublin, Tel. 2 80 09 69 · Mo-So 14.30-17.30 (Mai-September)
- National Museum of Ireland (Archaeology and History), Kildare Street, Dublin 2, Tel. 6 77 74 44 · Di-Sa, 10-17, So 14-17
- National Museum of Ireland (Decorative Arts and History), Collins Barracks, Benburb Street, Dublin 7, Tel. 6 77 74 44 · Di-Sa, 10-17, So 14-17
- National Museum of Ireland (Natural History), Merrion Square, Dublin 2, Tel. 6 77 78 28 · Di-Sa 10-17, So 14-17
- National Print Museum, Garrison Chapel, Beggar's Bush Barracks, Haddington Road, Ballsbridge, Dulin 4, Tel. 6 60 37 70 · Mo-Fr 10-17, jedes 3. Wochenende auch Sa-So 12-17
- National Sea Life Centre, Strand Road, Bray, Co. Wicklow, Tel. 2 86 69 39 · Mo-So 10-17 (Ostern-September), Sa-So 10-17 (Oktober-Ostern)
- National Transport Museum, Howth Castle Demesne, Howth, Co. Dublin, Tel. 8 32 04 27 · Sa-So 14-17, Juni-August auch Mo-Fr 10-17

- Number Twenty-Nine, Georgian House Museum, 29 Lower Fitzwilliam Street, Dublin 2, Tel. 7 02 61 65 · Di-Sa 10-17, So 14-17
- Old Jameson Distillery, Bow Street, Smithfield, Dublin 7, Tel. 8 07 23 55 · Mo-So 9-17.30
- Royal Hibernian Academy, Gallagher Gallery, 15 Ely Place, Dublin 2, Tel. 6 61 25 58 · Di-Sa 11-17 (Do 11-20), So 14-17
- Waterways Visitors Centre, Grand Canal Quay, Ringsend, Dublin 2, Tel. 6 77 75 10 · Mo-So 9.30-18.30 (Juni-September), Mi-So 12.30-17 (Oktober-Mai)

Parks und Gärten

- Archbishop Ryan Park, Merrion Square, Dublin 2, Tel. 6 61 23 69
- Botanic Gardens, Glasnevin, Dublin 9, Tel. 8 37 43 88 · Mo-Sa 9-18, So 11-18 (Sommer), Mo-Sa 10-16.30, So 11-16.30 (Winter)
- Bull Island Interpretive Centre, Dollymount, Dublin 3, Tel. 8 33 83 41 · Mo-So 10-16.30
- Dublin Zoo, Phoenix Park, Dublin 8, Tel. 18 00-92 48 48/4 74 89 00 · Mo-Sa 9.30-18, So 10.30-18 (März-Oktober), Mo-Sa 9.30-16, So 10.30-16 (November-Februar)
- Fernhill Gardens, Enniskerry Road, Sandyford, Dublin 18, Tel. 2 95 60 00/2 95 42 57 · Di-Sa 11-17, So 14-17
- Garden of Remembrance, Parnell Square East, Dublin 1, Tel. 8 74 30 74 · Mo-So 11-16
- Iveagh Gardens, National Concert Hall, Earlsfort Terrace, Dublin 2, Tel. 4 75 78 16 · Mo-Sa 8-17, So 10-17
- Japanese Gardens & St. Fiachra's Gardens, Tully, Co. Kildare, Tel. 0 45-52 16 17 · Mo-So 9.30-17 (12. Februar-12. November)
- Mount Usher Gardens, Ashford, Co. Wicklow, Tel. 04 04-4 02 05 · 10.30-18 (5. März-31. Oktober)
- St. Stephen's Green Park, Dublin 2, Tel. 4 75 78 16 · Mo-Sa 8 bis Einbruch der Dunkelheit, So 10 bis Einbruch der Dunkelheit
- War Memorial Gardens, South Circular Road, Islandbridge,

Dublin 8, Tel. 6 77 02 36 · Mo-Fr 8 bis Einbruch der Dunkelheit, Sa-So 9 bis Einbruch der Dunkelheit

Burgen, Schlösser und öffentliche Gebäude

- Áras an Uachtaráin, Phoenix Park, Dublin 8, Tel. 6 70 91 55 (Sitz der irischen Präsidentin) · Sa 10.30-16.15 (Sommer), 9.30-15.30 (Winter) · Treffpunkt: Phoenix Park Visitor Centre
- Ardgillan Castle and Demesne, Balbriggan, Co. Dublin, Tel. 8 49 22 12 · Di-So 11-18 (April-September), Di-So, 11-16.30 (Oktober-März), Mo-So 11-18 (Juli-August)
- Ashtown Castle and Phoenix Park Visitor Centre, Phoenix Park, Dublin 8, Tel. 6 77 00 95 · Mo-So 10-18 (Juni-September), 9.30-17 (März und Oktober), 9.30-17.30 (April-Mai), 9.30-16.30 (November-Februar)
- Castletown House, Celbridge, Co. Kildare, Tel. 6 28 82 52 · Mo-Fr 10-18, Sa-So 13-18 (April-September) · Mo-Fr 10-17, So 13-17 (Oktober) · So 13-17 (November) · 13-18 (Ostersonntag und -montag)
- Chimney Viewing Tower, Smithfield, Dublin 7, Tel. 8 17 38 00 · Mo-Sa 10-17, So 11-17
- Custom House Visitor Centre, Custom House Quay, Dublin 1, Tel. 8 88 25 38 · Mo-Fr 10-17, Sa-So 14-17 (Mitte März-Oktober), Mi-Fr 13-17, So 14-17 (November-Mitte März)
- Dalkey Castle & Heritage Centre, Castle Street, Dalkey, Co. Dublin, Tel. 2 85 83 66 · Mo-Fr 9-17, Sa-So 11-17
- Drimnagh Castle, Long Mile Road, Crumlin, Dublin 12, Tel. 4 50 25 30 · Mi, Sa, So 12-17 (April-Oktober), Mi, So 14-17 (November-März)
- Dublin Castle, State Apartments, Dame Street, Dublin 2, Tel. 6 77 71 29/7 77 75 80 · Mo-Fr 10-17, Sa-So 14-17
- Dublin City Hall, Lord Edward Street, Dublin 2, Tel. 6 72 22 04 (The Story of the Capital) · Mo-Sa 10-17.15, So 14-17
- Dunsink Observatory, Castleknock, Dublin 15, Tel. 8 38 79 11/8 38 79 59 · 1. und 3. Mittwoch des Monats 8-10 (Oktober-März) · telefonische Anmeldung

- Farmleigh House, Phoenix Park, Castleknock, Dublin 15, Tel. 8 15 59 00 · Do-So 10-17
- Four Courts, Inns Quay, Dublin 7, Tel. 8 72 55 55 · Mo-Fr 10-13, 14-16
- General Post Office, O'Connell Street, Dublin 1, Tel. 7 05 88 33 (Hauptschauplatz des Osteraufstands 1916) · Schalterstunden Mo-Sa 8-20, So 10.30-18
- Government Buildings, Leinster House, Upper Merrion Street, Dublin 2, Tel. 6 19 41 16/6 19 41 41 · Sa 10.30-13.30 · (Eintrittskarten kostenlos in der National Gallery nebenan)
- House of Lords, Bank of Ireland, College Green, Dublin 2, 6 71 14 88 · Mo-Mi, Fr 10-16, Do 10-17
- Killruddery House, Kilruddery, Bray, Co. Wicklow, Tel. 2 86 34 05 · Haus Mo-So 13-17 (Mai, Juni, September) · Park Mo-So 13-17 (April-September)
- Lusk Heritage Centre, Lusk, Co. Dublin, Tel. 8 43 76 83 (Rundturm) · Fr 10-17 (Mitte Juni-Mitte September)
- Malahide Castle, Malahide, Co. Dublin, Tel. 8 46 21 84 · Mo-Sa 10-17 (ganzjährig) · So 11-17 (November-März), So 11-18 (April-Oktober)
- Marino Casino, Malahide Road, Marino, Dublin 3, Tel. 8 33 16 18 · Sa-So 12-16
- Marlay House & Park, Grange Road, Rathfarnham, Dublin 16, Tel. 4 93 73 72 · Marlay House Führungen Mo-Fr 11 (Sommer) · Marlay Park Mo-Fr 10-17, Sa-So 11-17 (Sommer), Di-Fr 10-17, Sa-So 11-17 (Winter)
- Newman House, University College Dublin, 85/86 St. Stephen's Green, Dublin 2, Tel. 7 06 74 22 · Di-Fr 10-16.30, Sa 14-16.30, So 11-14
- Newbridge House & Traditional Farm, Newbridge Demesne, Donabate, Co. Dublin, Tel. 8 43 65 34 · Di-Sa 10-17, So 14-18 (April-September) · Sa-So 14-17 (Oktober-März)
- Powerscourt House, Gardens and Waterfall, Enniskerry, Co. Wicklow, Tel. 2 04 60 00 · Haus u. Park Mo-So 9.30-17.30 · Wasserfall Mo-So 9.30-19 (Sommer), 10.30 bis Einbruch der Dunkelheit (Winter)

– Rathfarnham Castle, Rathfarnham, Dublin 14, Tel. 4 93 94 62 · Mo-So 9.30-17.30 (Mai-Oktober)
– Russborough House, Blessington, Co. Wicklow, Tel. 045-86 52 39 · Mo-So 10-17 (Mai-September), So 10-17 (April, Oktober)
– Tailors' Hall, An Taisce, Back Lane, 123 Christchurch Place, Dublin 8, Tel. 4 54 47 94 · Mo-Fr 9.30-16.30

Kirchen und Kathedralen

– Christ Church Cathedral, Chapter House, Christchurch Place, Dublin 8, Tel. 6 77 80 99 · Mo-So 10-17
– Sacred Heart Oratory, Dominican Convent, Library Road, Dún Laoghaire, Co. Dublin, Tel. 2 05 47 68 · telefonische Anmeldung
– St. Audoen's Church, Cornmarket, Dublin 8, Tel. 6 77 00 88 · Mo-So 9.30-17.30 (Juni-September)
– St. Mary's Abbey, Chapter House, Meetinghouse Lane, Capel Street, Dublin 1, Tel. 8 72 14 90 · Mi, So 10-17 (Mitte Juni-Mitte September)
– St. Michan's Church, Church Street, Dublin 7, Tel. 8 72 41 54 (Krypta mit mumifizierten Leichnamen) · Mo-Fr 10-12.45, 14-16.45, Sa 10-12.45
– St. Patrick's Cathedral, St. Patrick's Close, Dublin 8, Tel. 4 53 94 72 (Grabstätte von Jonathan Swift) · Mo-Fr 9-18, Sa 9-17 (November-Februar 9-16), So 10-16.30
– St. Werburgh's Church, 150 Werburgh Street, 8 Castle Street, Dublin 2, Tel. 4 78 37 10 · telefonische Anmeldung

Friedhöfe

– Arbour Hill Cemetery, Arbour Hill, Stoneybatter, Dublin 7, Tel. 6 05 77 00 (Gräber der hingerichteten Anführer des Osteraufstands 1916) · Mo-So 10-17
– Deans Grange Cemetery, Deans Grange Road, Blackrock, Co. Dublin, Tel. 2 89 34 16 · Mo-So 10-16.30

- Mount Jerome Cemetery, Mount Jerome, Harold's Cross, Dublin 6, Tel. 4 97 12 69 · Mo-Sa 8.30-16, So 10-16
- Prospect Cemetery, Finglas Road, Glasnevin, Dublin 11, Tel. 8 30 11 33 · Mo-So 8.30-16 · Führungen Mi, Fr 14.30

Rundfahrten und -gänge

- 1916 Rebellion Walking Tours, The International Bar, 23 Wicklow Street, Dublin 2, Tel. 0 86-8 58 38 47 · Mo-Sa 11.30 (März-Oktober), 14.30 (Mai-September), So 13 (März-Oktober)
- Discover Dalkey. Heritage Trails. Historical Walks, Dalkey Castle & Heritage Centre, Castle Street, Dalkey, Co. Dublin, Tel. 2 85 83 66 · Mo, Mi, Fr 10.30, Di, Do, So 14, Sa 11
- Dublin Literary Pub Crawl, Suffolk Chambers, Suffolk Street, Dublin 2, Tel. 6 70 56 02 · Mo-Sa 19.30, So 12 und 19.30 (1. April-30. November), Do-Sa 19.30, So 12 und 19.30 (4. Dezember-28. März) · Treffpunkt: The Duke (Obergeschoß), 9 Duke Street, Dublin 2
- Georgian Literary Guided Walking Tour, Dublin Footsteps Walking Tours, 23A Cowper Road, Rathmines, Dublin 6, Tel. 4 96 06 41/2 69 70 21/087-2490703 · Mo, Mi, Fr, Sa 10.30 (1. Juni-30. September) · Treffpunkt: vor Bewley's Oriental Café, 78/79 Grafton Street, Dublin 2
- Historical Walking Tours of Dublin, 64 Mary Street, Dublin 1, Tel. 8 78 02 27 · Mo-So 11, 12, 15 (Mai-September), Fr-Sa-12 (Oktober-April) · Treffpunkt: Front Gate, Trinity College Dublin, College Green, Dublin 2
- Paula Pohli, Independent Tour Guide, 36 Aberdeen Street, Dublin 7, Tel. 8 68 46 24 · telefonische Anmeldung
- The Dublin Ghost Bus Tour, Dublin Bus, 59 Upper O'Connell Street, Dublin 1, Tel. 8 73 42 22 · Di-Fr 20, Sa-So 19, 21.30
- Traditional Irish Musical Pub Crawl, Discover Dublin, 20 Lower Stephen's Street, Dublin 2, Tel. 4 78 01 93/4 75 33 13 · Mo-So 19.30 (1. Mai-26. Oktober), Fr-Sa 19.30 (November, Februar-April) · Treffpunkt: Oliver St. John Gogarty's (Obergeschoß), 58/59 Fleet Street, Temple Bar, Dublin 2

– Walk Macabre, Trapeze Theatre Company, 191 Upper Dorset Street, Dublin 1, Tel: 087-6771512 · telefonische Anmeldung
– Zozimus Ghostly Experience, Dublin 3, Tel. 6618646/087-2229992 · Mo-So 19 (Winter), 21 (Sommer) · Treffpunkt: Main Gate, Dublin Castle (gegenüber dem Olympia Theatre).

Bateson, Ray, *Dead and Buried in Dublin. An Illustrated Guide to the Historic Graves of Dublin.* Warrenstown, Kilcock, Co. Meath: Irish Graves Publications, 2002.
– *The End. An Illustrated Guide to the Graves of Irish Writers.* Warrenstown, Kilcock, Co. Meath: Irish Graves Publications, 2005.

Beckett, Samuel, »Das letzte Band«. In: *Dramatische Dichtungen in drei Sprachen.* Ausgabe in einem Band. Dramatische Dichtungen 2. Englische Originalfassungen. Deutsche Übertragung von Erika und Elmar Tophoven. Französische Übertragung von Samuel Beckett. Frankfurt am Main: Suhrkamp, 1981.
– »Erste Liebe«. Aus dem Französischen von Elmar Tophoven. In: *Erzählungen.* Frankfurt am Main: Suhrkamp, 1995.
– *Malone stirbt.* Deutsch von Elmar Tophoven. Frankfurt am Main: Suhrkamp, 1958.
– *Mercier und Camier.* Aus dem Französischen von Elmar Tophoven. Frankfurt am Main: Suhrkamp, 1995.
– *Traum von mehr bis minder schönen Frauen.* Aus dem Englischen von Wolfgang Held. Frankfurt am Main: Suhrkamp, 1996.
– »Warten auf Godot«. In: *Dramatische Dichtungen in drei Sprachen.* Ausgabe in einem Band. Dramatische Dichtungen 1. Französische Originalfassungen. Deutsche Übertragung von Elmar Tophoven. Englische Übertragung von Samuel Beckett. Frankfurt am Main: Suhrkamp, 1981.

Behan, Brendan, *Bekenntnisse eines irischen Rebellen.* Deutsch von Annemarie Böll. Frankfurt am Main: Fischer Taschenbuch Verlag, 1981. © 1978 by Verlag Kiepenheuer & Witsch Köln.
– *Borstal Boy.* Aus dem Englischen von Curt Meyer-Clason. Frankfurt am Main: Fischer Taschenbuch Verlag, 1980. © 1963, 1977, 1996 by Verlag Kiepenheuer & Witsch Köln.
– *Das gleiche noch mal! Romanfragment und 14 Streiflichter.* Aus dem Englischen übersetzt von Hans-Christian Oeser. Mit unveröffentlichten Fotos von Brendan Behan. © Edition Nautilus, Hamburg 1993.

– »Torca Hill wegen der Schönheit«. Aus dem Englischen von Hans-Christian Oeser. In: *irland almanach #4. Der keltische Tiger*. Herausgegeben von Gabriele Haefs, Hans-Christian Oeser, Jörg W. Rademacher, Jürgen Schneider und Ralf Sotscheck. Münster: Unrast, 2002.

Behan, Dominic, *My Brother Brendan*. London: Leswie Frewin, 1965.

Blamires, Harry, *The New Bloomsday Book. A Guide through Ulysses. Third Edition*. London/New York: Routledge, 1996.

Böll, Heinrich, *Irisches Tagebuch*. München: dtv, 1961. © 1957, 2000 by Verlag Kiepenheuer & Witsch Köln.

Boland, Eavan, »Anna Liffey«. Aus dem Englischen übertragen von Eva Bourke. In: Gudrun Boch (Hrsg.), *Irisches Lesebuch*. Frankfurt am Main: Suhrkamp, 1996.

Boland, Gerry, *Stroller's Guide to Dublin*. Dublin: Gill & Macmillan, 1999.

Brady, Anne M./Cleeve, Brian, *A Biographical Dictionary of Irish Writers*. Gigginstown, Co. Westmeath: The Lilliput Press, 1985.

Brady, Margery, *The Love Story of Yeats and Maud Gonne*. Cork, Dublin: The Mercier Press, 1990.

Cahalan, James M., *The Irish Novel. A Critical History*. Dublin: Gill & Macmillan, 1988.

Cahill, Susan und Thomas, *A Literary Guide to Ireland*. Dublin: Wolfhound Press, 1979.

Coakley, Davis, *Oscar Wilde. The Importance of Being Irish*. Dublin: Town House and Country House, 1994.

Connolly, S. J., *The Oxford Companion to Irish History*. Oxford: Oxford University Press, 1998.

Costello, Peter, *Die Pubs der Dichter. Literarische Kneipen-Tour durch Dublin*. Herausgegeben und aus dem Englischen übersetzt von Hans-Christian Oeser. © Rotbuch Verlag, Hamburg 1998.

– *Liam O'Flaherty's Ireland*. Dublin: Wolfhound Press, 1996.

Cronin, Anthony, *Dead as Doornails*. Swords: Poolbeg, 1980.

Doyle, Roddy, *Henry der Held*. Aus dem Englischen von Renate Orth-Guttmann. Frankfurt am Main: Fischer Taschenbuch Verlag, 2001. © 1999 by Roddy Doyle. Für die deutsche Ausgabe: © Wolfgang Krüger Verlag GmbH, Frankfurt am Main 2000.

Eagle, Dorothy/Carnell, Hilary, *The Oxford Literary Guide to the British Isles*. Oxford: Oxford University Press/Clarendon Press, 1980.

Fact Pack Travellers' Guides, *Glasnevin Cemetery. Map. History. Information*. Killala, Co. Mayo: Morrigan Books, 1997.

Finn, Mary, *Out & About in Dublin*. Dublin: Wolfhound Press, 2000.

Flanagan, Laurence (Hrsg.), *Bottle, Draught and Keg. An Irish Drinking Anthology*. Dublin: Gill & Macmillan, 1995.

Gaskin, James J., *Irish Varieties. A Victorian View of the Histories of Dalkey, Kingstown, Killiney and Bray*. Dalkey, Co. Dublin: The Exchange Bookshop, 1987. (Reprint).

Gébler, Carlo, *Father & I. A Memoir*. London: Little, Brown, 2000.

Gerald of Wales, *The History and Topography of Ireland*. Translated with an introduction by John J. O'Meara. Harmondsworth: Penguin, 1982.

Gogarty, Oliver St. John, *As I Was Going Down Sackville Street. Eine Phantasie in Tatsachen*. Deutsch von Gerhard Edler. Mit 18 Kurzbiographien von Ralf Sotscheck. © Merlin Verlag, Gifkendorf 1996.

– *It Isn't This Time Of Year At All. An Unpremeditated Autobiography*. London: McGibbon & Kee, 1954.

Gonne MacBride, Maud, *A Servant of the Queen. Reminiscences*. Edited by A. Norman Jeffares and Anna MacBride White. Gerrards Cross, Bucks.: Colin Smythe, 1994.

Gunn, Ian/Hart, Clive, *James Joyce's Dublin. A Topographical Guide to the Dublin of Ulysses*. London: Thames & Hudson, 2004.

Healy, Elizabeth, *The Wolfhound Guide to Dublin Monuments*. Dublin/Niwot, CO: Wolfhound Press/The Irish American Book Company, 1998.

– *Literary Tour of Ireland*. Dublin: Wolfhound Press, 1995, ²2001.

Hogan, Robert u. a. (Hrsg.), *Dictionary of Irish Literature*. 2 Bände. London: Aldwych Press/Westport, CT: Greenwood Press, 1996.

Holland, Merlin/Hart-Davis, Rupert (Hrsg.), *The Complete Letters of Oscar Wilde*. London: Fourth Estate, 2000.

Holroyd, Michael, *Bernard Shaw*. Band 1: *1856-1898. The Search for Love*. Harmondsworth: Penguin, 1988.

Hopkins, Gerard Manley, »Erntejubel«. In: Arnfrid Astel, *Neues (& altes) vom Rechtsstaat & von mir. Alle Epigramme*. Frankfurt am Main: Zweitausendeins, 1978. Abdruck mit freundlicher Genehmigung von Arnfrid Astel.

Hyde, H. Montgomery, *Oscar Wilde. A Biography*. London: Eyre Methuen, 1976.

Igoe, Vivien, *A Literary Guide to Dublin. Writers in Dublin: Literary Associations and Anecdotes*. London: Methuen, 1999.

– *Dublin Burial Grounds & Graveyards*. Photographs by Paddy Tutty. Dublin: Wolfhound Press, 2001.

– *James Joyce's Dublin Houses and Nora Barnacle's Galway*. Dublin: Wolfhound Press, 1997.

Joyce, James, *Anna Livia Plurabelle*. Parryotphrosed myth brockendootsch by Hans Wollschläger. Frankfurt am Main: Suhrkamp, 1970.

– *Dubliner*. Aus dem Englischen von Dieter E. Zimmer. Frankfurt am Main: Suhrkamp, 1974.

– »Ein Porträt des Künstlers als junger Mann«. In: *Stephen der Held/Ein Porträt des Künstlers als junger Mann*. Übertragen von Klaus Reichert. Frankfurt am Main: Suhrkamp, 1987.

– *Finnegans Wake*. Kainnäh ÜbelSätzZung des Wehrkeß fun Schämes Scheuß von Dieter H. Stündel. Frankfurt am Main: Zweitausendeins, 2002.

– *»gedacht durch meine Augen«/»thought through my eyes«*, herausgegeben von Ursula Zeller, Ruth Frehner und Hannes Vogel. Basel: Schwabe, 2000.

– *Irland*. Fotos von Alain Le Garsmeur. Texte zusammengestellt von Bernard McCabe. München: Nymphenburger, 1994.

– *Ulysses*. Übersetzt von Hans Wollschläger. Frankfurt am Main: Suhrkamp, 1981.

Kavanagh, P. J., *Voices in Ireland. A Traveller's Literary Companion*. London: John Murray, 1994.

Kavanagh, Patrick, »Zeilen, geschrieben auf einer Sitzbank am Grand Canal, Dublin. Errichtet zum Gedächtnis an Mrs. Dermot O'Brien«. Aus dem Englischen von Hans-Christian Oeser. In: *die horen. Zeitschrift für Literatur, Kunst und Kritik*, 45 (2000) 1.

Kennedy, Conan, *Dún Laoghaire, County Dublin. History. Street Map. Information*. Killala, Co. Mayo: Morrigan Books, 1997. (Fact Pack Travellers' Guides).

Kenny, Herbert A., *Literary Dublin. A History*. Dublin: Gill & Macmillan, 1974, ²1991.

Kiely, Benedict, *Yeats' Ireland. An Illustrated Anthology*. London: Aurum Press, 1989.

Kiely, David M., *A Night in the Catacombs*. Dublin: Lilliput, 1995.

Killeen, Terence, *Ulysses Unbound. A Reader's Companion to James Joyce's Ulysses*. Bray, Co. Wicklow: Wordwell in association with the National Library of Ireland, 2004.

König, Johann-Günther, *Irish Pubs. Ein Reisebegleiter durch Irland*. Mit farbigen Fotografien von Doris Heitkamp. Frankfurt am Main und Leipzig: Insel, 2004.

Lalor, Brian, *Ultimate Dublin Guide. An A-Z of Everything*. With illustrations by the author. Dublin: The O'Brien Press, 1991.

Lennon, Seán, *Dublin Writers and their Haunts*. Dublin: Fingal County Council, 2004.

Leonard, Hugh, *Home before Night*. London: Methuen, 2002.

Liddy, Pat, *Walking Dublin. 24 Original Walks in and around Dublin*. London: New Holland, 1998.

MacMahon, Bryan, *Here's Ireland*. Dublin: Butler Sims, 1971, ²1982.

MacNeice, Louis, »The closing album«. In: *Collected Poems*. London: Faber & Faber, 1966.

Maletzke, Elsemarie (Hrsg.), *Dublin*. Frankfurt am Main: Insel, 1985.

Marangopoulos, Aris, »Dear Dirty Dublin«. In: *Ithaca. Books from Greece*. H. 21 (Dezember 2002).

Martin, Robert Bernard, *Gerald Manley Hopkins. A Very Private Life*. London: Flamingo, 1992.

McBrierty, Vincent J., *The Howth Peninsula. Its History, Lore & Legend*. Dublin: North Dublin Round Table, 1981.

McCann, Sean (Hrsg.), *The Story of the Abbey Theatre*. London: Four Square, 1967.

McCarthy, Jack/Rose, Danis, *Joyce's Dublin. A Walking Guide to Ulysses*. Dublin: Wolfhound Press, 1986, ²1988.

McMinn, Joseph, *Jonathan's Travels. Swift and Ireland*. Foreword by Michael Foot. Belfast/New York: Appletree Press/St. Martin's Press, 1994.

Moore, George, *Hail and Farewell. Ave, Salve, Vale*. Edited by Richard Allen Cave. Gerrards Cross, Bucks/Washington, D.C.: Colin Smythe/The Catholic University of America Press, 1985.

Murdoch, Iris, *The Red and the Green*. London: Chatto & Windus/The Hogarth Press, 1984.

Murray, Paul, *An Evening of Long Goodbyes*. London: Hamish Hamilton, 2003.

Nicholson, Robert, *The Ulysses Guide. Tours through Joyce's Dublin*. Dublin: New Island, 2002.

Norris, David, *Joyce's Dublin*. Dublin: Eason & Son Ltd., 1982.

O'Brien, Edna, *Mein Irland*. Mit Photographien von Fergus Bourke. Übersetzt aus dem Englischen von Momo Schlender. Bearbeitet und herausgegeben von Hein Versteegen. Göttingen: Schlender, 1985. Copyright © 1996 by Hoffmann und Campe Verlag, Hamburg.

O'Brien, Eoin, *The Beckett Country. Samuel Beckett's Ireland*. Monkstown (Co. Dublin)/London: The Black Cat Press/Faber and Faber, 1986.

O'Brien, Flann, *Aus Dalkeys Archiven*. Roman. Aus dem Englischen in einer durchgesehenen Übersetzung von Harry Rowohlt. Copyright © 2003 KEIN & ABER AG, Zürich.

O'Casey, Sean, *Ich klopfe an. Autobiographie Band I*. Aus dem

Englischen von Georg Goyert. Mit einer Einleitung von Kaspar Spinner. Zürich: Diogenes, 1965.
– *Trommeln unter den Fenstern. Autobiographie Band III*. Aus dem Englischen übersetzt von Werner Beyer. Zürich: Diogenes, 1967. © für die deutsche Übersetzung Paul List Verlag, Leipzig.

Oehlke, Andreas, *Irland und die Iren in deutschen Reisebeschreibungen des 18. und 19. Jahrhunderts*. Frankfurt am Main u. a.: Peter Lang, 1992.

O'Faolain, Sean, *Dividenden. 9 Liebesgeschichten*. Aus dem Englischen von Elisabeth Schnack. Copyright © 1969 Diogenes Verlag AG Zürich.

Oeser, Hans-Christian, *Oscar-Wilde-ABC*. Unter Mitarbeit von Jörg W. Rademacher. Leipzig: Reclam, 2004.
– *Treffpunkt Irland. Ein literarischer Reiseführer*. Mit 52 Abbildungen und 2 Karten. Stuttgart: Reclam, 1996.
– Schneider, Jürgen/Sotscheck, Ralf, *Dublin. Reiseführer. Stadt und Kultur*. Mit einem Nachwort von Frank McDonald. Darmstadt/Moers: Jürgen Häusser/Irland Journal, 1992, [2]1994.

Ó hEithir, Breandán, *This is Ireland. A Guide to History, Politics and Culture*. Dublin: The O'Brien Press, 1987.

O'Kelly, Seumas, *Das Grab des Webers*. Deutsch von Kurt Heinrich Hansen. Frankfurt am Main: Suhrkamp, 1966.

O'Neill, Jamie, *Im Meer, zwei Jungen*. Aus dem Englischen von Hans-Christian Oeser. © deutschsprachige Ausgabe erschienen 2003 im Luchterhand Literaturverlag, München, einem Unternehmen der Verlagsgruppe Random House GmbH.

Ousby, Ian, *Literary Britain and Ireland*. London: A & C Black/New York: W. W. Norton, 1990.

Owens Weekes, Ann (Hrsg.), *Unveiling Treasurers. The Attic Guide to the Published Works of Irish Women Literary Writers. Drama, Fiction, Poetry*. Dublin: Attic Press, 1993.

Pakenham, Thomas und Valerie (Hrsg.), *A Traveller's Companion to Dublin*. London: Robinson, 2003.

Palm, Kurt, *Der Brechreiz eines Hottentotten. Ein James-Joyce-Alphabet von Aal bis Zahl*. Wien: Löcker, 2003.

Pierce, David, *James Joyces Irland*. Mit zeitgenössischen Fotografien von Dan Harper. Aus dem Englischen von Jörg W. Rademacher und Cristoforo Schweeger. Köln, Basel: Bruckner & Thünker, 1996.

Plunkett, James, *The Gems She Wore. A Book of Irish Places*. London: Arrow Books, 1978.

Power, Arthur, *Gespräche mit James Joyce*. Eingeführt und herausgegeben von Clive Hart. Aus dem Englischen von Werner Morlang. Frankfurt am Main: Suhrkamp, 1978.

Praeger, Robert Lloyd, *The Way That I Went. An Irishman in Ireland*. Dublin: Allen Figgis, 1980.

Pückler-Muskau, Hermann von, *Briefe eines Verstorbenen*. Herausgegeben von Therese Erler. Band 1: Ein fragmentarisches Tagebuch aus England, Wales, Irland und Frankreich, geschrieben in den Jahren 1828 und 1829. Berlin: Rütten & Loening, 1987.

Queneau, Raymond, *Man ist immer gut zu den Frauen*. Aus dem Französischen von Eugen Helmlé. Frankfurt am Main: Fischer Taschenbuch Verlag, 1985.

Reichert, Klaus, *Welt-Alltag der Epoche. Essays zum Werk von James Joyce*. Frankfurt am Main: Suhrkamp, 2004.

Ryan, John (Hrsg.), *A Bash in the Tunnel. James Joyce by the Irish*. Brighton: Clifton Books, 1970.

– *Remembering How We Stood. Bohemian Dublin at the Mid-Century*. With a foreword by J. P. Donleavy. Dublin: The Lilliput Press, 1987.

Schneider, Jürgen/Sotscheck, Ralf, *Irland. Eine Bibliographie selbständiger deutschsprachiger Publikationen. 16. Jahrhundert bis 1989*. Darmstadt: Verlag der Georg Büchner Buchhandlung, 1988.

Stanley, Michael, *Famous Dubliners. W. B. Yeats, James Joyce, Jonathan Swift, Wolf Tone, Oscar Wilde, Edward Carson*. Dublin: Wolfhound Press, 1996.

Stephens, James, »The James Joyce I Knew«. In: Mikhail, E. H. (Hrsg.), *James Joyce. Interviews and Recollections*. Basingstoke, Hamps./London: Macmillan, 1990.

Thackeray, William Makepeace, *The Irish Sketchbook 1842*. With numerous engravings on wood drawn by the author. Gloucester: Alan Sutton, 1990.

Tongue, Alan, *A Picture of Percy French. An Illustrated Life of the Irish Songwriter, Entertainer, Poet and Painter*. Antrim: Greystone, 1990, ²1991.

Trevor, William, *A Writer's Ireland. Landscape in Literature*. With 94 illustrations, 20 in colour. London: Thames and Hudson, 1984.

Wagner, Richard, »Tristan und Isolde«. In: *Dichtungen und Schriften*. Jubiläumsausgabe in zehn Bänden. Herausgegeben von Dieter Borchmeyer. Band 4. Frankfurt am Main: Insel, 1983.

Walsh, Caroline, *The Homes of Irish Writers*. Dublin: Anvil Books, 1982.

Welch, Robert (Hrsg.), *The Oxford Companion to Irish Literature*. Oxford: Clarendon Press, 1996.

Wells, Herbert George, *Joan and Peter*. Portway, Bath: Cedric Chivers, 1974.

Wilde, Oscar, *Das Bild des Dorian Gray*. Neu übersetzt von Hans Wolf. »Zürcher Ausgabe«. Werke in fünf Bänden. Band 1. Zürich: Haffmans, 1999.

Yeats, William Butler, *Autobiographien*. Aus dem Englischen übertragen von Susanne Schaup. Leipzig: Insel, 1984.

– »The Last Gleeman«. In: Padraic Colum (Hrsg.), *A Treasury of Irish Folklore. The Stories, Traditions, Legends, Humor, Wisdom, Ballads and Songs of the Irish People*. New York: Wings Books, 1967, ²1992.

Zweig, Stefan, *Sternstunden der Menschheit*. Augsburg: Weltbild, 1995.

Zumbach, Frank T., *Irische Inspirationen. Literarische Streifzüge*. Düsseldorf/Zürich: Artemis & Winkler, 2002.

Soweit im Literaturverzeichnis nicht anders vermerkt, wurden die zitierten Textstellen von Hans-Christian Oeser ins Deutsche übertragen.

Abbildungsnachweis

Seite 4: Raach/laif; 16: Krinitz/laif; 37: Marita Blauth/Joker; 56: H. und D. Zielske, Göttingen; 60: akg-images; 69: Modrow/laif; 92: Martin Sasse/laif; 109: H. und D. Zielske, Göttingen; 116: Avenue Images/Index Stock/Corinne J. Humphrey; 124: Bock H./laif; 129: Modrow/laif; 157: Raach/laif; 169: Timm Rautert/Visum/Buchcover.com; 188: Günter/Standl/Visum; 193: Ingolf Pompe/look; 221: Günter Standl/Visum. Umschlagabbildung: James-Joyce-Standbild in der North Earl Street, Modrow/laif. Stadtpläne: © Insel Verlag, Frankfurt am Main.